Collins

Spanish
Conversation

¡Hola!

¿Qué tal?

Published by Collins
An imprint of HarperCollins Publishers
Westerhill Road
Bishopbriggs
Glasgow G64 2QT
Macken House, 39/40 Mayor Street Upper,
Dublin 1, D01 C9W8, Ireland

Second Edition 2015

11

© HarperCollins Publishers 2006, 2015

ISBN 978-0-00-811197-7

www.collinsdictionary.com
www.collins.co.uk/languagesupport

Typeset by Davidson Publishing
Solutions, Glasgow

Printed in Italy by GRAFICA VENETA S.p.A.

A catalogue record for this book is
available from the British Library.

If you would like to comment on any
aspect of this book, please contact us
at the given address or online.
E-mail: dictionaries@harpercollins.co.uk
 www.facebook.com/collinsdictionary
 @collinsdict

Acknowledgements
We would like to thank those authors and
publishers who kindly gave permission
for copyright material to be used in
the Collins Corpus. We would also like
to thank Times Newspapers Ltd for
providing valuable data.

MANAGING EDITOR
Janice McNeillie

CONTRIBUTOR
Eduardo Vallejo

FOR THE PUBLISHER
Gerry Breslin
Hannah Dove

Contents

Introduction

What is it?

Collins Easy Learning Spanish Conversation is a book for learners of Spanish of all ages. It will increase your confidence in holding a conversation in Spanish, whether you are just starting to learn Spanish, studying at school or at an evening class, or brushing up your language skills. You may be going on holiday or planning to go travelling in a Spanish-speaking country, go there on business, or live there. Whatever your situation, you'll want to be able to communicate effectively and naturally in Spanish.

Why do you need it?

Becoming proficient in a foreign language means being able to use and understand a number of different aspects – vocabulary, grammar, pronunciation, and so on. However, it takes a while to be able to put all these elements together and be sure that what you are saying sounds like natural Spanish. The *Easy Learning Spanish Conversation* has been carefully designed to bring these aspects together and give you language structures which you can use in conversation with confidence, knowing that you will be speaking Spanish as spoken by Spanish speakers.

How is it structured?

Collins Easy Learning Spanish Conversation is made up of 12 units, each illustrating the language used in a particular situation, followed by a summary which brings together the key phrases covered throughout the units. You'll also find the One-stop phrase shop – a unit which contains all the important expressions and turns of phrase that help you to sound more natural in Spanish.

A short grammar and verbs supplement gives you additional language support, ensuring that you have everything at your fingertips. Finally, the English-Spanish glossary covers the most important vocabulary you may need to personalize your conversation.

How does it work?

Language allows us to express ourselves and interact with others. In any given situation, we perform different language tasks, such as asking for information, agreeing and disagreeing, complaining, making suggestions and so forth. To do this, we use linguistic structures (*How...?*, *When...?*, *Could I...?*, *I'd like...* and so on) which can be used in a variety of contexts. Each unit in *Collins Easy Learning Spanish Conversation* gives you all the phrases you might need in a given situation, grouped by structure. English headings help you navigate through the structures to enable you to find what you want quickly and easily. Throughout the units, there are also tips headed ¿Lo sabías? which highlight important differences in the way English and Spanish work.

A conversation, by definition, is a two-way process. It is as important to understand what is being said to you as it is to be able to respond. At the end of each unit, there is a section headed Listen out for. Each of these sections gives you a variety of the most typical phrases which you might hear in a given situation. Becoming familiar with these will allow you to have a successful conversation with a Spanish speaker. For further help with pronunciation, a free download with all the important structures recorded is available on **www.collins.co.uk/easylearningresources**.

Communicating effectively in Spanish isn't just about linguistic competence – it's also about cultural knowledge. For you to feel confident in a Spanish-speaking country, it is also useful to know more about Spanish culture and lifestyle. At the end of each unit, the Lifestyle Tips will give you the information you need to gain a deeper insight into the language, the country and its people.

Why choose *Collins Easy Learning Spanish Conversation*?

• **easy to use** all the key language structures you need to give you the confidence to hold a conversation in natural Spanish

• **easy to read** a clear, modern layout which allows you to find what you need quickly and easily

• **easy to understand** the language you may hear from Spanish speakers in a given situation

• **easy to speak** free audio download available on **www.collins.co.uk/easylearningresources**

The *Collins Easy Learning* range

The *Collins Easy Learning Spanish Conversation* is part of the best-selling *Collins Easy Learning* range, which includes the highly acclaimed *Collins Easy Learning Spanish Dictionary*. *Collins Easy Learning Spanish Grammar* and *Collins Easy Learning Spanish Verbs* support you with all your grammatical needs, and the *Collins Easy Learning Spanish Words* allows you to learn and practise your Spanish vocabulary. The *Collins Easy Learning* series is the ideal language reference range to help you learn Spanish.

Spanish pronunciation

Spanish pronunciation is easier than you might think. First, words are written pretty much as they sound. So, when you see a new word written you'll know how to pronounce it and when you hear a new word you'll know immediately how to spell it. Second, there are no sounds which are radically different from English ones. Below we give some tips to help you pronounce Spanish naturally.

Spanish vowels

In English, vowels we don't emphasize tend to sound like the *-er* in *mother*, for example cent**r**al, Janu**a**ry. In Spanish this never happens. Spanish vowels are always clearly pronounced.

This is how Spanish vowels are generally pronounced:

a	– between the **a** in **h<u>a</u>t** and the **u** in Southern English **h<u>u</u>t**
e	– similar to **e** in **p<u>e</u>t**
i	– similar to **ee** in **b<u>ee</u>n**, but shorter
o	– similar to **o** in **h<u>o</u>t**
u	– similar to **oo** in **t<u>oo</u>**, but shorter

Spanish consonants

This is how Spanish consonants are generally pronounced:

b, v	– these are pronounced exactly the same as one another
	at the start of a word, say them like **boy** (barato, valija)
	otherwise, say them like **very**, but without letting your lips touch (labio, lavar)

c	– like English **k**arate (casa, comprar) EXCEPT before **e** and **i** (cita, cielo) when they're pronounced:
	    like English **thin** in most of Spain
	    like English **same** in other parts of Spain and all Latin America

cu	– like English **queen** (cuatro)
ch	– like English **church** (chicle)
d	– at the beginning of a word, say it like **deep** (deporte) between vowels and after consonants, it's similar to **though** (querido, andén) at the end of words it's often not pronounced (verdad)

g	– like English **goat** (gamba, grifo) EXCEPT before **e** and **i** (gente, gimnasio) when they're pronounced:
	    like **loch** in some parts of Spain
	    like **h** in other parts of Spain and all Latin America

gu	– before **a** like **gw** (guardar) – before **e** and **i** like **get** (guerra, guitarra)
h	– this is never pronounced

j	– (jefe, junio) is pronounced:
	    like **loch** in some parts of Spain
	    like **h** in other parts of Spain and all Latin America

ll	– like English **yet** (ampolla)
ñ	– like English **onion** (español)
qu	– like **keep** (quince)

z	– (zanahoria, zumo) is pronounced:
	    like English **thin** in most of Spain
	    like English **same** in other parts of Spain and all Latin America

Which syllable to emphasize

To make your Spanish sound more fluent, it's important to emphasize the right syllable. The rules for this are very simple.

- If a word ends in a vowel, in **–s** or in **–n**, <u>and has no written accent</u>, you emphasize the last syllable but one:

    la **pla**ya (beach)   amue**bla**do (furnished)
    el equi**pa**je (luggage)   com**pra**mos (we buy)
    el para**cho**ques (car bumper)   **jo**ven (young)

- If a word ends in any consonant other than **–s** or **–n**, <u>and has no written accent</u>, you emphasize the last syllable:

    el desperta**dor** (alarm clock)   apar**car** (to park)
    el ani**mal** (animal)   anda**luz** (Andalusian)
    la ver**dad** (truth)   el espa**ñol** (the Spanish language)

- Any words which are exceptions to these rules have a written accent to show which syllable you need to emphasize:

    último (last)   **pró**ximo (next)
    el a**ná**lisis (analysis)   **jó**venes (plural form of 'young')
    fácil (easy)   la excur**sión** (excursion)

> **¿LO SABÍAS?**
> There may be an accent on the singular form of a word but not on the plural and vice versa: **ración**, **raciones**; **joven**, **jóvenes**.

small talk

¿Qué tal? – How are things?

Whether you're going to be working in a Spanish-speaking country or spending some time with your Spanish-speaking friends, you'll want to be able to chat with people and get to know them better. The phrases in this unit will help you communicate with acquaintances, friends, family and colleagues in a variety of everyday situations.

GREETINGS

To get you off on the right footing, you need to know how to say *hello* to people properly. Just as in English, there are several ways of doing this in Spanish. You can simply use **hola** (*hello* or *hi*) on its own. You can also use **buenos días** (*good morning*), **buenas tardes** (*good afternoon* or *good evening* – provided it's still light), and **buenas noches** (*good evening* – once it's dark). Spanish-speakers often use both together, as in **hola, buenos días** and **hola, buenas tardes**.

Hello

Hola.	**Hello**.
¡**Hola**, Jaime!	**Hi** Jaime!
Buenos días.	**Good morning**.
Hola, buenos días.	**Good morning**.
Buenas tardes, Luis.	**Good afternoon**, Luis.
Buenas noches.	**Good evening**.

¿LO SABÍAS?
When you pass friends and acquaintances in the street and don't stop to talk, rather than saying **hola** you say **hasta luego** or **adiós**.

You'll also want to ask the people you know how they are. The simplest way to do this is by using **¿Qué tal?** This is quite informal, and suitable when you know the person quite well. If you want to be more formal you say **¿Cómo está?** to someone you speak to as **usted**.

How are you?

Hola, Juana, **¿qué tal?**	Hi, **how are you**, Juana?
¡Buenos días! **¿Cómo está**, señor García?	Good morning! **How are you**, señor García?
Hola, Pepe, **¿qué tal te va?**	Hello, Pepe, **how's it going?**
¿Qué pasa, Raquel? ¡Cuánto tiempo sin verte!	**How are things,** Raquel? It's ages since I've seen you!

Use **adiós** (*goodbye*) or **hasta pronto** (*see you soon*) to say goodbye to people you don't know well. You can just say **hasta luego** (*see you*) if you want to sound more informal.

Goodbye

¡**Adiós**!	**Goodbye!**
¡**Adiós**! ¡Hasta otra!	**Goodbye!** See you again!
¡**Buenas noches**!	**Good night!**

¿LO SABÍAS?

Buenas noches means both *good evening* and *good night*. So you use it both when arriving and leaving somewhere in the evening. When saying goodbye to someone you know you'll see tomorrow, such as a colleague, you say **hasta mañana** (*see you tomorrow*).

See you...!

¡**Hasta** luego!	**See you!**
¡**Hasta** pronto!	**See you** soon!
¡**Hasta** mañana!	**See you** tomorrow!
¡**Hasta** el lunes!	**See you** on Monday!

INTRODUCING PEOPLE

You'll want to introduce people you know to one another. The simplest way is by saying **éste es** (*this is*) when introducing a man, and **ésta es** when introducing a woman.

This is...

José, **éste es** mi marido.	José, **this is** my husband.
Pedro, **ésta es** Marta Valls.	Pedro, **this is** Marta Valls.
Quiero presentarte a nuestro director de ventas, Jorge Mata.	**Let me introduce you to** our sales director, Jorge Mata.
Quiero que conozcas a mi amigo Daniel.	**I'd like you to meet** my friend Daniel.

TALKING ABOUT YOURSELF

To get the conversation going, you'll need to be able to say at least what your name is, who you are or what you do, and where you're from. Saying what your name is is rather different in Spanish from English. You say **me llamo** (literally *I call myself*). **me llamo** comes from the verb **llamarse.** If you want to say what someone else is called you use **se llama**. For more information on reflexive verbs like **llamarse**, see page 258.

My name is...

Me llamo Daniel Norrington.	**My name is** Daniel Norrington.
Me llamo Liz Owen.	**My name is** Liz Owen.
Me llamo Jack.	**My name is** Jack.
Se llama Kevin.	**His name is** Kevin.
Se llama Helen.	**Her name is** Helen.

I'm...

Soy amigo de Paul.	**I'm** a friend of Paul's.
Soy el hermano de Rodrigo.	**I'm** Rodrigo's brother.
Soy soltero.	**I'm** single.
Soy maestro.	**I'm** a teacher.
Soy representante.	**I'm** a rep.
Trabajo de programador para Compumax.	**I work** as a programmer for Compumax.

¿LO SABÍAS?

When you say what you do in Spanish, don't include a word for *a* or *an* before your job: **soy maestro** (*I'm a teacher*), **soy enfermera** (*I'm a nurse*).

To say how old you are, use **tengo** followed by your age and then **años** (literally *I have... years*). **tengo** comes from the verb **tener**. For more information on **tener**, see page 282.

I'm...years old

Tengo veintidós **años**.	**I'm** twenty-two **years old**.
Tengo treinta y siete **años**.	**I'm** thirty-seven.
Mi hijo **tiene** siete **años**.	My son**'s** seven.
¿Cuántos **años tienes**?	How old **are you**?

I have...

Tengo dos hermanas.	**I have** two sisters.
Tengo un hijo y una hija.	**I have** a son and a daughter.
Tenemos familia en el sur de España.	**We have** relatives in the south of Spain.
¿**Tienes** hijos?	**Have you got** any children?

I live...

Vivo en Gales.	**I live** in Wales.
Vivo solo.	**I live** on my own.
Vivimos en un apartamento.	**We live** in a flat.

¿LO SABÍAS?
Remember to say **vivo sola** rather than **vivo solo** if you're female.

I'm staying...

Estoy en el Excelsior Palace.	**I'm staying** at the Excelsior Palace.
Estoy en casa de unos amigos.	**I'm staying** with friends.
Me quedo una semana en Madrid.	**I'm staying** in Madrid for a week.
Me voy a quedar unos cuantos días más.	**I'm going to stay** for a few more days.

To talk about yourself, you'll need to be able to say how long you've been doing something, such as learning Spanish! One way to do this is to use **hace** followed by the length of time and then **que** and the verb in the present. For more information on the present tense, see page 260. You can also use **llevo** to mean *I've been* in examples like these.

I've been...for...

Hace cinco años **que soy** enfermera.	**I've been** a nurse **for** five years.
Hace diez años **que vivo** en España.	**I've been living** in Spain **for** ten years.
Hace sólo dos días **que estoy** aquí.	**I've** only **been** here **for** two days.
Llevo dos semanas en Madrid.	**I've been** in Madrid **for** two weeks.
Llevo dos años **estudiando** español.	**I've been studying** Spanish **for** two years.
Llevo seis meses **de** camarera.	**I've been** a waitress **for** six months.

There may be times when you wish to make an apology to somebody. The simplest way to do this is to say **perdona** (to someone you speak to as **tú**) and **perdone** (to someone you speak to as **usted**).

I'm sorry...

Perdona.	**I'm sorry**.
Perdona por no pasar a verte, pero no tuve tiempo.	**I'm sorry** I didn't call in, but I didn't have time.
Perdone que llegue tarde.	**I'm sorry** I'm late.
Siento no haberte llamado para decírtelo.	**I'm sorry** I didn't phone to let you know.

¿LO SABÍAS?

If you need to get past someone, or if you bump into them, just say **perdón** (*excuse me* or *sorry*).

I'm afraid that...

Lo siento, pero no puedo ir.	**I'm afraid that** I can't come.
Lo siento, pero no entendí tu nombre.	**I'm afraid** I didn't catch your name.
Me temo que no tengo tu número.	**I'm afraid that** I don't have your number.

ASKING FOR INFORMATION

In social situations you will often want to find out more about someone or their family, job and so on. To do this use **háblame** (*tell me*).

Tell me...

Háblame un poco de ti.	**Tell me** a bit about yourself.
Háblame de tu familia.	**Tell me** about your family.
¿En qué consiste tu trabajo?	**Tell me** what your job involves.

You can use the next questions when chatting socially.

What's...?

¿Cuál es tu dirección?	**What's** your address?
¿Cuál es el número de teléfono de Francisco?	**What's** Francisco's phone number?
¿En qué trabajas?	**What** do you do for a living?
Perdona, **¿qué** has dicho?	Sorry, **what** did you say?
¿Qué significa 'azafata'?	**What** does 'azafata' mean?
¿Cómo te llamas?	**What's** your name?

You'll often want to find out where things are. Remember that when you use **¿Dónde...?**, **está** is how you generally translate the word *is*.

Where...?

¿Dónde quieres que quedemos?	**Where** do you want to meet?
¿Dónde trabajas?	**Where** do you work?
¿Dónde vives?	**Where** do you live?
¿Dónde está tu piso?	**Where's** your flat?
¿Dónde te quedas?	**Where** are you staying?
¿De dónde vienes?	**Where** do you come **from**?

When...?

¿**Cuándo** estarás aquí?	**When** will you get here?
¿**Cuándo** es tu cumpleaños?	**When**'s your birthday?
¿Sábes **cuándo** dará a luz Marta?	Do you know **when** Marta's baby's due?
¿**A qué hora** quieres quedar?	**When** do you want to meet?

How long have...?

¿**Cuánto tiempo hace que** estás en España?	**How long have** you been in Spain?
¿**Cuánto tiempo hace que** trabajas aquí?	**How long have** you been working here?
¿**Cuánto tiempo hace que** esperas?	**How long have** you been waiting?

One very versatile way of asking someone socially how something is going or has gone is to use the phrase ¿**Qué tal...?** and then the noun in question. You don't need to use any verb at all.

How...?

¿**Qué tal** las vacaciones?	**How was** your holiday?
¿**Qué tal** el vuelo?	**How was** your flight?
¿**Qué tal** el hotel?	**How's** the hotel?

Sometimes you'll want to ask why a friend or acquaintance did or didn't do something. You can use ¿**Por qué...?** and a past tense to ask the question (*Why...?*).

Why...?

¿**Por qué** te fuiste de Barcelona?	**Why** did you move from Barcelona?
¿**Por qué** decidiste dedicarte a la enseñanza?	**Why** did you choose a career in teaching?
¿**Por qué** no fuiste ayer?	**Why** didn't you go yesterday?
¿**Por qué** no me llamaste anoche por teléfono?	**Why** didn't you ring me last night?

When talking to friends and colleagues there'll be plenty of things you'll want to do together. To say what you would like to do, you can use **me gustaría** (*I'd like*). This comes from the verb **gustar**.

I'd like to...

Me gustaría darte las gracias por tu ayuda.	**I'd like to** thank you for helping me.
Me gustaría hablar luego contigo.	**I'd like to** speak to you later.
Nos gustaría presentarte a un amigo.	**We'd like** you **to** meet a friend.
Nos gustaría invitarte a tomar una copa.	**We'd like to** invite you out for a drink.

Alternatively, you can use **quiero** followed by the infinitive. If you want someone else to do something for you, use **quiero que** followed by a verb in the subjunctive. For more information on the subjunctive, see page 262.

I want to...

Quiero organizar una fiesta sorpresa.	**I want to** organize a surprise party.
Quiero invitar a algunos amigos para mi cumpleaños.	**I want to** have a few friends over for my birthday.
Quiero que vengas conmigo.	**I want** you **to** come with me.
Quiero que esta noche todo salga bien.	**I want** this evening **to** be a success.

You may want to ask people you know what you should do. One way to do this is to use **¿Crees que debo...?** (*Should I...?*) followed by a verb in the infinitive. **debo** comes from the verb **deber**. For more on **deber**, see page 264.

Should I...?

¿Crees que debo invitar a su hermana?	**Should I** invite his sister?
¿Crees que debo llamarle otra vez?	**Should I** call him again?
¿Te parece buena idea ir a un restaurante chino?	**Should we** go to a Chinese restaurant?

EXPRESSING OPINIONS

When talking to people you know, you'll want to say what you think of things. In Spanish there are two main ways of doing this. You can either use **creo** or **pienso**, both of which mean literally *I think*. Or you can use **me parece**, which means literally *it seems to me*.

I think...

Creo que tienes razón.	**I think** you've got a point.
Creo que deberíamos irnos a medianoche.	**I think** we should leave at midnight.
Pienso que Sonia tiene razón.	**I think** Sonia's right.
Pienso que es un poco tarde para ir al cine.	**I think** it's a bit late to go to the cinema.
Me parece una idea estupenda.	**I think** it's a great idea.
A mí no me parece que sea así en absoluto.	**I don't think** that's the case at all.

¿LO SABÍAS?
Don't forget to add **que** (*that*) after **me parece, creo** and **pienso**. It's optional in English, but not in Spanish.

MAKING SUGGESTIONS

When you're with friends and colleagues, you'll probably want to suggest doing things together. One simple way of doing this is to use **podríamos** (*we could*) followed by the infinitive. **podríamos** comes from the verb **poder**. For more information on **poder**, see page 276.

We could...

Podríamos quedar otro día.	**We could** postpone until another day.
Podríamos salir a tomar algo alguna vez.	**We could** go out for a drink sometime.
Podríamos quedar en el Café Central.	**We could** meet at the Café Central.

Just as in English, you can also make a suggestion simply by asking **¿Por qué no...?** (*Why don't…?*).

Why don't...?

¿Por qué no les llamas?	**Why don't** you phone them?
¿Por qué no invitamos a Pablo y a su novia?	**Why don't** we invite Pablo and his girlfriend?
¿Por qué no quedamos algún día?	**Why don't** we get together sometime?
¿Quieres que comamos juntos?	**Why don't** we have lunch together?

Another way to make suggestions is to use **¿Y si... ?** (*How about…?*) and a verb in the present tense.

How about...?

¿Y si les invitamos a cenar?	**How about** inviting them for dinner?
¿Y si te vienes con nosotros?	**How about** coming with us?
¿Y si paso a por ti por la mañana?	**How about** I pick you up in the morning?

If you want to state your opinion, the Spanish **en mi opinión** is just like the English *in my opinion*.

In my opinion...

En mi opinión, es una buena propuesta.	**In my opinion**, it's a good suggestion.
En mi opinión, no es verdad.	It's not true, **in my opinion**.
En mi opinión, va a causar problemas.	**In my view**, it'll cause problems.

When you want to ask someone what they think of something, you can use the verb **parecer** again, only this time in the phrase **¿Qué te parece...?** (*What do you think of...?*).

What do you think of...?

¿Qué te parece su última película?	**What do you think of** his latest film?
¿Qué te parece la idea?	**What do you think of** the idea?
¿Qué te pareció el nuevo equipo?	**What did you think of** the new team?
¿Qué te parece?	**What do you think?**

To agree or disagree with what other people say, you can use **estoy de acuerdo** (*I agree*) or **no estoy de acuerdo** (*I don't agree*).

I agree...

Estoy de acuerdo.	**I agree.**
Estoy de acuerdo con Mercedes.	**I agree with** Mercedes.
No estoy de acuerdo con esta decisión.	**I don't agree with** this decision.
No estoy en absoluto **de acuerdo con** Maite.	I completely **disagree with** Maite.
¡**Estoy** totalmente **de acuerdo contigo**!	I entirely **agree with you**!
¿Estás de acuerdo?	**Do you agree?**

¿LO SABÍAS?
Remember that **contigo** is the way to say *with you* to someone you speak to as **tú**.

In Spanish, the verb **tener** (*to have*) is used in the phrase **tener razón** (*to be right*). For more information on **tener**, see page 282.

You're right...

¡**Tienes razón**!	**You're right**!
Creo que **tienes razón**.	I think **you're right**.
Es Antonio quien **tiene razón**.	It's Antonio who**'s right**.

TALKING ABOUT YOUR PLANS

You'll want to make plans with business associates and friends. If you want to talk about a definite arrangement, for instance *I'm seeing him tonight,* you often use the future tense in Spanish. For more on the future tense, see page 260.

I'm...ing

Veré a Felipe el jueves.	**I'm seeing** Felipe on Thursday.
La **veré** esta tarde.	**I'm seeing** her this afternoon.
Iremos al cine esta noche.	**We're going** to the cinema tonight.
Comeremos juntos el próximo viernes.	**We're having lunch** together next Friday.

¿LO SABÍAS?
As you'll see in the first example above, in Spanish you say **ver a alguien**. For more on this use of **a**, see page 252.

In English, to talk about the future we often say *I'm going to.* Spanish works the same way. To say that you're going to do something, put **voy a** (*I'm going to*) or **vamos a** (*we're going to*) before the verb. **voy** and **vamos** come from the verb **ir**. For more information on **ir**, see page 273.

I'm going to...

Voy a telefonearle.	**I'm going to** phone him.
Voy a decirle que no puedo ir.	**I'm going to** tell him I can't come.
Vamos a decirles que vengan un poco más tarde.	**We're going to** tell them to come a little later.

When organizing things with people you know, you can use **¿Qué te parece si...?** (*Will it be all right if...?*) to ask if something suits them. **parece** comes from the verb **parecer** (*to seem*).

Will it be all right...?

¿Qué te parece si cenamos a las nueve?	**Will it be all right if** we have dinner at nine?
¿Qué te parece si te llamo la semana que viene?	**Will it be all right if** I phone you next week?
¿Qué os parece si nos vemos más tarde?	**How about** meeting up later?

To ask somebody if they would prefer you to do something, use **prefieres** or **prefiere** (depending on whether you speak to them as **tú** or **usted)** with **que** and the verb in the subjunctive. For more information on the subjunctive, see page 262.

Would you rather...?

¿Prefieres que quedemos en el centro?	**Would you rather** we met in town?
¿Prefieres que quedemos otro día?	**Would you rather** we met another time?
¿Prefieres que pase a recogerte?	**Would you rather** I came to collect you?

Would it be better to...?

¿Es mejor invitar también a las parejas?	**Would it be better to** invite partners as well?
¿Es mejor avisarte antes de pasar por allí?	**Would it be better to** let you know before dropping in?
¿Es mejor llamarte por la noche?	**Is it better to** ring you in the evening?

Are we agreed...?

¿**Estamos de acuerdo** sobre la fecha?	**Are we agreed** on the date?
¿**Estamos de acuerdo** en dónde nos encontraremos?	**Are we agreed** on where to meet?
¡**De acuerdo**!	**Agreed**!

SAYING WHAT YOU HAVE TO DO

To say that you have to do something in Spanish, you can use **tengo que** (*I have to*) followed by the infinitive.

I have to...

Tengo que hacer una llamada.	**I have to** make a phone call.
Esta noche **tengo que** quedarme en casa.	**I have to** stay in tonight.
Tenemos que estar allí a las ocho en punto.	**We have to** be there at eight o' clock sharp.

To say that you have to do something in Spanish, you can also use **debo** (*I must*) and then the infinitive. **debo** comes from the verb **deber**. For more information on **deber**, see page 264.

I must...

Esta noche **debo** irme temprano.	**I must** leave early tonight.
Debo decirle que no puedo ir.	**I must** tell her that I can't come.
No debes llegar tarde.	**You mustn't** be late.

To say that you should do something, use **debería** (*I should*) and then the infinitive.

I should...

Debería llamar a Ana.	**I should** call Ana.
Debería irme ya.	**I should** be going now.
Deberías venir a visitarnos.	**You should** come and visit us.

¿LO SABÍAS?

As you'll see in the first example above, in Spanish you say **llamar a alguien** for *to call somebody*. For more on this use of **a**, see page 252.

LISTEN OUT FOR

These are some of the questions you are likely to be asked by people you meet, and some of the comments they might make.

¿Es la primera vez que vienes a España?	Is this the first time that you've been to Spain?
¿Cuánto tiempo hace que estudias español?	How long have you been learning Spanish?
¿Te estás enterando de la conversación?	Are you following the conversation?
Habla usted muy bien español.	Your Spanish is very good.
¿Hablo demasiado rápido?	Am I speaking too fast?
¿Prefiere que hable en inglés?	Would you prefer it if I spoke English?
¿Quiere que repita lo que he dicho?	Shall I repeat what I said?
¿Quiere que hable más despacio?	Do you want me to speak more slowly?
Me puedes tutear.	You can call me tú.
¿Nos tuteamos?	Shall we call each other tú?
¿Cuánto tiempo vas a estar en Madrid?	How long are you staying in Madrid?
¿Te gusta Sevilla?	How do you like Seville?
¿Vienes por aquí a menudo?	Do you come here often?
¿Estás aquí con amigos?	Are you here with friends?
¿Estás casado?	Are you married?

Lifestyle Tips

• When you want to talk to people that you either don't know at all, or don't know very well, the way to say *you* is **usted**. Nowadays, younger people in Spain tend not to use **usted** in this way, however it is always still used in Latin America.

• People who work together every day usually say **tú** to each other, but it's always safer to wait a little before taking that step, especially with older or more senior colleagues. Many people don't like to be called **usted**, because they think it's too formal. They will usually suggest you call them **tú** by saying: **puedes tutearme** (*you can call me* **tú**) or **nos podemos tutear** (*we can call each other* **tú**). If you think that the other person will be more comfortable using the **tú** form, you can make the first move and ask: **¿Nos tuteamos?** (*Shall we call each other* **tú**?).

• When meeting someone socially for the first time, you usually shake hands – **darse la mano** – if it's a man, or kiss if it's a woman. In business and formal situations, everybody would shake hands.

• Men who are on friendly terms usually shake hands or pat each other on the back, while women kiss - **darse un beso**. Men also kiss female friends and in some cases other men, for instance when they belong to the same family. Spanish people usually kiss twice, once on each cheek.

• If you hear someone talking about their **pareja** (*partner*), remember that, although it's a feminine noun, it is used for both men and women.

Getting there

¡Buen viaje! – Have a good trip!

Whether you're hitting the road, boarding a train, catching a plane or heading for the high seas, this unit will help you check out the timetables and find the best routes using natural, confident Spanish.

TALKING ABOUT YOUR PLANS

In English we use *I'm going to* to talk about where we're going and what we're going to do. It's just the same in Spanish. You use **voy a** (*I'm going to*) before the name of a place or before another verb.

I'm going to...

La semana que viene **voy a** Segovia.	**I'm going to** Segovia next week.
Voy a pasar un día en Pamplona.	**I'm going to** spend a day in Pamplona.
Primero **vamos a** Madrid.	First, **we're going to** Madrid.
Luego **vamos a** Vigo.	Then **we're going to** Vigo.
Vamos a coger el tren de las siete.	**We're going to** get the seven o'clock train.

If you want to say what you're planning to do on your travels, you can use **tengo la intención de** (*I'm planning to*) followed by the infinitive. **tengo** comes from the verb **tener** (*to have*). For more information on **tener**, see page 282.

I'm planning to...

Tengo la intención de ir a Málaga.	**I'm planning to** go to Málaga.
Tengo la intención de alquilar un coche.	**I'm planning to** hire a car.
Tenemos la intención de ir por la costa.	**We're planning to** travel along the coast.

SAYING WHAT YOU WANT TO DO

To talk about things that you want to do, use **quiero** (*I want*) followed by the infinitive. **quiero** comes from the verb **querer** (*to want*). For more information on **querer**, see page 278.

I want to...

Quiero hacer varias excursiones.	**I want to** go on several trips.
Quiero ver el Museo Guggenheim.	**I'd like to** see the Guggenheim Museum.
Queremos conducir los dos.	**Both of us want to** be able to drive.

If you want to say what you feel like doing, you can use **tengo ganas de** (*I feel like*) followed by an infinitive.

I feel like...

Tengo ganas de parar en Cuenca para dar una vuelta.	**I feel like** stopping in Cuenca to have a look around.
Tengo ganas de hacer una parada.	**I feel like** stopping for a bit.

When you want to explain what you're hoping to do, use **espero** (*I'm hoping*) followed by an infinitive.

I'm hoping to...

Espero llegar allí en unas tres horas.	**I'm hoping to** be there in about three hours.
Espero llegar allí antes de que se haga de noche.	**I'm hoping to** get there before nightfall.
Espero visitar el monasterio.	**I'm hoping to** visit the monastery.
Esperamos ir a ver Montserrat.	**We're hoping to** go and see Montserrat.

When discussing your travel plans, you may want to say what you'd like to do. To do this you can use **me gustaría** (*I'd like*) followed by a verb in the infinitive.

I'd like to...

Me gustaría ver Madrid.	**I'd like to** see Madrid.
Me gustaría alquilar un quad.	**I'd like to** hire a quad bike.
Nos gustaría asistir a la feria del vino.	**We'd like to** go to the wine fair.

When planning your trip, of course you won't just want to say what you like and what you'd like to do, you'll want to say what you'd rather do. Use **prefiero** (*I prefer* or *I'd rather*) or **preferiría** (*I'd prefer* or *I'd rather*) to talk about your preferences.

I'd rather...

Prefiero ir a pie.	**I'd rather** walk.
Prefiero viajar en tren.	**I prefer** travelling by train.
Yo preferiría ir en autobús.	**I'd prefer** to go by bus.
Nosotros preferiríamos quedarnos en casa.	**We'd rather** stay at home.

MAKING SUGGESTIONS

To make suggestions about what you could do, use **podríamos** (*we could*) and **podemos** (*we can*). They are both from the verb **poder** (*to be able*). For more information on **poder**, see page 276.

We could...

Podríamos ir mañana.	**We could** go tomorrow.
Podríamos ir en el AVE.	**We could** take the high-speed train.
Si lo prefieres, podríamos ir andando.	**We could** walk there, **if you prefer**.
Si quieres, **podemos** coger un taxi.	**We can** take a taxi **if you like**.

You can also make a suggestion in the same way as English, simply by asking **¿Por qué no...?** (*Why don't...?*).

Why don't ...?

¿Por qué no preguntamos por coches de alquiler?	**Why don't** we ask about hiring a car?
¿Por qué no cogemos el metro?	**Why don't** we take the metro?
¿Por qué no coges un taxi?	**Why don't** you get a taxi?

How about...?

¿Qué te parece si nos vamos a Toledo?	**How about** going to Toledo?
¿Qué te parece si alquilamos una furgoneta?	**How about** hiring a van?
¿Qué te parece si vamos por la autopista?	**How about** taking the motorway?

To find out what someone wants to do, you can ask **¿Te gustaría...?** (*Would you like...?*) or **¿Te apetece...?** (*Do you fancy...?*) followed by an infinitive.

Would you like...?

¿Te gustaría ir a Cuenca?	**Would you like** to go to Cuenca?
¿Te gustaría coger un taxi?	**Would you like** to get a taxi?
¿Te apetece ir a la playa?	**Do you fancy** going to the beach?
¿Te apetece dar un paseo?	**Do you fancy** going for a walk?

To say *Let's...!*, you can use **¡Vamos a...!** and the infinitive form of the verb.

Let's...!

¡Vamos a aparcar allí!	**Let's** park there!
¡Vamos a coger el ascensor!	**Let's** take the lift!
¡Vamos a subir hasta arriba en el teleférico!	**Let's** go up to the top by cable car!

To offer to do something, you can just use the present tense of the verb. You can also use **voy a** (*I'm going to*) and **vamos a** (*we're going to*) and the infinitive.

I'll...

Yo compro los billetes.	**I'll buy** the tickets.
Llamo a un taxi.	**I'll call** a taxi.
Yo te **llevo** a la estación.	**I'll take** you to the station.
Yo voy a buscarte al aeropuerto.	**I'll come and pick you up** at the airport.
Nosotros te vamos a buscar a la estación.	**We'll pick you up** at the railway station.

ASKING FOR INFORMATION

When travelling around in an unfamiliar place, you're quite likely to have to ask for directions or advice. Use **perdone** (*excuse me*) or **perdone, por favor** (*excuse me, please*) to attract someone's attention before asking them a question.

How do I get to...?

Perdone, por favor, ¿**cómo se llega al** centro?	Excuse me, **how do I get to** the city centre?
¿**Cómo se llega a** la estación de tren?	**How do we get to** the railway station?
¿**Para ir al** Museo Picasso, por favor?	**How do I get to** the Picasso Museum, please?
¿**Para ir a** la estación de autobuses **es por aquí**?	**Is it this way to** the bus station?
Perdone, ¿**por dónde se va** a Segovia?	Excuse me, **which way do I go** for Segovia?

Am I going...?

¿**Voy bien** para el aeropuerto?	**Am I going** the right way for the airport?
¿**Vamos bien** para la autopista?	**Are we going** the right way for the motorway?
¿**Va usted** al aeropuerto?	**Do you go** to the airport?
¿**Para usted** en la plaza de España?	**Do you stop** in the plaza de España?

Where is...?

Perdone, ¿**dónde está** la consigna?	Excuse me, **where's** the left luggage office?
Por favor, ¿**dónde está** la parada de taxis más cercana?	**Where's** the nearest taxi rank, please?
¿**Dónde están** los servicios?	**Where are** the toilets?
¿Sabe usted **de dónde** salen los autobuses a Torrejón?	Do you know **where** the buses to Torrejón leave **from**?
Perdone, ¿**dónde** se compran los billetes, por favor?	Excuse me, **where** do I buy a ticket, please?

To ask *which bus*, *which platform*, *which line*, and so on, you use ¿**Qué...?** followed by a noun.

Which...?

¿**Qué** línea tengo que coger?	**Which** line do I need to take?
¿De **qué** vía sale el tren a Vilanova?	**Which** platform does the train for Vilanova leave from?
¿**Qué** autobuses van al centro?	**Which** buses go to the centre of town?

You may need to find out what time something is due to happen at or what time your bus, train or flight is scheduled to go. To do this, you can use ¿**A qué hora...?** (*What time...?*).

What time...?

¿**A qué hora** embarcamos?	**What time** are we boarding?
¿**A qué hora** empieza el metro?	**What time** does the underground open?
¿**A qué hora** llegamos a Valencia?	**What time** do we get to Valencia?
¿**A qué hora** sale el siguiente vuelo para Madrid?	**What time's** the next flight for Madrid?
¿**A qué hora sale** el primer tren de la mañana para Tarragona?	**What time's** the first train in the morning to Tarragona?

On your travels, you may also need to find out if something is available in a particular area. Just use the same Spanish word, **¿Hay...?** to ask *Is there…?* and *Are there…?*.

Is there...?

¿**Hay** una gasolinera por aquí cerca?	**Is there** a petrol station near here?
¿**Hay** una parada de metro por aquí?	**Is there** an underground station near here?
¿**Hay** descuentos para estudiantes?	**Is there** a student discount?
¿**Hay** servicios en la estación de tren?	**Are there** any toilets at the train station?
¿**Hay** tren directo hasta Barcelona?	**Is there** a direct train to Barcelona?

Don't forget that there are two verbs which both mean *to be* in Spanish – **ser** and **estar**. For information on when to use them, see page 252.

Is it...?

¿**Está** lejos?	**Is it** far?
¿**Está** cerca de aquí?	**Is it** near here?
¿**Está** en el centro de la ciudad?	**Is it** in the town centre?
¿**Está** ocupado este asiento?	**Is** this seat free?
¿**Está** incluido el seguro?	**Is** the insurance included?
¿**Es** ésta la parada para el museo?	**Is** this the right stop for the museum?
Perdone, ¿**es** éste el tren que va a Toledo?	Excuse me, **is** this the train for Toledo?

To ask how much something is, use **¿Cuánto cuesta...?** or **¿Cuánto vale...?** (*How much is...?*) with a singular noun and **¿Cuánto cuestan...?** or **¿Cuánto valen...?** (*How much are...?*) with a plural noun.

How much is...?

¿Cuánto cuesta un billete a Madrid?	**How much is** a ticket to Madrid?
¿Cuánto cuesta dejar una maleta en consigna?	**How much does it cost** to leave a case in left luggage?
¿Cuánto vale el vuelo?	**How much is** the flight?
¿Cuánto cuestan las tarjetas de diez viajes?	**How much are** cards that are valid for ten journeys?
¿Cuánto costaría alquilar un coche dos días?	**How much would it cost** to hire a car for two days?
¿Cuánto me cobraría por llevarme a Tarragona?	**How much would you charge to** take me to Tarragona?

How long...?

¿Cuánto se tarda en llegar a Figueres?	**How long does it take** to get to Figueres?
¿Sabe **cuánto se tarda** de León a Madrid?	Do you know **how long it takes** from León to Madrid?
¿Cuánto tardaremos en llegar allí?	**How long will it take us** to get there?
¿Cuánto dura el viaje?	**How long is** the journey?

When travelling, you're very likely to want to ask about how often buses, trains and so on run. To do this you can use **¿Cada cuánto tiempo...?** (*How often...?*) with a verb in the present tense.

How often...?

¿Cada cuánto tiempo pasa el autobús a Sitges?	**How often** does the bus to Sitges run?
¿Cada cuánto tiempo hay vuelos a Londres?	**How often** is there a flight to London?
¿Cada cuánto tiempo sale un tren para Vilafranca?	**How often** is there a train to Vilafranca?

To find out if something's available, whether you're asking an assistant about car hire, timetables, or seating, you'll need to use the question **¿Tienen...?** (*Do you have...?*). It's from the verb **tener**. For more information on **tener**, see page 282.

Do you have...?

¿**Tienen** monovolúmenes de alquiler?	**Do you have** people carriers for hire?
¿**Tienen** coches más pequeños?	**Do you have** any smaller cars?
¿**Tienen** horarios de trenes?	**Do you have** train timetables?
¿**Le quedan** asientos de pasillo?	**Have you got any** aisle seats **left**?

ASKING FOR THINGS

Just as in English we can ask for something by saying *a..., please*, in Spanish you can say **un..., por favor** or **una..., por favor**, depending whether the thing you're asking for is masculine or feminine. Alternatively, another very natural way to ask for things is using **¿Me da...?** (*Can I have...?*).

Can I have...?

Un billete sencillo, **por favor**.	A single, **please**.
Tres billetes de ida y vuelta a Cáceres, **por favor**.	Three returns to Cáceres, **please**.
¿**Me da** un mapa del metro?	**Can I have** a map of the underground, please?
¿**Me da** un horario de trenes?	**Can I have** a train timetable, please?
¿**Me da** un billete de ida y vuelta a Madrid?	**Can I have** a return to Madrid?

To say what you'd like or what you want, you can use either **quiero** or **quisiera** (*I'd like*). They come from the verb **querer**. For more information on **querer**, see page 278.

I'd like...

Quiero alquilar una bicicleta.	**I'd like** to hire a bike.
Quiero denunciar la pérdida de mis maletas.	**I'd like** to report my luggage missing.
Quisiera un billete de ida a Alicante.	**I'd like** a single to Alicante.
Quisiera billetes de ida y vuelta a Zaragoza para dos adultos.	**I'd like** two adult returns to Zaragoza.

You can also use **¿Puede...?** and **¿Podría...?** (*Can you*...? and *Could you*...?) when asking whether someone can do something for you. They are both from the verb **poder**. For more information on **poder**, see page 276.

Can you...?

¿Puede avisarme cuando estemos cerca del museo?	**Can you** tell me when we're near the museum?
¿Puede dejarme aquí?	**Can you** drop me here?
¿Puede decirme cómo se llega a la catedral?	**Can you** tell me how to get to the cathedral?
¿Podría comprobar la presión de los neumáticos?	**Could you** check the tyre pressure?
¿Podría comprobar el nivel de aceite?	**Could you** check the oil?

Can you take me...?

¿Me lleva al Barrio Gótico, por favor?	**Can you take me** to the Barrio Gótico, please?
¿Me lleva al Hostal Principal en la avenida de Vilanova, por favor?	**Can you take me** to the Hostal Principal in avenida de Vilanova, please?
Al Hotel Don Sancho, **por favor**.	**To the** Hotel Don Sancho, **please**.

ASKING FOR PERMISSION

Use **¿Puedo...?** or **¿Se puede...?** (*Can I...?*) to ask whether you can do something. These come from the verb **poder** (*to be able*). For more information on **poder**, see page 276.

Can I...?

¿Puedo pagar con visa?	**Can I** pay by visa?
¿Puedo pagar con tarjeta?	**Can I** pay by card?
¿Se puede abrir la ventanilla?	**May I** open the window?
¿Se puede fumar en el tren?	**Is** smoking **allowed** on the train?

To ask someone if they mind if you do something, you can use **¿Le importa que...?** (*Do you mind if...?*) followed by a verb in the present subjunctive. For more information on the subjunctive, see page 262.

Do you mind if...?

¿Le importa que ponga mi maleta en el portaequipajes?	**Do you mind if** I put my suitcase on the rack?
¿Le importa que me siente aquí?	**Do you mind if** I sit here?

SAYING WHAT YOU HAVE TO DO

To say what you have to do, you can use **tengo que** (*I have to*) followed by an infinitive. **tengo** comes from the verb **tener** (*to have*). For more information on **tener**, see page 282.

I have to...

Tengo que coger otro vuelo para ir a Bilbao.	**I have to** get a connecting flight to get to Bilbao.
Tengo que comprar un chaleco reflectante.	**I have to** buy a high-visibility vest.
Tengo que coger el tren de las 8.30.	**I have to** catch the 8.30 train.
Tenemos que hacer una reserva.	**We have to** make a reservation.
¿**Tenemos que** cambiar de tren?	**Do we have to** change trains?

Another way to say what has to be done is to use the expression **hay que** (*you have to* or *we have to*).

You have to...

Hay que enseñar el carnet de conducir.	**You have to** show your driving licence.
Hay que imprimir el billete electrónico.	**You have to** print out your e-ticket.
Hay que devolver el coche antes de las tres.	**We have to** get the car back before three.

If you want to say what you should do, you can use **debería** followed by an infinitive. **debería** comes from the verb **deber**. For more information on **deber**, see page 264.

I should...

Debería comprar mi billete por Internet.	**I should** buy my ticket online.
Deberíamos echar más gasolina.	**We should** get some more petrol.
Deberíamos ir a recoger el equipaje.	**We ought to** go and pick up the luggage.

Here are some key phrases you are likely to be given when you are travelling around.

El tren de Cáceres sale de la vía tres.	The train for Cáceres is leaving from platform three.
¿Puedo ver su billete?	Can I see your ticket?
¿Le importa que me siente aquí?	Do you mind if I sit here?
Es mejor que coja un taxi.	You'd be better getting a taxi.
Cuando llegue a la plaza pregunte allí.	Ask again when you get to the square.
Siga recto hasta el semáforo.	Go straight on till you get to the traffic lights.
Coja la primera calle a la derecha.	Take the first turning on the right.
Gire a la izquierda.	Turn left.
Está muy cerca.	It's very near.
Está enfrente del museo.	It's opposite the museum.
Se puede ir andando.	It's within walking distance.
Está a tres paradas de aquí.	It's three stops from here.

Lifestyle Tips

• Spaniards are expected to carry identity cards at all times, so they take it for granted that anyone might need to prove their identity. Be prepared to present your passport when checking into a campsite or going to a hotel. You may be asked: **¿Su carnet?** (*Your ID card, please*) or **¿Su pasaporte?** (*Your passport, please*). As you'll need to carry your passport with you, don't forget to keep it in a safe place.

• If you're in charge of a car, be ready to produce your driving licence if asked for it by the police. If you've left it behind, you may well be fined. The police officer might ask you: **¿Me deja ver su carnet de conducir?** (*Can I see your driving licence?*).

• When planning your journey, remember that in Spain **autopistas** (*motorways*) are often toll motorways. Every so often you will come to a **peaje** (*toll barrier*) where you will be required either to take a ticket or to hand over some money. When paying, you'll need to choose a lane marked **manual** if you haven't got the exact change or you aren't paying by card. Otherwise, you can go into an **automático** lane. Nowadays, there are also **Telepeaje** (*teletoll*) lanes identified by a sign showing a white **T** on a blue background. These are for cars fitted with a chip allowing journeys to be tracked and paid for automatically.

• Queues tend to be informal in Spanish-speaking countries. So if you're at the bus stop or trying to get to an information desk and don't know who's last in line, just ask **¿Quién es el último?** (*Who's last in the queue?*).

• If there's no timetable at the bus stop, you can ask people waiting if they've seen your bus go past. Just ask **¿Ha pasado el número 33?** (*Has the number 33 been yet?*).

Home from home

¡Que descanses! – Sleep well!

If you're going to stay in a Spanish-speaking country, the phrases in this unit will help you find the sort of accommodation you want (hotel, hostel, self-catering, or a flat to rent) and ensure everything remains to your satisfaction when you're there. We'll also give you a few tips on what the receptionist or your landlord or landlady may say to you.

SAYING WHAT YOU WANT

When looking for somewhere to stay, for instance in the local tourist office, you'll want to specify the type of accommodation you're looking for. The way to say this is **busco** (*I'm looking for*), from the verb **buscar**.

I'm looking for...

Busco un hotel que no sea demasiado caro.	**I'm looking for** a hotel which isn't too expensive.
Busco un hotel de tres estrellas.	**I'm looking for** a three-star hotel.
Estamos buscando un camping.	**We're looking for** a campsite.
Estamos buscando una casa que sirva para una familia de seis miembros.	**We're looking for** a villa suitable for a family of six.

I need...

Necesito un hotel que esté cerca del palacio de congresos.	**I need** a hotel that's near the conference centre.
Necesito algún sitio desde el que se pueda ir andando a las tiendas.	**I need** somewhere that's within walking distance of the shops.
Necesito un piso para un mes.	**I need** a flat for a month.
Necesita un hotel donde hablen inglés.	**She needs** a hotel where they speak English.

To say what kind of room you'd like, how long you want to stay and so forth, you can use **quiero** or **quisiera** (*I'd like*). They are both from the verb **querer**. For more information on **querer**, see page 278.

I'd like...

Quiero reservar una habitación doble para dos noches.	**I'd like** to book a double room for two nights.
Quiero cambiar de habitación.	**I'd like** to change rooms.
Quiero que me devuelvan el dinero.	**I want** a refund.
Queremos quedarnos una noche más.	**We'd like** to stay another night.
Queremos alquilar un piso en el centro de la ciudad.	**We'd like** to rent a flat in the centre of town.
Quisiera una habitación con balcón.	**I'd like** a room with a balcony.

¿LO SABÍAS?

As in the first example above, when saying how long you'll need your room *for*, you use **para**.

ASKING FOR INFORMATION

Before choosing your accommodation, you'll want to find out some basic information by asking *Is it near?*, *Is it expensive?* and so forth. Don't forget that Spanish has two verbs for *to be*: **ser** and **estar**. You use **ser** to talk about how things are permanently and **estar** to talk about temporary states and where things are located. For more information on these two verbs, see page 252.

Is it...?

¿**Es** muy caro?	**Is it** very expensive?
¿**Es** un hotel moderno?	**Is it** a modern hotel?
¿**Está** lejos el camping?	**Is** the campsite far?
¿**Está** incluido el desayuno en el precio?	**Is** breakfast included in the price?
¿**Está** lista ya nuestra habitación?	**Is** our room ready yet?

The way to ask *what* something *is like* in Spanish is to use **¿Cómo...?** (*How...?*) and the verb **ser**.

What's it like...?

¿Cómo es el hotel?	**What's** the hotel **like**?
¿Cómo es la zona?	**What is** the area **like**?
¿Cómo son las habitaciones?	**What are** the rooms **like**?

You can use **¿Cuánto cuesta...?** (*How much is...?*) to ask the price of something.

How much is...?

¿Cuánto cuesta una habitación doble por noche?	**How much is** a double room per night?
¿Cuánto cuesta con pensión completa?	**How much is** full board?
¿Cuánto cuesta alquilar una casa de dos habitaciones durante dos semanas?	**How much would it cost** to rent a two-bedroom house for two weeks?
¿Cuánto costaría quedarse una noche más?	**How much would it be** to stay an extra night?

When deciding where to stay, you'll need to find out what facilities are on offer. Remember that asking *Is there...?* and *Are there...?* in Spanish couldn't be easier. The word **¿Hay...?** covers them both.

Is there...?

¿Hay acceso a Internet en las habitaciones?	**Is there** internet access in the rooms?
¿Hay calefacción central en el apartamento?	**Is there** central heating in the apartment?
¿Hay algún sitio para comer **por aquí cerca**?	**Is there** anywhere **near here** where we can get something to eat?
¿Hay aseos para minusválidos?	**Are there** any accessible toilets?

Once you're in your accommodation one of the first things you'll need to do is find out where things are. Remember that when you use **¿Dónde...?** (*Where...?*), **estar** is the verb you generally use with it.

Where's...?

¿**Dónde está** el bar?	**Where's** the bar?
¿**Dónde está** la piscina?	**Where's** the swimming pool?
¿**Dónde están** los ascensores?	**Where are** the lifts?
¿Puede decirme **dónde está** el restaurante?	Can you tell me **where** the dining room **is**?

What's...?

¿**Cuál es** la dirección del hotel?	**What's** the address of the hotel?
¿**Cuál es** el número de la agencia que la alquila?	**What's** the number for the letting agency?
¿Puede decirme **cuál es** la página web?	Can you tell me **what** the web address **is**?

How...?

¿**Cómo** funciona?	**How** does it work?
¿**Cómo** se llega al hotel?	**How** do I get to the hotel?
¿**Cómo** se llama al exterior?	**How** do I get an outside line?
¿**Cómo** se baja la calefacción?	**How** do I turn the heating down?

To find out what time services are available where you're staying, the phrase you need is **¿A qué hora...?** meaning *At what time...?*.

What time...?

¿**A qué hora** es la cena?	**What time**'s dinner?
¿**A qué hora** cierran las puertas?	**What time** do you lock the doors?
¿**A qué hora** tenemos que dejar la habitación?	**What time** do we have to be out by?
¿**Hasta qué hora** sirven el desayuno?	**What time** do you serve breakfast **till**?

To find out whether you can do something, use **¿Puedo...?** or **¿Se puede...?** (*Can I...?*). They are both from the verb **poder**. For more information on **poder**, see page 276.

Can I...?

¿Puedo pagar con tarjeta de crédito?	**Can I** pay by credit card?
¿Puedo dejar la mochila en recepción?	**Can I** leave my rucksack at reception?
¿Se puede aparcar en la calle?	**Can I** park in the street?

TALKING ABOUT YOURSELF

Wherever you stay you'll probably need to give some basic information about yourself, such as your name and nationality.

My name's...

Soy la señora Smith. He reservado una habitación doble para esta noche.	**My name is** Mrs Smith. I've booked a double room for tonight.
Mi marido se llama Peter.	**My husband's name is** Peter.
Me llamo Gary Morris.	**My name's** Gary Morris.
Mi apellido es Morris y mi nombre de pila es Gary. Se escribe M-O-R-R-I-S, con dos erres.	**My surname's** Morris, and my first name is Gary. It's spelt M-O-R-R-I-S, with two rs.

I'm...

Soy británico.	**I'm** British.
Mi mujer y yo **somos de** Portsmouth.	My wife and I **are from** Portsmouth.
Mi novia y yo **somos** británicos.	My girlfriend and I **are** British.
Estoy aquí de vacaciones.	**I'm** on holiday here.
Estamos aquí en viaje de negocios.	**We're** here on a business trip.

¿LO SABÍAS?

As you'll see from the last two examples, when talking about your reasons for *being* in Spain, you use **estoy** rather than **soy**.

I'm...ing

Estoy en el Hotel Principal.	**I'm staying** at the Hotel Principal.
Estamos estudiando español.	**We're studying** Spanish.
Estamos viajando por el país.	**We're travelling** round the country.

ASKING FOR THINGS

¿**Tienen...?** (*Have you got...?*) is the right verb form to use whenever asking if something is available in hotels, guesthouses, hostels, tourist offices, and so on. It is from the verb **tener**. For more information on **tener**, see page 282.

Have you got...?

¿**Tienen** habitaciones libres?	**Have you got** any rooms available?
¿**Tienen** información sobre alojamiento?	**Have you got** any information about accommodation?
¿**Tienen** acceso a Internet?	**Do you have** internet access?

Use ¿**Puede...?** and ¿**Podría...?** (*Can you...?* and *Could you...?*) when asking someone to do something. They are both from **poder**. For more information on **poder**, see page 276.

Can you...?

¿**Puede** enviarme un e-mail para confirmar la reserva?	**Can you** email me to confirm the booking?
¿**Puede** despertarme a las siete, por favor?	**Can you** give me an alarm call at seven o'clock, please?
¿**Puede** cambiar las toallas, por favor?	**Can you** change the towels, please?
¿**Me puede** dar el número de la persona a quien hay que llamar si hay algún problema?	**Can you** give me the number I should call if there are any problems?

Could you...?

¿**Podría** enseñarme la habitación?	**Could you** show me the room?
¿**Podría** darnos una habitación de no fumadores?	**Could you** give us a non-smoking room?
¿**Podría** enseñarme cómo funciona la cocina?	**Could you** show me how the cooker works?

Would you mind...?

¿**Le importaría** pedirme un taxi?	**Would you mind** calling a taxi for me?
¿**Le importaría** subirme las maletas a mi habitación?	**Would you mind** taking my suitcases up to my room?

When asking for things in Spanish, very often all you need to do is use the present tense and make it a question: ¿**Me da...?** (*Can I have...?*).

Can I have...?

¿**Me da** la llave del apartamento, por favor?	**Can I have** the key to my apartment, please?
¿**Me da** un recibo, por favor?	**Can I have** a receipt, please?
¿**Nos da** dos toallas más?	**Can we have** two more towels?
¿**Me puede dar** una cuna para el niño?	**Can I have** a cot for the baby, please?

¿LO SABÍAS?

When you ask for something extra in Spanish, such as *two more* towels **más** (*more*) comes after what you're asking for.

SAYING WHAT YOU HAVE TO DO ▬▬▬▬▬▬▬

You'll often need to let the people where you're staying know about things you have to do, so that they can help you. To say what you have or need to do, use **tengo que** (*I have to*) and the infinitive. **tengo** is from the verb **tener**. For more information on **tener**, see page 282.

I have to...

Tengo que irme temprano para coger el vuelo.	**I have to** leave early to catch my flight.
Tengo que enviar un e-mail.	**I've got to** send an email.
Tenemos que estar en Málaga para las ocho.	**We have to** be in Málaga by eight o'clock.
Tenemos que hacer una llamada al extranjero.	**We need to** make an international call.

ASKING FOR PERMISSION ▬▬▬▬▬▬▬

Wherever you stay you'll need to find out what's allowed and what isn't, such as where you can park, where you can camp and so on. Use **¿Puedo...?** (*Can I...?*) and **¿Podemos...?** (*Can we...?*) to ask if you can do something. They're both from the verb **poder**. For more information on **poder**, see page 276.

Can I...?

¿Puedo ver la habitación primero?	**Can I** see the room first?
¿Puedo dejar aquí las maletas cinco minutos?	**Can I** leave my suitcases here for five minutes?
¿Puedo fumar aquí?	**Can I** smoke in here?
¿Podemos acampar aquí?	**Can we** camp here?
¿Podemos bañarnos en la piscina?	**Can we** use the pool?

Do you mind if...?

¿**Le importa que** aparque el coche fuera un momento?	**Do you mind if** I park my car outside for a moment?
¿**Le importa que** pague con tarjeta de crédito?	**Do you mind if** I pay by credit card?
¿**Le importa que** lleguemos tarde?	**Is it ok if** we arrive slightly late?

SAYING WHAT YOU LIKE, DISLIKE, PREFER

When talking about what kind of accommodation you like, remember that the Spanish for *I like* works rather differently from English. You use **me gusta** with singular words and **me gustan** with plural ones.

I like...

Me gusta quedarme en hoteles pequeños.	**I like** staying in small hotels.
Me gustan las casas antiguas de estilo español.	**I like** old Spanish houses.
Me encanta esta pensión.	**I love** this guest house.
Nos encantan los campings de montaña.	**We love** campsites in the mountains.

And to say what you don't like, you simply put the word **no** in front of **me gusta** or **me gustan**.

I don't like...

No me gusta esta habitación, es muy oscura.	**I don't like** this room, it's too dark.
No me gusta cenar en el hotel.	**I don't like** having dinner at the hotel.
No me gustan los hoteles modernos de la costa.	**I don't like** the modern hotels on the coast.
No nos gusta alojarnos en apartamentos.	**We don't like** staying in apartments.

To say what you prefer, you can use **prefiero** (*I'd prefer*).

I'd prefer...

Prefiero una habitación en la planta baja.	**I'd prefer** a room on the ground floor.
Prefiero quedarme sólo una noche.	**I'd rather** stay for just one night.
Prefiero la media pensión **a** la pensión completa.	**I'd rather** have half board **than** full board.
Preferimos un hotel céntrico.	**We'd prefer** a hotel in the centre.

MAKING SUGGESTIONS

If you're with Spanish-speaking friends or colleagues when looking for somewhere to stay, you'll need to be able to suggest things. One way of doing this is to use **¿Qué te parece si...?** ¿ or **¿Y si...?** (*How about...?*) followed by a verb in the present tense. For more on the present tense, see page 260.

How about...?

¿Qué te parece si nos quedamos un día más?	**How about** staying one more day?
¿Qué te parece si buscamos alojamiento en el centro?	**How about** looking for accommodation in the centre of town?
¿Y si alquilamos un apartamento.	**How about** renting an apartment?
¿Y si pasamos la noche aquí?	**How about** spending the night here?

Why don't...?

¿Por qué no preguntamos en la oficina de turismo?	**Why don't** we ask at the tourist office?
¿Por qué no te quedas en un hotel más barato?	**Why don't** you stay at a cheaper hotel?
¿Por qué no buscamos un camping más cercano a la costa?	**Why don't** we look for a campsite nearer the coast?

To make a suggestion about what you could do, use **podríamos**
(*we could*).

We could...

Podríamos preguntar en la oficina de turismo.	**We could** ask at the tourist office.
Podríamos intentar en el Hotel Europa.	**We could** try the Hotel Europa.
Podríamos llamar al propietario.	**We could** try phoning the landlord.

TALKING ABOUT YOUR PLANS

Deciding on where you're going to stay is a major part of
planning a trip or holiday, so you may well want to talk about
those plans in Spanish. Use **voy a** (*I'm going to*) or **vamos a** (*we're
going to*) and the infinitive to talk about what you're planning to
do. They're from the verb **ir** (*to go*). For more on **ir**, see page 273.

I'm going to...

Voy a alquilar una casa en las montañas.	**I'm going to** rent a villa in the mountains.
Voy a quedarme en un hotel en Barcelona.	**I'm going to** stay in a hotel in Barcelona.
Vamos a quedarnos con unos amigos españoles en Madrid.	**We're going to** stay with some Spanish friends in Madrid.

Another way of talking about your plans is to use **tengo pensado** (*I'm planning to*) followed by the infinitive. **tengo** comes from the verb **tener**. For more information on **tener**, see page 282.

I'm planning to...

Tengo pensado pasar un par de días en cada sitio.	**I'm planning to** spend a couple of days in each place.
Tenemos pensado buscar una casa en la costa para pasar las vacaciones.	**We're planning to** look for a holiday home by the coast.
Tenemos pensado buscarnos un camping.	**We're planning on** going to a campsite.

COMPLAINING

Unfortunately the service you get in your accommodation may not always be perfect. A very simple way of complaining is to say what the problem is using **hay**, meaning *there is* or *there are*, and **no hay** (*there isn't* or *there aren't*).

There's...

Hay demasiado ruido.	**There's** too much noise.
Hay una gotera en el techo.	**There's** a leak in the ceiling.
Hay cucarachas en el apartamento.	**There are** cockroaches in the apartment.

There isn't...

No hay agua caliente.	**There isn't** any hot water.
No hay toallas limpias en la habitación.	**There aren't** any clean towels in the room.
La habitación **no tiene** balcón.	The room **doesn't have** a balcony.
El apartamento **no tiene** aire acondicionado.	The apartment **doesn't have** air-conditioning.

In the next examples notice how the verb **ser** is used to describe things which won't change, such as the beds being uncomfortable, and **estar** is used for things which can change, such as the room being dirty. For more on **ser** and **estar**, see page 252.

is...

Este hotel **es** demasiado ruidoso.	This hotel's too noisy.
Las camas **son** muy incómodas.	The beds **are** very uncomfortable.
El apartamento **está** sucio.	The apartment's dirty.
El agua de la piscina **no está** limpia.	The water in the swimming pool **isn't** very clean.
Hace mucho calor aquí.	It's very hot in here.
Hace mucho frío aquí.	It's very cold in here.

¿LO SABÍAS?

Remember that in Spanish to talk about the weather or the temperature inside, you use the verb **hacer** (*to do, to make*). For more on **hacer**, see page 272.

LISTEN OUT FOR

Here are some key phrases you are likely to hear when you're looking for somewhere to stay.

¿Qué tipo de alojamiento busca?	What type of accommodation are you looking for?
Estamos completos.	We're full.
¿Para cuántas noches?	For how many nights?
¿Para cuántas personas?	For how many people?
¿Me deja su nombre, por favor?	Can I have your name, please?
¿Me puede deletrear su nombre, si es tan amable?	Can you spell your name for me, please?
¿A nombre de quién está la reserva?	Whose name is the booking in?
¿Me deja ver su pasaporte, por favor?	Can I see your passport, please?
¿Cuál es el número de su habitación?	What's your room number?
Tiene que dejar una señal.	You have to leave a deposit.
¿En qué número podemos localizarlo?	What number can we contact you on?
¿Cómo quiere pagar?	How would you like to pay?
Por favor, rellene este formulario.	Please fill in this form.
Por favor, firme aquí.	Please sign here.
Tiene que dejar la habitación antes de las doce.	You have to be out of the room by twelve o'clock.

Lifestyle Tips

• The most economical hotels and guesthouses in Spain are **pensiones** and **hostales**, which offer no-frills accommodation. Unlike British B&Bs, they do not normally include breakfast so you may have to go elsewhere to get some.

• At the other end of the scale are the **paradores nacionales de turismo**, hotels which are located in places of interest and which are often historic buildings such as castles or monasteries.

• Accommodation in **casas rurales** has become very popular in Spain. These are country houses and cottages that have been converted for holiday lets or that have been turned into guesthouses.

• If you're a man, you're likely to hear receptionists and waiting staff call you **caballero** (literally *gentleman*). If you're a woman, you'll hear **señora** (literally *lady*) used in the same way. If the staff are young, you can call them **tú** rather than **usted**, even when they call you **usted** back.

• If you want to rent a flat to live in in Spain, you'll probably have to sign a **contrato de alquiler** or **de arrendamiento** (*lease*) and leave a **fianza** (*deposit*) of one or two months' rent with the **dueño** or **propietario** (*landlord*).

Wining and dining

¡Buen provecho! – Enjoy your meal!

If you're going out for a meal in Spain, the phrases in this unit will give you the confidence to talk to the waiter and chat with your Spanish friends in easy, natural Spanish. We'll also give you some tips on getting advice about what to order, and a few key phrases the waiters are likely to use.

MAKING ARRANGEMENTS

If you're going out for a meal with Spanish-speaking friends or colleagues and you want to make arrangements such as where and when to meet, you can use the verb **quedar** (meaning *to meet* or *to arrange to meet*).

Shall we meet...?

¿**Quedamos** en el restaurante?	**Shall we meet** at the restaurant?
¿**Quedamos** a las nueve?	**Shall we meet** at nine o'clock?
¿**Quedamos con ellos** en el Café Zurich?	**Shall we meet them** at the Café Zurich?
¿Cómo **quedamos**?	Where **shall we meet** and when?
¿Dónde **quedamos**?	Where **shall we meet**?

What time...?

¿**A qué hora** quedamos?	**What time** shall we meet up at?
¿**A qué hora** podrá llegar aquí tu mujer?	**What time** will your wife be able to get here?
¿**Para qué hora** has reservado mesa?	**What time** did you book the table **for**?
¿**Hasta qué hora** sirven?	**Up to what time** do they go on serving?

When making arrangements to eat, you'll want to check what suits other people. Use **¿No te importa que...?** followed by the subjunctive or **¿No te importa si...?** followed by the ordinary present to ask *Is it ok with you if...?* Of course you should only use **te** with someone you call **tú**. Change it to **le** if you call them **usted**. For more information on the subjunctive, see page 262.

Would it be ok if...?

¿No te **importa que** venga un amigo mío?	**Would it be ok if** I brought a friend of mine?
¿No te **importa si** lo dejamos para la semana que viene?	**Would it be ok if** we left it till next week?
¿No os **importa si** llegamos un poco más tarde?	**Would it be ok if** we got there a bit later?

To say what would suit you better, you can use **me vendría mejor** (*it would suit me better*). **vendría** comes from **venir** (*to come*).

It would suit me better...

Me vendría mejor quedar contigo allí.	**It would suit me better** to meet you there.
¿Te vendría mejor el sábado por la noche?	**Would** Saturday evening **suit you better**?
El viernes **me vendría mejor**.	Friday **would be better for me**.
Me viene mejor si quedamos un poco más tarde.	**It would be better for me** if we made it a bit later.
¿Te viene mejor si lo dejamos para mañana?	**Would it suit you better** if we left it till tomorrow?

One of the pieces of information you may need to find out is where things are. Remember that when you ask where something is, **estar** is the verb you generally use.

Where's...?

Estoy buscando la calle Teruel, ¿sabe usted **dónde está**?	I'm looking for the calle Teruel. Do you know **where it is**?
¿Sabe usted **dónde está** el restaurante Don Alfonso?	Do you know **where** the restaurant Don Alfonso **is**?
Perdone, ¿**dónde están** los servicios?	Excuse me, **where are** the toilets?

Before you decide where to eat or what to eat, you may want to find out what the restaurant or the food is like. Don't forget that Spanish has two verbs for *to be*: **ser** and **estar**. For more on these verbs, see page 252.

Is...?

¿**Es** un restaurante muy caro?	**Is it** a very expensive restaurant?
¿**Es** un plato típico de la zona?	**Is** it a typical local dish?
¿**Es** apto para vegetarianos?	**Is it** suitable for vegetarians?
¿La bebida **está** incluida en el menú de 10 euros?	**Are** drinks included in the 10-euro set menu?

To ask more specifically about the menu, you can use **¿Qué...?** (*What...?*).

What...?

¿Con **qué** lo sirven?	**What** does it come with?
¿**Qué** lleva?	**What**'s in it?
Las *gambas en gabardina*, ¿**qué** son?	**What** are *gambas en gabardina*?
¿**Qué** hay de postre?	**What** is there for dessert?

If you want to ask the price of something, you can use **¿Cuánto vale...?** (*How much is...?*).

How much is...?

¿Cuánto vale una botella de vino de la casa?	**How much is** a bottle of house wine?
¿Cuánto vale el menú del día?	**How much is** the set menu?

ASKING FOR THINGS

If you haven't already got a reservation at the restaurant where you're planning to eat, you'll need to ask if there's a table you can have. **¿Tienen...?** is the right verb form to use whenever asking if something is available in hotels, restaurants and shops. It is from the verb **tener**. For more information on **tener**, see page 282.

Have you got...?

¿Tienen una mesa para tres?	**Have you got** a table for three, please?
¿Tienen alguna mesa libre para esta noche?	**Have you got** a table available for tonight?
¿Tienen menú del día?	**Do you have** a set menu?
¿Tienen la carta en inglés?	**Have you got** the menu in English?
¿Tienen vino de la casa?	**Do you have** a house wine?
¿Tienen menú infantil?	**Have you got** a children's menu?
Una mesa para dos, **por favor**.	A table for two, **please**.

¿LO SABÍAS?
Of course if you have made a reservation, instead of asking if there's a table free, you'll be able to say **he reservado una mesa para dos a nombre de...** (*I've booked a table for two in the name of...*).

To say what you'd like or what you want, you can use either **quisiera** or **quiero** (*I'd like*). They are both from the verb **querer**. For more information on **querer**, see page 278. To attract the waiter's attention, you just need to say ¿**Puede venir, por favor**? (*Can you come over?*) or ¡**Oiga, por favor**! (*Excuse me, please!*).

I'd like...

Quisiera reservar mesa para las 9.00.	**I'd like** to book a table for 9 o'clock.
Quisiera pedir.	**I'd like** to order.
Quisiera dos cafés más, por favor.	**I'd like** two more coffees, please.
Yo quiero una tortilla.	**I'd like** an omelette.
Yo quiero gazpacho.	**I'd like** gazpacho.
Quiero el bistec muy hecho.	**I'd like** my steak well done.

¿LO SABÍAS?
To a Spanish ear, you may sound unnatural, overformal and foreign if you pepper your requests with **por favor** the way we use *please* in English. So don't overuse it, and don't keep repeating it.

To say what you've chosen, you can use **voy a tomar** (*I'll have*).

I'll have...

De primero **voy a tomar** sopa.	As a starter **I'll have** soup.
De segundo **voy a tomar** ternera.	For the main course **I'll have** veal.
De postre **voy a tomar** flan.	For dessert **I'll have** crème caramel.
Para beber **vamos a tomar** vino blanco.	**We'll have** white wine.

¿LO SABÍAS?
If you haven't made up your mind what you want to eat when the waiter appears with a notebook, you'll want to send him or her away temporarily. To do this you can say **todavía no he decidido** (*I'm not ready to order yet*) or **todavía no hemos decidido** (*we're not ready to order yet*).

When you're at your table, a very natural way to ask the waiter for what you want is by using **¿Me trae...?** (*Can I have...?* or *Can you bring me...?*). If you're being served at the bar, use **¿Me pone...?** for *Can I have?*.

Can I have...?

¿Me trae otra ración de ensaladilla rusa?	**Can I have** another portion of Russian salad?
¿Nos trae otra botella de vino?	**Can we have** another bottle of wine, please?
¿Nos trae más pan?	**Can we have** some more bread?
¿Nos trae la cuenta, por favor?	**Can we have** the bill, please?
¿Me pone una cerveza?	**Can I have** a beer?

You can also use **¿Puede...?** (*Can you...?*) or **¿Podría...?** (*Could you...?*) when asking for things. They are both from the verb **poder** (*to be able*). For more information on **poder**, see page 276.

Could you...?

¿Puede traernos la carta de vinos, por favor?	**Can you** bring us the wine list, please?
¿Puede traerme otro tenedor?	**Can you** bring me another fork?
¿Puedes pasarme la sal?	**Can you** pass me the salt?
¿Podría bajar la música un poco?	**Could you** turn the music down a bit?
¿Podrías pasarme el vino?	**Could you** pass me the wine?

Would you mind...?

¿Le importaría cerrar la ventana?	**Would you mind** closing the window?
¿Le importaría encender el ventilador?	**Would you mind** putting on the fan?
¿Le importa pedirle que no fume?	**Would you mind** asking him not to smoke?

SAYING WHAT YOU LIKE, DISLIKE, PREFER

When you're eating out, you may want to talk about what you like and dislike when it comes to food. Don't forget that the Spanish for *I like* works rather differently from English. You use **me gusta** with singular words and **me gustan** with plural ones. And it's the same story with **me encanta** and **me encantan** (*I love*). To say what you don't like, use **no me gusta** or **no me gustan** (*I don't like*).

I like...

Me gusta el gazpacho.	**I like** gazpacho.
Me gustan las uvas.	**I like** grapes.
Me encantan las cerezas.	**I love** cherries.
Nos encanta la paella.	**We love** paella.

I don't like...

No me gusta el jamón.	**I don't like** ham.
No me gustan las judías verdes.	**I don't like** green beans.
No me gusta nada el pescado.	**I hate** fish.

Do you like...?

¿**Te gusta** la leche?	**Do you like** milk?
¿**Te gustan** las fresas?	**Do you like** strawberries?
¿**No te gusta** el té?	**Don't you like** tea?

¿LO SABÍAS?
Note that in Spanish when you talk about things that you like in general, you need to say the equivalent of *I like the gazpacho*, *I don't like the ham* even though in English it's *I like gazpacho* and *I don't like ham*.

I'd rather...

Prefiero beber zumo de naranja.	**I'd rather** have orange juice.
Prefiero el vino tinto.	**I prefer** red wine.
Preferimos tomar paella.	**We'd rather** have paella.

If you have specific dietary requirements, you can sometimes describe them using **soy** (*I'm*).

I'm...

Soy alérgico al marisco.	**I'm** allergic to shellfish.
Soy vegetariano.	**I'm** a vegetarian.
Soy abstemio.	**I'm** a teetotaller.

MAKING SUGGESTIONS

You may want to make suggestions to Spanish-speaking companions. One way to do this is to use **podemos** and **podríamos** (*we can* and *we could*). **podemos** and **podríamos** come from **poder**. For more information on **poder**, see page 276.

We could...

Podríamos sentarnos cerca de la ventana.	**We could** sit by the window.
Podríamos compartir una ensalada.	**We could** share a salad.
Si lo prefieres, podemos sentarnos en la terraza.	**We can** sit outside, **if you prefer**.
Podemos tomar el café cuando volvamos al hotel **si prefieres**.	**If you'd rather, we can** have our coffee when we get back to the hotel.

To ask a friend or young person if they would like something, you can use **¿Quieres...?** (*Would you like...?*). Alternatively, you can use **¿Te apetece...?** (*Do you fancy...?*) with a singular noun and **¿Te apetecen...?** with a plural one.

Would you like...?

¿Quieres un café?	**Would you like** a coffee?
¿Quieres probar un poco de esto?	**Would you like** to try a bit of this?
¿Te apetece un helado?	**Do you fancy** an ice cream?
¿Te apetece tomar un licor?	**Do you fancy** having a liqueur?
¿Te apetecen unas fresas?	**Do you fancy** some strawberries?

Another way of making a suggestion is to use **¿Por qué no...?** (*Why don't...?*).

Why don't...?

¿Por qué no pruebas el pescado?	**Why don't** you try the fish?
¿Por qué no tomas otra copa de vino?	**Why don't** you have another glass of wine?
¿Por qué no tomamos un café para terminar?	**Why don't** we have a coffee to finish with?
No sé qué pedir. **¿Por qué no** decides tú?	I don't know what to choose. **Why don't** you decide?

You could also try making suggestions about where or what you should eat using **¿Qué te parece si...?** or **¿Qué tal si...?**, which both mean *How about...?*

How about...?

¿Qué te parece si pedimos unas tapas?	**How about** having some tapas?
¿Qué te parece si pedimos una botella de cava?	**How about** having a bottle of cava?
¿Qué te parece si pedimos otra ración?	**How about** asking for another portion?
¿Qué tal si vamos a un restaurante gallego?	**How about** going to a Galician restaurant?
¿Qué tal si probamos los mejillones?	**How about** trying the mussels?

¿LO SABÍAS?

Don't use **un** or **una** in front of **otro** and **otra** (*another*). To say *another glass of wine*, for instance, you just say **otra copa de vino**.

To ask someone what they think, use **¿Crees que deberíamos...?**
(*Do you think we should...?*).

Do you think we should...?

¿Crees que deberíamos reservar mesa?	**Do you think we should** book a table?
¿Crees que deberíamos tomar la paella?	**Do you think we should** go for the paella?
¿Qué vino **crees que deberíamos** tomar con esto? ¿Blanco o tinto?	What sort of wine **do you think we should** have with this? White or red?

What would you recommend?

No sé qué tomar de postre, **¿qué me recomienda?**	I don't know what to have for dessert. **What would you recommend?**
No puedo decidirme entre la paella y el pescado. **¿Cuál me recomienda?**	I can't make up my mind between the paella and the fish. **Which would you recommend?**
¿Recomienda usted algún plato de la zona?	**Is there** a local dish **you'd recommend?**

COMPLAINING

If you're unfortunate enough to have something to complain about, remember that **estar** is the verb to use to talk about temporary, changeable qualities. For more on **ser** and **estar**, see page 252.

...is...

El café **está** frío.	The coffee**'s** cold.
El pan **está** duro.	The bread**'s** stale.
El vino **está** malo.	The wine**'s** corked.
El filete **no está** muy bien hecho.	This steak **isn't** very well cooked.

You may want to say that there's too much of something or that there isn't enough of something. You can use **demasiado** and **suficiente** to do this.

...too much...

Hay **demasiado** ajo en esta salsa.	There's **too much** garlic in the sauce.
La verdura tiene **demasiada** sal.	There's **too much** salt in the vegetables.
No hay **suficiente** pan para todos.	There isn't **enough** bread for everyone.
No hay **suficientes** copas.	There aren't **enough** glasses.

¿LO SABÍAS?

Don't forget to change the endings of **demasiado** and **suficiente** to go with the noun they describe. For more information on agreement of adjectives, see page 244.

You can also use **demasiado** to mean *too*. In this case, the ending always stays the same.

...too...

La música está **demasiado** fuerte.	The music's **too** loud.
Esta mesa está **demasiado** cerca de la cocina.	This table's **too** close to the kitchen.

You can say that something has run out by using **no queda...** (*there isn't any...left*).

There isn't any...left

No queda pan.	**There isn't** any bread **left**.
No queda vinagre en la vinagrera.	**There isn't** any vinegar **left** in the bottle.

LISTEN OUT FOR

Here are some of the key phrases you may hear when going out for a meal.

¿Le vendría bien a las nueve?	Would nine o'clock suit you?
¿Tienen reserva?	Have you got a reservation?
¿A nombre de quién está hecha la reserva?	Under what name's the booking?
Estamos completos.	We're full.
Sígame, por favor.	Follow me, please.
Pasen por aquí.	This way please. *(to more than one person)*
Pase por aquí.	This way please. *(to one person)*
Aquí tiene la carta de vinos.	Here's the wine list.
El plato del día es la paella.	The dish of the day is paella.
La merluza se nos ha terminado.	There isn't any hake left.
Es una especialidad de la zona.	It's a local speciality.
¿Han decidido ya?	Are you ready to order?
¿Qué va a tomar?	What are you going to have?
¿Qué va a beber?	What will you have to drink?
¿Qué desea tomar?	What would you like?
Le recomendaría el pescado.	I'd recommend the fish.
¿Quieren beber algo primero?	Would you like anything to drink first?
¿Quieren café?	Would you like any coffee?
En seguida se lo traigo.	I'll bring it right away.
Aquí lo tiene.	Here it is.
¿Desea alguna cosa más?	Would you like anything else?
En un momento estoy con usted.	I'll be right with you.
A esto les invita la casa.	This is on the house.

Lifestyle Tips

• Spaniards usually don't have lunch till around two or three and may not start their evening meal till nine, ten or even later. So it isn't advisable to go out for dinner too early. If you can't wait, however, you will find bars serving **tapas** throughout most of the day. A typical breakfast in Spain includes coffee and a **bollo** (*sweet bun or pastry*), such as a croissant or a **napolitana** (*pain au chocolat*), but **churros** (*dough fritters in the shape of a stick*) or the savoury **pan con tomate** (*bread with tomato, salt and olive oil*) are also very popular.

• You will find that vegetarians tend not to be specially catered for in Spanish restaurants. However, there are quite a number of traditional Spanish dishes and **tapas**, for example, **tortilla española** or **tortilla de patatas** (*potato omelette*) and **patatas bravas** (*fried potatoes in a spicy tomato mayonnaise*) that don't contain fish or meat.

• The origin of the word **tapa** (literally *cover*) comes from a time when drinks in bars were commonly served with a small plate on top containing a portion of food. Originally these **tapas** came free with the drink. Nowadays, whether you get a complimentary **tapa** or not depends on the bar or the **tapas** culture of the town you're in. If there is a complimentary **tapa**, it will either just arrive with your drink or you'll be asked **¿Qué quieres de tapa?** (*What would you like as a tapa?*). The **tapas** culture has given rise to expressions like **tapear** (*to have tapas*) and **ir de tapas** or **ir de tapeo** (*to go from bar to bar trying different tapas*).

• While service charges are almost always included on restaurant bills, it is still very common to leave a tip of between five and ten per cent in a restaurant, especially if the service has been good. In bars, people tend to leave a few cents in small change when buying drinks.

• When serving you your food, waiters will often say **¡Buen provecho!** or **¡Que aproveche!**, meaning *Enjoy your meal!*. You should reply **¡Gracias!** (*Thank you!*). If people you are eating with or other diners in the restaurant say this, the correct response is **¡Igualmente!** meaning *the same to you*.

Hitting the town

¡Que te diviertas! – Enjoy yourself!

This unit will help you to feel confident in all kinds of social situations in Spanish. Whether you are going to a bar, a concert, the theatre or cinema, a sporting event, or being invited to a party, these phrases will ensure that your Spanish sounds natural.

MAKING SUGGESTIONS

When you're going out socially, you'll want to suggest doing things together. One simple way of doing this is to use **podríamos** (*we could*) followed by the infinitive. **podríamos** comes from the verb **poder**. For more information on **poder**, see page 276.

We could...

Podríamos cenar juntos.	**We could** have dinner together.
Podríamos ir a una discoteca.	**We could** go to a nightclub.
Podríamos ir a tomar una copa, **si quieres**.	**We could** go for a drink **if you like**.

Would you like to...?

¿**Quieres** ir al cine?	**Would you like to** go to the cinema?
¿**Quieres** salir después del trabajo?	**Would you like to** go out after work?
¿**Quieres** venir a una fiesta conmigo?	**Would you like to** come to a party with me?
¿**Queréis** venir a tomar una copa?	**Would you like to** come and have a drink?

To ask someone if they fancy doing something you use **¿Te apetece...?** (*Do you fancy...?*) followed by the infinitive. **apetece** is from the verb **apetecer**.

Do you fancy...?

¿Te apetece quedar más tarde para ir a dar un paseo?	**Do you fancy** meeting up later to go for a walk?
¿Te apetece ver esa película?	**Do you fancy** seeing that film?
¿Os apetece ir a tomar un café?	**Do you fancy** going for a coffee?

You can also make a suggestion in the same way as English, simply by asking **¿Por qué no...?** (*Why don't...?*).

Why don't...?

¿Por qué no reservas las entradas?	**Why don't** you book the tickets?
¿Por qué no llamas para preguntar el horario?	**Why don't** you ring up and ask about times?
¿Por qué no vais al fútbol esta noche?	**Why don't** you go to the football tonight?
¿Por qué no vamos a ver una película española?	**Why don't** we go and see a Spanish film?

SAYING WHAT YOU WANT TO DO

To say what you'd like to do when you're going out, you can use **me gustaría** or **quisiera**, both meaning *I'd like*.

I'd like to...

Me gustaría pasar la tarde en casa.	**I'd like to** spend the evening at home.
Nos gustaría salir a cenar esta noche.	**We'd like to** eat out tonight.
Nos gustaría ver una película nueva.	**We'd like to** see a new film.
Quisiera ir a las Fallas.	**I'd like to** go to the Fallas.
Quisiera ir a bailar.	**I'd like to** go dancing.

I don't want to...

No quiero quedarme en casa.	**I don't want to** stay at home.
No quiero llegar tarde.	**I don't want to** be late.
No queremos gastar mucho dinero.	**We don't want to** spend a lot of money.

I'd rather...

Prefiero ir a la sesión de las seis.	**I'd rather** go to the 6pm showing.
Prefiero comer fuera.	**I'd rather** eat outside.
Preferimos sentarnos en primera fila.	**We'd rather** sit in the front row.

If you're really keen on doing something, you can use **me encantaría** (*I'd love to*). **encantaría** is from the verb **encantar**. For more information on **-ar** verbs, see page 257.

I'd love to...

Me encantaría estar aquí en carnaval.	**I'd love to** be here at carnival time.
Me encantaría, pero no puedo.	**I'd love to**, but I can't.
Eso **me encantaría**.	That **would be lovely**.

TALKING ABOUT YOUR PLANS

In English, we often say *I'm going to* when talking about our plans. Spanish works the same way. To say that you're going to do something, put **voy a** (*I'm going to*) or **vamos a** (*we're going to*) before the verb. **voy** and **vamos** come from the verb **ir**. For more information on **ir**, see page 273.

I'm going to...

Voy a invitar a algunos amigos a casa para mi cumpleaños.	**I'm going to** have some friends over for my birthday.
Voy a ir a la ópera el sábado.	**I'm going to** the opera on Saturday.
Mañana **vamos a** ir a la feria.	Tomorrow **we're going to** go to the fair.

Sometimes your social plans may not be finalized. To say what you may or might do you can use **quizás** or **tal vez** followed by a verb in the present subjunctive. For information on the subjunctive, see page 262.

I may...

Quizás vaya al teatro.	**I may** go to the theatre.
Quizás haga una fiesta.	**I may** have a party.
Tal vez vayamos al cine.	**We may** go to the cinema.

If you want to ask someone else about their plans, you can use **¿Vas a...?** (*Are you going to...?*).

Are you going to...?

¿Vas a invitar a muchas personas?	**Are you going to** invite many people?
¿Vas a ir al cumpleaños de Ana?	**Are you going to** go to Ana's birthday party?
¿Vais a venir al cine?	**Are you going to** come to the film?
¿Cuándo **vais a** hacer la fiesta?	When **are you going to** have the party?

¿LO SABÍAS?
As you'll see in the first example above, in Spanish you say **invitar a alguien**. For more on this use of **a**, see page 252.

To say what you hope will happen, you use **espero** (*I hope*), from the verb **esperar**. You can use the infinitive after it, or **que** and the subjunctive. For information on the subjunctive, see page 262.

I hope...

Espero ver a algunos amigos de la universidad.	**I hope to** see some friends from university.
Espero que nos volvamos a ver.	**I hope** we can meet again.
Espero que vengan unos amigos a tomar algo la semana que viene.	**I'm hoping to** have a few friends round for a drink next week.

Before you make arrangements for your social life, you'll need to find out what kind of entertainment is available, where it is and what time it's on. When asking *Is there…?* and *Are there…?* in Spanish you don't need to worry about whether the noun is singular or plural. One word covers both: **¿Hay…?**.

Is there...?

¿**Hay** un cine por aquí ?	**Is there** a cinema near here?
¿**Hay** partido de fútbol esta tarde?	**Is there** a football match on this afternoon?
¿**Hay** descuentos para estudiantes?	**Are there** any discounts for students?
¿**Hay** conciertos gratis esta semana?	**Are there** any free concerts on this week?

What...?

¿**Qué** películas ponen en el cine hoy?	**What** films are on at the cinema today?
¿**De qué trata** la película?	**What's** the film **about**?
¿**Qué tipo de** película es?	**What sort of** film is it?
¿**Qué tipo de** música ponen en esa discoteca?	**What kind of** music do they play at that club?
¿**Qué tipo de** gente va allí?	**What sort** of people go there?

What time...?

¿**A qué hora** empieza la película?	**What time** does the film start?
¿**A qué hora** suele empezar la gente a ir a las discotecas?	**What time** do people generally start going out clubbing?
¿**A qué hora** abren las puertas del estadio?	**What time** do the stadium doors open?
¿**A qué hora** es el partido?	**What time's** the match?

Where...?

¿**Dónde** está el cine Verdi, por favor ?	**Where's** the Verdi cinema, please?
¿**Dónde** está el asiento G12?	**Where's** seat G12?
Perdona, ¿**dónde** están los servicios?	Excuse me, **where** are the toilets?
Por favor, ¿**dónde** está el guardarropa?	**Where's** the cloakroom, please?

If you want to ask about how much or how many of something
there is, use **¿Cuánto...?** or **¿Cuántos...?**. To ask how much
something costs, use **¿Cuánto es...?** (*How much is...?*).

How much...?

¿Cuánto tiempo nos queda antes de que empiece la función?	**How much** time have we got before the show begins?
¿Cuánto dinero te queda?	**How much** money have you got left?
¿Cuántos días dura el carnaval?	**How many** days does the carnival last?
¿A **cuántas** personas has invitado a la fiesta?	**How many** people have you invited to the party?
¿Cuánto es una botella de cava?	**How much is** a bottle of cava?

Can I...?

¿Puedo pagar con tarjeta?	**Can I** pay by card?
¿Puedo sentarme en cualquier sitio?	**Can I** sit wherever I like?
¿Podemos reservar con antelación?	**Can we** book in advance?

ASKING FOR THINGS

Whether you're going to the cinema, a football match or a wine
bar, you'll need to be able to ask for things in Spanish. To say
what you'd like, you can use either **quiero** or **quisiera** (*I'd like*).
They are both from the verb **querer**. For more information on
querer, see page 278.

I'd like...

Quiero un programa.	**I'd like** a programme.
Quiero un asiento de platea.	**I'd like** a seat in the stalls.
Quisiera dos entradas para la sesión de las ocho.	**I'd like** two tickets for the eight o'clock show.
Quisiera una entrada para el partido Madrid-Barcelona.	**I'd like** a ticket for the Madrid-Barcelona match.

When you're out, a very natural way to ask for things (but not food or drink) in Spanish is to use **¿Me da...?** (*Can I have...?*).

Can I have...?

¿Me da dos entradas para el partido del jueves?	**Can I have** two tickets for the match on Thursday?
¿Me da un programa de actos?	**Can I have** a list of what's on?
Por favor, **¿nos da** dos entradas para *Lo imposible*?	**Can we have** two tickets to see *Lo imposible*, please?

When you are at the bar, you say **póngame**. This is from the verb **poner**. For more information on **poner**, see page 277.

Póngame un zumo de naranja, por favor.	**Can I have** an orange juice, please?
Póngame un gin-tonic, por favor.	**Can I have** a gin and tonic, please?

SAYING WHAT YOU LIKE, DISLIKE, PREFER

When saying what kinds of entertainment you like, don't forget that the Spanish for *I like* works rather differently from English. You use **me gusta** with singular words and **me gustan** with plural ones. To say what you don't like, use **no me gusta** and **no me gustan**.

I like...

Me gusta el fútbol.	**I like** football.
Me gusta mucho ir al cine.	I really **like** going to the cinema.
Me gustan las películas de terror.	**I like** horror films.

I don't like...

No me gusta ir de copas.	**I don't like** going out drinking.
No me gusta nada ir al teatro.	**I don't like** going to the theatre **at all**.
No nos gusta mucho el fútbol.	**We don't like** football **very much**.
No me gusta mucho el golf.	**I don't like** golf **very much**.

Do you like...?

¿**Te gusta** ir al cine?	**Do you like** going to the cinema?
¿**No te gusta** el jazz?	**Don't you like** jazz?
¿**Te gustan** las fiestas?	**Do you like** parties?

If you really love doing something, you can use **me encanta** with singular nouns, and **me encantan** with plural ones.

I love...

Me encanta ir de bares.	**I love** going round the bars.
Me encanta la ópera.	**I love** opera.
Me encanta.	**I love it**.
Me encantan los cócteles.	**I love** cocktails.

If you want to say what you prefer, you can use **prefiero** (*I prefer*).

I prefer...

Prefiero las películas españolas **a** las americanas.	**I prefer** Spanish films **to** American ones.
Prefiero ir al cine que **al** teatro.	**I prefer** going to the cinema **to** going to the theatre.
Preferimos la música disco **al** jazz.	**We prefer** disco music **to** jazz.

EXPRESSING OPINIONS

No doubt you and your friends will have views on what you've seen and heard. Remember that you can use either **creo** or **pienso**, both of which literally mean *I think*.

I think...

Creo que te va a gustar.	**I think** you'll like it.
Creo que es una buena película.	**I think** it's a good film.
Creemos que va a ganar el Barcelona.	**We think** Barcelona will win.
Pienso que el otro bar estará mejor a esta hora de la noche.	**I think** the other bar's going to be better at this time of night.
Me pareció muy interesante.	**I thought** it was really interesting.

¿LO SABÍAS?
Don't forget to add **que** (*that*) after **creo** and **pienso**. It's optional in English, but not in Spanish.

Do you think...?

¿Crees que van a ganar?	**Do you think** they'll win?
¿Crees que quedan entradas?	**Do you think** there'll be any tickets left?
¿Crees que hacen descuentos para estudiantes?	**Do you think** they do student discounts?
¿No piensas que la obra ha sido un poco larga?	**Don't you think** the play was a bit long?

When you want to ask someone what they think of something, you can use **¿Qué te parece...?** (*What do you think of...?*) with something singular, and **¿Qué te parecen...?** with plural things.

What do you think of...?

¿Qué te parece la película?	**What do you think of** the film?
¿Qué te parece la obra?	**What do you think of** the play?
¿Qué te parecen estas tapas?	**What do you think** of these tapas?

After your party, show, and so forth, you might want to ask other people if they enjoyed it too. You use the verb **gustar**, but this time in the question **¿Te ha gustado...?** (*Did you enjoy...?*).

Did you enjoy...?

¿**Te ha gustado**?	**Did you enjoy it**?
¿**Te ha gustado** la fiesta?	**Did you enjoy** the party?
¿**Te ha gustado** la comida?	**Did you enjoy** your meal?

LISTEN OUT FOR

Here are some key phrases to listen out for while out socializing.

¿Dónde te gustaría sentarte?	Where would you like to sit?
¿Puedo ver sus entradas, por favor?	Can I see your tickets, please?
¿Quiere usted comprar un programa?	Would you like to buy a programme?
¿Le importaría cambiarme el sitio?	Would you mind swapping places?
¿Tienes algo que hacer mañana?	Are you free tomorrow?
La semana que viene estoy ocupado.	I'm busy next week.
¿Cuándo le vendría bien?	When would be a good time for you?
Deja que te invite a una copa.	Let me get you a drink.
A esto invito yo.	This is on me.
¿Te lo pasaste bien?	Did you have a good time?
Gracias por invitarme.	Thank you for inviting me.
Gracias, no hacía falta.	Thank you, you shouldn't have.

Lifestyle Tips

In a café or bar:
• If you're at a table, you generally don't need to go up to the bar – **la barra** - to get served, as the waiter will come to your table. In less busy places, the waiter may just leave your bill on your table and you pay when you're ready. If he doesn't, you say **la cuenta, por favor** (*Can I have the bill, please?*). In very busy places, they might ask you to pay as soon as you get your order.

• The names for kinds of coffee vary according to the part of Spain you're in, but the most general ones are:
un café solo (*an espresso*)
un café con leche (*a white coffee*)
un cortado (*an espresso with just a drop of milk*)

• Spanish people don't normally buy rounds. Someone might offer to pay if there are two of you or if you're in a small group, by saying **invito yo**. In a larger group, everybody will pay for their own drinks or simply share the costs.

At the cinema:
• As in Britain, new films come out on a Friday in Spain. Wednesday, or sometimes Monday, depending on the cinema, is the **día del espectador** (literally *spectator day*) when tickets are cheaper. Recently, as cinema attendance has dropped dramatically, **fiestas del cine** (*cinema celebration days*) have been held periodically every few months with great success. A **fiesta del cine** lasts for two or three weekdays. Tickets are sold at very low prices (less than 3 €) and movie theatres sell out.

Closing times:
• Times may vary a little depending on the area of Spain you're in, but usually **tapas** bars and restaurants close around midnight – **a medianoche**. Bars with music tend to close at about 3 and clubs at around 6. If you want to go on clubbing after that, **los afterhours** are clubs that stay open till the morning.

Smoking:
• Spain's **ley antitabaco** (*anti-smoking law*) is one of the toughest in Europe. Since 2011 **fumar está prohibido** (*smoking is banned*) in all public places, including restaurants, bars and cafés; **fumar al aire libre** (*outdoor smoking*) is also prohibited in children's playparks and within the grounds of schools and hospitals.

Museums, monuments and much more

¡Que lo pases bien! – Have a good time!

If you're planning to see the sights in a Spanish-speaking country, the phrases in this unit will give you the confidence to ask and talk about where you can go, what you can do there, and how much it will cost using natural Spanish.

TALKING ABOUT YOUR PLANS

In all probability you'll want to talk about what you're planning to do on your trip. In English we often say *I'm going to* to talk about the future. Spanish works the same way. To say that you're going to do something, use **voy a** (*I'm going to*) and **vamos a** (*we're going to*) followed by a verb in the infinitive. **voy** and **vamos** come from the verb **ir** (*to go*). For more information on **ir**, see page 273.

I'm going to...

Voy a ir de excursión a Montserrat.	**I'm going to** go on a trip to Montserrat.
Voy a ver sólo las salas de Goya.	**I'm** only **going to** see the Goya rooms.
Vamos a ver el puente romano iluminado.	**We're going to** see the Roman bridge all lit up.
Vamos a hacer senderismo en la sierra.	**We're going to** go hill-walking.

I'm planning to...

Tengo pensado visitar a un amigo mío que vive en Cuenca.	**I'm planning to** visit a friend of mine who lives in Cuenca.
Tenemos pensado ir a la galería de arte mañana.	**We're planning to** go to the art gallery tomorrow.
Tenemos pensado visitar Toledo el martes.	**We're planning to** visit Toledo on Tuesday.

MAKING SUGGESTIONS

You may wish to make a suggestion about where to go or what to see to someone who's with you. Common ways of doing this are using **¿Por qué no...?** (*Why don't...?*) and **¿Qué te parece si...?**, **¿Qué tal si...?** or **¿Y si...?** (*How about...?*).

Why don't...?

¿Por qué no paseamos por el casco antiguo?	**Why don't** we walk round the old town?
¿Por qué no cogemos un coche de caballos para ver la ciudad?	**Why don't** we hire a horse-drawn carriage to see the town?
¿Por qué no haces unas fotos desde la torre?	**Why don't** you take some pictures from the tower?
¿Por qué no vas en metro hasta el Museo del Prado?	**Why don't** you get the underground to the Prado?

How about...?

¿Qué te parece si nos bajamos en el museo?	**How about** getting off at the museum?
¿Qué te parece si cogemos el teleférico?	**How about** taking the cable railway?
¿Qué tal si vemos la catedral por la tarde?	**How about** visiting the cathedral in the afternoon?
¿Qué tal si hacemos unas fotografías desde aquí?	**How about** taking some pictures from here?
¿Y si vamos a la feria del vino?	**How about** going to the wine fair?
¿Y si vamos a Valencia en lugar de a Barcelona?	**How about** going to Valencia instead of Barcelona?

If you want to say what you think you should do, use **creo que deberíamos** (*I think we should*).

I think we should...

Creo que deberíamos ir al Museo del Prado hoy.	**I think we should** go to the Prado today.
Creo que deberíamos ir a la excursión de Sevilla.	**I think we should** go on the Seville trip.
Si quieres ver cerámica artesanal, **creo que deberías** ir a la Bisbal.	If you want to see hand-crafted ceramics, **I think you should** go to la Bisbal.

You'll want to be able to tell Spanish speakers what you'd like to visit or see. To do this you can use **me gustaría** (*I'd like*) followed by the infinitive. **gustaría** comes from the verb **gustar**.

I'd like to...

Me gustaría visitar el Museo Picasso.	**I'd like to** visit the Picasso Museum.
Me gustaría hacer unas fotos de la panorámica.	**I'd like to** take some photos of the view.
Me gustaría hablar con el encargado.	**I'd like to** speak to whoever's in charge.
Nos gustaría hacer una parte del Camino de Santiago.	**We'd like to** do part of the pilgrim route to Santiago de Compostela.
¿**Te gustaría** visitar El Escorial?	**Would you like to** visit the Escorial?

To say what you want to do, you can use **quiero** (*I want*). **quiero** comes from the verb **querer**. For more information on **querer**, see page 278.

I want to...

Quiero visitar el Museo de Arte Contemporáneo.	**I want to** visit the Museum of Contemporary Art.
Quiero quedarme un rato más viendo la exposición.	**I want to** spend a little while longer looking at the exhibition.
Queremos ir a Cáceres antes de volver a Londres.	**We want to** go to Cáceres before going back to London.
¿**Queréis** ver la Torre de Hércules?	**Do you want to** see the Hercules Tower?

If you want to sound even more enthusiastic by saying you'd love to do something, you can use **me encantaría** (*I'd love*).

I'd love to...

Me encantaría ver las pinturas rupestres de Altamira.	**I'd love to** see the cave paintings at Altamira.
Me encantaría llevar a mi familia a Granada.	**I'd love to** take the family to Granada.
Nos encantaría hacer esquí acuático.	**We'd love to** go water-skiing.
Nos encantaría vivir en Segovia.	**We'd love to** live in Segovia.

To say what you're hoping to see and do you can use **espero** (*I'm hoping*) followed by a verb in the infinitive. Alternatively, you can use the idiomatic **a ver si** followed by a verb in the present to talk about what you're hoping will happen.

I'm hoping to...

Espero hacer muchas fotos de Miravet.	**I'm hoping to** take lots of photos of Miravet.
Esperamos ir a Madrid.	**We're hoping to** go to Madrid.
A ver si paso un poco más de tiempo en el Delta del Ebro este año.	**I'm hoping to** spend a bit more time at the Ebro Delta this year.
A ver si hacemos una visita a las bodegas.	**We're hoping to** do a tour of the wine cellars.

ASKING FOR INFORMATION

To get the most out of your sightseeing trips, you'll probably want to find out lots of information. When asking if something is interesting, free, open, and so on, don't forget that there are two verbs for *to be* in Spanish: **ser** and **estar**. For more information on these verbs, see page 252.

Is...?

¿**Es** gratis la entrada al museo?	**Is** entry to the museum free?
¿**Es** interesante la visita al castillo?	**Is** the visit to the castle interesting?
¿La catedral **está** lejos de aquí?	**Is** the cathedral far from here?
¿La Alhambra **está** cerrada los domingos?	**Is** the Alhambra closed on Sundays?
¿**Está** permitido hacer fotos?	**Are** you allowed to take pictures?

You may also need to find out if something is available in the place you're visiting. Use ¿**Hay...?** to mean both *Is there...?* and *Are there...?* in Spanish.

Is there...?

¿**Hay** una oficina de turismo por aquí cerca?	**Is there** a tourist information office round here?
¿**Hay** algo que ver en Montoro?	**Is there** anything to see in Montoro?
¿**Hay** acceso para discapacitados en sillas de ruedas?	**Is there** access for wheelchair users?
¿**Hay** descuentos para grupos?	**Are there** any group discounts?

To ask for a specific detail such as the opening hours or an address, use **¿Cuál es...?** (*What's...?*). But don't forget that the usual way to ask the name of something or someone is with **¿Cómo se llama...?** (*What's the name of...?* or *What's...called?*). To ask *what* before a noun, use **¿Qué...?**.

What...?

¿Cuál es el horario de apertura?	**What** are the opening hours?
¿Cuál es la diferencia entre el arte contemporáneo y el arte moderno?	**What** is the difference between contemporary art and modern art?
¿Cómo se llama el museo?	**What's the name of** the museum?
¿Cómo se llama el guía?	**What's** the guide **called**?
¿Qué tipo de pintura es?	**What** type of painting is it?
¿En qué idioma está el folleto?	**What** language is the leaflet written in?
¿Qué hay para ver en Santes Creus?	**What** is there to see in Santes Creus?

To ask what something is like objectively, use **¿Cómo es...?** (*What's...like?*) and **¿Cómo son...?** (*What are...like?*).

What's...like?

¿Cómo es el museo?	**What's** the museum **like**?
¿Cómo es el terreno?	**What's** the terrain **like**?
¿Cómo son los guías?	**What are** the guides **like**?

To ask what something's like meaning *What do you think of it?* or *How is it?*, use **¿Qué tal...?**.

How's...?

¿Qué tal fue la excursión?	**How was** the trip?
¿Qué tal era la comida?	**How was** the food?
¿Qué tal es la vista desde arriba?	**What's** the view from the top **like**?

To obtain specific information about, for example, what time something happens, how much it costs, or how long it takes, you can use **¿A qué hora** (*What time...?*), **¿Cuánto es...?** (*How much is...?*), **¿Cuánto...?** (*How long...?*) and so on.

What time...?

¿**A qué hora** sale el autobús para el monasterio?	**What time** does the bus to the monastery leave?
¿**A qué hora** es la próxima visita guiada?	**What time**'s the next guided tour?
¿**A qué hora** llegamos?	**What time** do we get there?

How much is...?

¿**Cuánto es** la entrada al museo?	**How much is it** to get into the museum?
¿**Cuánto es** la entrada para estudiantes?	**How much is** a student ticket?
¿**Cuánto cuesta** el autobús turístico?	**How much is it** to go on the tourist bus?

¿LO SABÍAS?

To ask how much something is when you're pointing to it in a shop, the phrase to use is **¿Cuánto es esto?** (*How much is this?*).

How long...?

¿**Cuánto** dura la visita?	**How long** does the tour last?
¿**Cuánto** dura la travesía por el río?	**How long** does the river crossing take?
¿**Cuánto** se tarda en llegar?	**How long** does it take to get there?

To ask general questions in English we sometimes use *you* instead of *I* – for example, *How do you get to the centre?* when we actually mean *How do I get to the centre?* In Spanish you can often use **se** and the third person of the verb to do this.

How do you...?

¿**Cómo se** llega al otro lado del río?	**How do you** get to the other side of the river?
¿**Cómo se** va al casco antiguo?	**How do I** get to the old town?
¿**Cómo** compramos los billetes del autobús turístico?	**How do we** get tickets for the tourist bus?

ASKING FOR THINGS

When you're out and about in a Spanish-speaking place, you will want to be able to ask for things in Spanish. You can use ¿**Me da...?** (*Can I have...?*).

Can I have...?

¿**Me da** dos entradas para el museo?	**Can I have** two tickets for the museum, please?
¿**Me da** una entrada para la exposición de Velázquez?	**Can I have** a ticket for the Velázquez exhibition?
¿**Me da** información sobre la catedral?	**Can you give me** some information about the cathedral?
¿**Nos da** nuestras maletas, por favor?	**Can we have** our suitcases back, please?

To say what you'd like, you can use either **quiero** or **quisiera** (*I'd like*). They're both from the verb **querer**. For more information on **querer**, see page 278.

I'd like...

Quiero tres billetes para el autobús turístico.	**I'd like** three tickets for the tourist bus.
Quisiera una guía de Málaga, por favor.	**I'd like** a guide to Málaga, please.
Queremos dos entradas para niños.	**We'd like** two children's tickets.

¿Tienen...? (*Have you got...?*) is the right verb form to use whenever asking if something is available in a tourist office or other establishment. **tienen** is from the verb **tener**. For more information on **tener**, see page 282.

Have you got...?

¿Tienen folletos en inglés?	**Have you got** any leaflets in English?
¿Tienen audioguías en otros idiomas?	**Have you got** audioguides in other languages?
¿Tienen planos del casco antiguo?	**Do you have** street maps of the old part of town?

When you want to ask if someone can do something for you, use **¿Puede...?** or **¿Podría...?** (*Can you...?* or *Could you...?*). Both **puede** and **podría** are from the verb **poder**. For more information on **poder**, see page 276.

Can you...?

¿Puede sacarnos una foto?	**Can you** take a picture of us?
¿Puede decirme los horarios de visita?	**Can you** tell me what the opening hours are?
¿Podría dejarnos en la puerta de la catedral?	**Could you** drop us off outside the cathedral?

Would you mind...?

¿Le importaría ayudarme?	**Would you mind** helping me?
¿Le importaría señalarme en el plano en qué sala estamos?	**Would you mind** showing me on the plan which room we're in?

There may be occasions when you want to ask for permission to do something. To do this, you can use **¿Puedo...?** (*Can I...?*) and **¿Podemos...?** (*Can we...?*) They are both from the verb **poder**. For more information on **poder**, see page 276.

Can I...?

¿**Puedo** entrar en la catedral en pantalón corto?	**Can I** go into the cathedral in shorts?
¿**Podemos** hacer fotos?	**Can we** take pictures?
¿**Puedo** usar el teléfono en el museo?	**Can I** use my phone in the museum?

Alternatively, use **¿Se puede...?** (*Can you...?* or *Can I...?*).

¿**Se puede** fumar aquí?	**Can I** smoke in here?
¿**Se puede** entrar en la Alhambra por la noche?	**Can I** get into the Alhambra in the evening?
¿**Se puede** aparcar aquí?	**Can I** park here?

If you want to ask if someone minds if you do something, use **¿Le importa que...?** (*Do you mind if...?*) followed by the present subjunctive. For more information on the subjunctive, see page 262.

Do you mind if...?

¿**Le importa que** fume?	**Do you mind if** I smoke?
¿**Le importa que** paremos a hacer una foto de las vistas?	**Do you mind if** we stop to take a picture of the view?
¿**Le importa que** deje la sillita del niño aquí?	**Do you mind if** I leave the pushchair here?
¿**Le importa que** llame por el móvil?	**Do you mind if** I make a call on my mobile?

SAYING WHAT YOU LIKE, DISLIKE, PREFER

When saying what you like, don't forget that the Spanish for
I like works rather differently from English. You use **me gusta**
with singular words and **me gustan** with plural ones. Use **no
me gusta** and **no me gustan** to talk about what you don't like.

I like...

Me gusta mucho este monumento.	I really **like** this monument.
Nos gusta ir a ver exposiciones de arte moderno.	**We like** going to modern-art exhibitions.
Nos encanta la vista desde la torre.	**We love** the view from the tower.
Nos encantan los Pueblos Blancos de Andalucía.	**We love** the white villages of Andalusia.

I don't like...

No me gusta este tipo de arte.	**I don't like** this type of art.
No me gustan los museos.	**I don't like** museums.
No nos gusta tener que dejar las mochilas en la entrada.	**We don't like** having to leave our backpacks at the entrance.

Do you like...?

¿**Te gusta** Granada?	**Do you like** Granada?
¿**Te gustan** las ferias?	**Do you like** fairs?
¿**Os gusta** ir a los mercados locales?	**Do you like** going to local markets?
¿**Os gustan** las visitas guiadas o preferís ir solos?	**Do you like** guided tours or do you prefer going round on your own?

To say what you prefer, you can use either **prefiero** or, for singular words, **me gusta más**, and, for plural words, **me gustan más**.

I prefer...

Prefiero la playa **a** la montaña.	**I prefer** the beach **to** the mountains.
Prefiero visitar monumentos **que** tomar el sol.	**I prefer** sightseeing **to** sunbathing.
Me gusta más ir de compras **que** ir a ver museos.	**I prefer** shopping **to** going round museums.
Me gusta más viajar en primavera **que** en verano.	**I prefer** travelling in spring **to** travelling in summer.
Me gustan más los hoteles **que** los albergues.	**I prefer** hotels **to** hostels.

I'd rather...

Preferiría pasar toda la semana en Madrid.	**I'd rather** spend the whole week in Madrid.
Preferiría hacer cosas por mi cuenta hoy.	**I'd rather** do my own thing today.
Preferiríamos pasar hoy en las pistas de esquí e ir mañana a Barcelona.	**We'd rather** spend today on the ski slopes and go to Barcelona tomorrow.

▌ COMPLAINING ▬▬▬▬▬▬▬▬▬▬▬▬▬▬▬▬

There may be something you'll want to complain about when you're on a trip to a Spanish-speaking country. In Spanish you can often phrase your complaint in a simpler, more direct manner than in English.

I think...is...

La comida **es** muy mala.	**I think** the food**'s** very bad.
Los servicios **no están** muy limpios.	**I don't think** the toilets **are** very clean.
Creo que las excursiones **son** muy caras.	**I think** the excursions **are** very expensive.
No creo que el conductor haga las paradas suficientes.	**I don't think** the driver makes enough comfort stops.

Could you possibly...?

¿**No podrían** hacer algo con respecto a esos servicios tan sucios?	**Could you possibly** do something about the filthy toilets?
¿**No podrían** poner un poco de sal en la escalera? Está muy resbaladiza.	**Could you possibly** put some salt on the steps? They're very slippery.
¿**No podrían** devolvernos el dinero?	**Could you possibly** give us our money back?

If you need to point out that there isn't any of a particular commodity left, you can use **no queda** (*there isn't any...left*). To say that there isn't enough of something, you can use **falta** (*there isn't enough*). When referring to plural items, you have to change the verb ending. So **no quedan** means *there aren't any... left* and **faltan** means *there aren't enough*.

There isn't any...

No queda papel higiénico en el servicio de señoras.	**There isn't any** toilet paper **left** in the ladies.
No quedan folletos informativos.	**There aren't any** leaflets **left**.
Falta información.	**There isn't enough** information.
Faltan sillas.	**There aren't enough** chairs.

If you want to say that it's a shame that something is the way it is, you can use **es una pena que** (*it's a shame that*), but remember to put the next verb in the subjunctive. For more information on the subjunctive, see page 262.

It's a shame that...

Es una pena que haya tan poca información sobre las pinturas.	**It's a shame that** there's so little information about the paintings.
Es una pena que se hayan quedado sin folletos en inglés.	**It's a shame that** you've run out of English leaflets.
Es una pena que una parte tan grande del castillo esté cerrada al público.	**It's a shame that** so much of the castle is closed to the public.
Es una pena que no funcione el funicular.	**It's a shame that** the funicular isn't working.

LISTEN OUT FOR

Here are some key phrases you are likely to hear when you're sightseeing.

¿En qué idioma quiere la información?	What language would you like the information in?
Aquí tiene un folleto en inglés.	Here's a leaflet in English.
¿Tienes carnet de estudiante?	Do you have a student card?
El museo está abierto de nueve a tres.	The museum's open from nine to three.
La galería cierra los domingos.	The gallery's closed on Sundays.
La próxima visita guiada es a las diez.	The next guided tour's at ten.
¿Cuántas entradas quiere?	How many tickets would you like?
Son ocho euros por persona.	It's eight euros each.
Está prohibido sacar fotos.	You can't take pictures.
Tiene que dejar el bolso en el guardarropa.	You have to leave your bag in the cloakroom.
¿Puedo ver su bolso?	Can I look inside your bag?

Lifestyle Tips

• A good way to see most Spanish cities is on the **autobús turístico**, a special sightseeing bus which goes round all the main places of interest.

• If you're planning to go to a Spanish museum or art gallery on a Monday, check that it will be open first, as many of them **están cerrados los lunes** meaning that they are closed on Mondays. For the main galleries and museums, it's a good idea to book tickets online in advance.

• Try asking in the **oficina de turismo** (*tourist office*) if there are any **fiestas** on in the area:

¿Qué fiestas hay en la región estos días? (*What fiestas are on in the area at the moment?*). Spain is famous for its very varied **fiestas** and **ferias** (*festivals and fairs*), which give people the chance to let their hair down with dancing, eating, drinking, processions and fireworks. Most towns and villages have a main annual festival often called a **fiesta mayor**. Although linked to a particular saint's day or religious occasion, events may be scheduled to go on for several days. Among the most popular local festivals, are the **Sanfermines** in Pamplona, the **Fallas** in Valencia and the **Carnaval** in Tenerife or Cádiz.

Retail therapy

¿Necesita alguna cosa? – Can I help you?

Whether you're planning to bargain-hunt, souvenir-hunt, get in your groceries or just pick up a postcard, this unit will help give you the confidence to find the best bargains and shop till you drop using typical natural Spanish.

ASKING FOR THINGS

When you are shopping in a Spanish-speaking country, you may be asked **¿Le están atendiendo?** (*Are you being attended to?*). If you are already being seen to, you can say **Ya me están atendiendo, gracias**. If you need to attract the shop assistant's attention, just say **¿Me puede atender, por favor?** or **¡Oiga, por favor!** Once you've got their attention, a very simple way to ask for things is to name what you want with **por favor** optionally on the end. Alternatively, if the shop assistant approaches you and you just want to browse, you can say **sólo estoy mirando** (*I'm just looking*).

..., please

Diez sellos para postales al Reino Unido, **por favor**.	Ten stamps for postcards to the UK, **please**.
Dos botellas de cava, **por favor**.	Two bottles of cava, **please**.
Un kilo de tomates y medio de judías verdes.	A kilo of tomatoes and half a kilo of green beans, **please**.

You can also use either **quiero** or **quisiera** (*I'd like*) before the words for whatever it is you want. They are both from the verb **querer**. For more information on **querer**, see page 278.

I'd like...

Quiero una tarjeta de memoria para mi cámara digital.	**I'd like** a memory card for my digital camera.
Quiero probarme la falda del escaparate.	**I'd like** to try on the skirt that's in the window.
Quiero dos kilos de patatas, por favor.	**I'd like** two kilos of potatoes, please.
Quisiera el queso cortado en lonchas muy finas.	**I'd like** the cheese sliced very fine.
Quisiera probarme estos zapatos en un 38.	**I'd like** to try these shoes in a 38.

When asking for things in Spanish very often all you need to do is use the present tense and make it a question. To ask *Can I have...?* use **¿Me pone...?** when buying food that has to be weighed and **¿Me da...?** when it's a tin, bottle or packet.

Can I have...?

¿**Me pone** un kilo de naranjas?	**Can I have** a kilo of oranges, please?
¿**Me pone** doscientos gramos de jamón serrano?	**Can I have** two hundred grams of ham, please?
¿**Me da** dos latas de espárragos?	**Can I have** two tins of asparagus, please?
¿**Me da** una botella de coñac?	**Can I have** a bottle of brandy, please?
¿**Me da** dos cartones de leche?	**Can I have** two cartons of milk?

¿LO SABÍAS?

You don't need to say **por favor** in the way that you automatically say *please* in English. This can make you sound overformal, unnatural or even annoyed. Similarly, you don't need to say **gracias** every time the shop assistant or shopkeeper gives you something.

When shopping you may need to say what you're looking for. The Spanish equivalent of *to look for* is just one word, **buscar**. To say *I'm looking for* use **estoy buscando**.

I'm looking for...

Estoy buscando un regalo de boda para mi hermana. ¿Me puede sugerir alguna cosa?	**I'm looking for** a wedding present for my sister. Can you suggest anything?
Estoy buscando un buen vino tinto. ¿Qué me recomendaría?	**I'm looking for** a good red wine. What would you recommend?
Estamos buscando un diccionario adecuado para un niño de nueve años.	**We're looking for** a dictionary that's suitable for a nine-year-old.

To tell the shop assistant what you've chosen and want to buy, you can say **me llevo** or **me quedo** (*I'll take*). If you haven't yet decided what you want, you can say **todavía no me he decidido** (*I haven't made my mind up yet*).

I'll take...

Me llevo estas dos postales.	**I'll take** these two postcards.
Me llevo los azules y dejo los marrones.	**I'll take** the blue ones but not the brown ones.
Me quedo este sombrero, por favor.	**I'll take** this hat, please.

SAYING WHAT YOU HAVE TO DO

Shopping isn't always what you'd choose to do, is it? To say that you have to buy something or that you have to do something in Spanish, you can use **tengo que** (*I've got to*) followed by the infinitive.

I've got to...

Tengo que comprarme unos zapatos.	**I've got to** buy some new shoes.
Tengo que comprar postales.	**I've got to** buy some postcards.
Tenemos que ir a buscar algo para la cena.	**We need to** get something for dinner.

To talk about the things that you need, use **me hace falta** with singular nouns and **me hacen falta** with plural nouns.

I need...

Me hace falta un diccionario nuevo.	**I need** a new dictionary.
Nos hace falta una linterna mejor.	**We need** a better torch.
Me hacen falta pilas.	**I need** batteries.

TALKING ABOUT YOUR PLANS

You may want to talk about what you're thinking of buying or where you're thinking of going. Spanish uses the phrase **estoy pensando** (*I'm thinking*), followed by **en** and a verb in the infinitive.

I'm thinking of...

Estoy pensando en comprarme un ordenador nuevo.	**I'm thinking of** buying a new computer.
Estoy pensando en pintar la cocina.	**I'm thinking of** painting the kitchen.
Estamos pensando en buscar una mesa nueva.	**We're thinking of** going for a new dining table.

I'm hoping to...

Espero encontrar algo para ponerme en la boda.	**I'm hoping to** find something I can wear to the wedding.
Espero encontrar uno a mitad de precio en las rebajas.	**I'm hoping to** get one half price in the sales.
Esperamos encontrar un regalo de cumpleaños para Carlota.	**We're hoping to** find a birthday present for Carlota.

To say what you are going to do, use **voy a** and **vamos a**.

I'm going to...

Voy a comprarme un bañador nuevo.	**I'm going to** buy a new swimming costume.
Voy a ir a las rebajas.	**I'm going to** go to the sales.
Vamos a comprar una cama nueva.	**We're going to** buy a new bed.

To talk about something you may do, you can use **puede que** followed by a verb in the subjunctive. For more information on the subjunctive, see page 262.

I may...

Puede que tenga que ahorrar un poco de dinero primero.	**I may** have to save up a bit first.
Puede que vayamos de compras más tarde.	**We may** go shopping later.
Puede que tengamos que ir a una tienda más grande para eso.	**We may** have to go to a bigger shop for that.

I want to...

Quiero comprar un regalo para mi hermana.	**I want to** buy a present for my sister.
No quiero gastar más de 50 euros.	**I don't want to** spend more than 50 euros.
Queremos encontrar algo que le guste a ella.	**We want to** find something that she'll like.

EXPRESSING OPINIONS

As you look at items for sale, you may well want to make comments to a Spanish-speaking friend or the shop assistant. To give your opinion, use **me parece que...**, **creo que...** or **pienso que...**, all of which mean *I think*.

I think...

Me parece que este color te pega más.	**I think** this one is more your colour.
Me parece que esta lámpara nos viene perfectamente.	**I think** this lamp will do us perfectly.
Creo que harías mejor en ir a una tienda más barata.	**I think** you'd do better to go to a cheaper shop.
No creo que sea una marca muy buena.	**I don't think** it's a very good make.
Pienso que esta tienda es un poco cara.	**I think** this shop is a bit pricey.

ASKING FOR INFORMATION

If you're in a strange town, you may need to find out if there is a particular shop or a particular place in the area. Simple! Both *Is there...?* and *Are there...?* are **¿Hay...?** in Spanish.

Is there...?

¿**Hay** una librería por aquí cerca?	**Is there** a bookshop round here?
¿**Hay** algún parking cerca del mercado?	**Is there** a car park near the market?
¿**Hay** carritos?	**Are there** any trolleys?

To say *this* use **este** for masculine singular nouns and **esta** for feminine singular nouns. To say *these* use **estos** for masculine plural things and **estas** for feminine plural things.

Is this...?

¿**Es este** el único modelo que tienen?	**Is this** the only model you stock?
¿**Es esta** la talla más grande que tienen?	**Is this** the biggest size you have?
¿**Son estas** las únicas tallas que tienen?	**Are these** the only sizes you have?

To find out if something's available, you'll need to use the question ¿**Tienen...?** (*Do you have...?*). **tienen** is from the verb **tener**. For more information on **tener**, see page 282.

Do you have...?

¿**Tienen** otros modelos?	**Do you have** any other models?
¿**Lo tienen** en una talla más pequeña?	**Do you have it** in a smaller size?
¿**Lo tienen** en otro color?	**Do you have it** in another colour?
¿**Tienen** trajes de noche?	**Do you sell** evening wear?
¿**Tiene** garantía?	**Does it come with** a guarantee?

From time to time you'll probably need to ask where a particular shop is or where you can find something in a store. The word you'll need is ¿**Dónde...?** (*Where...?*).

Where's...?

¿**Dónde está** el supermercado más cercano?	**Where's** the nearest supermarket?
¿**Dónde está** la caja?	**Where's** the cash desk?
¿Me puede decir **dónde está** la pasta de dientes?	Can you tell me **where** the toothpaste **is**, please?
¿Me puede decir **dónde está** la sección de perfumería?	Can you tell me **where** the perfume department **is**?
¿**Dónde están** los ascensores?	**Where are** the lifts?
¿**Dónde** venden ropa para niños?	**Where** can I buy children's clothes?

To be able to ask how much what you're buying is you can use **¿Cuánto cuesta...?**, **¿Cuánto vale...?** or **¿Qué precio tiene...?** (*How much is...?*). If you're asking about more than one thing, use **¿Cuánto cuestan...?**, **¿Cuánto valen...?** or **¿Qué precio tienen...?**. Although you can include **por favor** (*please*) in your question, you don't need to.

How much is...?

¿Cuánto cuesta este perfume?	**How much is** this perfume?
¿Cuánto cuestan estos pantalones?	**How much are** these trousers, please?
¿Cuánto vale una botella de zumo?	**How much is** a bottle of juice?
¿Cuánto valen estas camisas?	**How much are** these shirts?
¿Me puede decir **qué precio tiene** este televisor?	Can you tell me **how much** this television **is,** please?
¿Qué precio tienen las faldas?	**How much are** the skirts, please?

When talking about things that are sold by weight you use **¿A cuánto está...?** with a singular noun or **¿A cuánto están...?** with plural nouns.

How much is...?

¿A cuánto está el kilo de ternera?	**How much is** veal per kilo?
¿A cuánto están las manzanas?	**How much are** the apples?
¿A cuánto están las uvas?	**How much are** the grapes?

While out shopping you'll need to ask questions using *which* or *what*. For both use **qué** immediately before names of things, otherwise use **cuál**.

Which...?

¿Qué día ponen el mercado?	**What** day's market day?
¿En **qué** piso está la sección de ropa de caballero?	**Which** floor is the menswear department on?
¿En **qué** otros colores tiene este vestido?	**Which** other colours have you got this dress in?
¿Cuáles son las ventajas de este modelo?	**What** are the advantages of this model?

SAYING WHAT YOU LIKE, DISLIKE, PREFER

When talking about things you might buy, don't forget that the Spanish for *I like* works rather differently from English. You use **me gusta** with singular words and **me gustan** with plural ones. To say what you don't like, use **no me gusta** and **no me gustan**.

I like...

Me gusta este.	**I like** this one.
Me gusta muchísmo ir de compras.	I really **like** shopping.
Me encanta el vestido negro, pero es demasiado caro.	**I love** the black dress, but it's too expensive.
Me encantan las gangas.	**I love** bargains.

I don't like...

No me gusta hacer cola.	**I don't like** queuing.
No me gusta mucho ir a comprarme ropa.	**I'm not very keen on** going clothes shopping.
No nos gusta mucho ir de compras con los amigos.	**We're not keen on** going shopping with friends.
No me gustan los grandes almacenes.	**I don't like** big stores.

Of course you won't just want to say what you like and what you don't like when out shopping, you'll want to say what you prefer. Use **prefiero** (*I prefer*) and **preferimos** (*we prefer*) to talk about your preferences.

I prefer...

Prefiero el verde, pero cuesta más de lo que pensaba gastarme.	**I prefer** the green one, but it's more than I was meaning to spend.
Prefiero las tiendas pequeñas **a** los supermercados.	**I prefer** small shops **to** supermarkets.
Preferimos los grandes almacenes **a** las boutiques pequeñas.	**We prefer** department stores **to** small boutiques.

I'd rather...

Preferiría hacer mis compras por Internet.	**I'd rather** do my shopping online.
Preferiría llevarme la compra a casa en taxi que esperar el autobús.	**I'd rather** take the shopping home by taxi than wait for the bus.
Preferiría hacer el resto de las compras otro día.	**I'd prefer** to do the rest of the shopping another day.
Preferiría comprar sólo productos de la zona.	**I'd prefer** to buy only local produce.

MAKING SUGGESTIONS

On shopping expeditions you may well want to make suggestions about what to choose or what to do next. You can do this in just the same way as in English, simply by asking **¿Por qué no...?** (*Why don't...?*) .

Why don't...?

¿Por qué no vamos de compras en otro momento?	**Why don't** we go shopping some other time?
¿Por qué no vamos a esa librería que han abierto cerca del río?	**Why don't** we go to that new bookshop near the river?
¿Por qué no ahorras y te compras uno que sea bueno de verdad?	**Why don't** you save up for a really good one?
¿Por qué no te lo pruebas?	**Why don't** you try it on?

When offering to do something or suggesting doing something, you can also simply use a verb in the present tense and ask a question by making your voice go up at the end. For more on the present tense and on asking questions, see pages 260 and 250.

Shall I...?

¿Compro pan?	**Shall I buy** some bread?
¿Te pido el libro que querías?	**Shall I order** that book you wanted?
¿Compramos sellos?	**Shall we buy** some stamps?
¿Vamos al supermercado?	**Shall we go** to the supermarket?

When offering to do something, you can say **déjame** or **deja** (*let me*). It's followed by **que** and a verb in the subjunctive. For more information on the subjunctive, see page 262.

Let me...

Déjame que pague **yo**.	**Let me** pay for this.
Déjame que los lleve **yo**.	**Let me** carry them.
Deja que abra **yo** la puerta.	**Let me** open the door for you.

If you want to ask someone for their advice, you can use **qué** and **cuál** for *what* and *which*. You use **cuál** when choosing between specific, known options, and **qué** when it's an open question.

Which...?

¿**Qué** vino recomendaría con la paella?	**Which** wine would you recommend to go with paella?
¿**Qué** me recomendaría?	**What** would you recommend?
¿Con **cuál** se quedaría usted si fuera yo?	**Which** would you choose if you were me?
¿**Cuál** es la mejor marca según usted?	**Which** is the best make, as far as you're concerned?
¿**Cuál** crees que es mejor para el verano?	**Which** do you think is more suitable for the summer?

¿LO SABÍAS?
Only **qué** can be used directly before a noun.

ASKING FOR PERMISSION

If you're shopping for clothes, you'll probably want to try something on. Use **¿Me puedo probar...?** or **¿Puedo probarme...?** (*Can I try...on?*) to ask if you can.

Can I try...on?

¿Me puedo probar esto, por favor?	**Can I try** this **on**, please?
¿Puedo probarme la falda roja, por favor?	**Can I try on** the red skirt, please?
¿Me los **puedo probar**, por favor?	**Can I try** them **on**, please?
¿Me lo **puedo probar** en una talla más?	**Can I try** it in a bigger size?
¿Puedo probármelo en una talla menos?	**Can I try** it in a smaller size?

LISTEN OUT FOR

Here are some key phrases you are likely to hear when out shopping.

¿Le están atendiendo?	Are you being served?
¿Necesita alguna cosa?	Can I help?
¿Qué talla tiene usted?	What size are you?
¿Necesita una talla menos?	Do you need a smaller size?
¿Le busco una talla más?	Shall I look for a larger size for you?
¿En qué color lo quiere?	What colour would you like it in?
¿Cuánto quería gastarse?	How much did you want to spend?
¿Es para regalo?	Is it for a present?
¿Se lo envuelvo?	Shall I wrap it up for you?
No nos queda ninguno en el almacén en este momento.	We don't have any in stock just now.
Lo siento, pero no aceptamos tarjetas de crédito.	I'm afraid we don't take credit cards.
Hay que pagar en efectivo, lo siento.	It's cash only, I'm afraid.
Firme aquí por favor.	Your signature, please.

Lifestyle Tips

• In Spain and other Spanish-speaking countries there are some shops that don't have an exact equivalent in the UK. The **charcutería** is a shop specializing in cooked sausages, hams and cuts of cold meats, especially pork.

• In Spain, an **estanco** is a government-licensed tobacconist's, recognizable by the brown and yellow T sign outside and the word **tabacos** underneath. As well as tobacco products, **estancos** also sell stamps and stationery and stock official forms and, usually, pools coupons. In some cities they also sell season tickets for public transport.

• If there are a lot of people queuing for something and you want to find out who's last in the queue, you say **¿Quién es el último por favor?** (*Who's last in the queue?*) or just **¿El último por favor?**.

• In some supermarkets you are required to leave your shopping bags in a **taquilla** (*locker*) at the entrance.

• You may need a ticket to get a place in the queue at the meat or cheese counters in some shops. If you can't see where to get your ticket from, try asking **¿Dónde se coge el número?** (*Where do I get my ticket?*).

• In Spain small shops usually open at around ten in the morning and close at eight in the evening. They also close for lunch between two and five.

• When you buy the sort of thing that might be intended as a present, the shop assistant will probably ask you, **¿Es para regalo?** (*Is it for a gift?*) or **¿Se lo envuelvo para regalo?** (*Shall I gift-wrap it for you?*). They may also ask you **¿Quiere ticket regalo?**, in case you want a gift receipt. In Spain, gift-wrapping is a normal part of the service and doesn't cost you any more.

• When helping yourself to fruit and vegetables in a supermarket in Spain, you'll find that **guantes** (*gloves*) are provided for hygiene reasons.

• If you know the shop assistant or shopkeeper, you'll usually say **¿Qué tal?** or **¿Qué hay?** (*How are you?*) when you go into a small shop. They will either say the same, or they will say **Bien, ¿y usted?** But neither of you expects a more detailed answer. If you don't know the shopkeeper, you can say **hola** when you arrive and **hasta luego** or **adiós** when you leave.

Service
with a smile

¡Un servicio excelente! – Excellent service!

The phrases in this unit will provide you with authentic Spanish to help you to explain what services you need when you're in a Spanish-speaking country. Whether you're at the bank or police station, the optician's, the dry cleaner's, the hairdresser's, or looking for advice about any other kind of service, the language you need is covered here.

ASKING FOR INFORMATION

When you go somewhere where they'll provide a service for you, the way to say *hello* is **hola, buenos días**, or **hola, buenas tardes** if it's in the afternoon or evening. To say *goodbye*, simply use **hasta luego**.

Is there...?

Hola, buenos días, ¿**hay** algún sitio en esta zona donde me puedan arreglar el coche?	Hello, **is there** anywhere in the area where I can get my car fixed?
¿**Hay** algún café con wifi cerca de aquí?	**Is there** a café with wi-fi near here?
¿**Hay** algún sitio cerca donde me puedan arreglar los zapatos?	**Is there** anywhere near here where I can get my shoes repaired?

¿LO SABÍAS?
When asking *Is there…?* and *Are there…?* in Spanish you don't need to worry about whether the noun is singular or plural. One word covers both: **¿Hay...?**.

Where...?

¿Sabes **dónde** algún café con wifi?	Do you know **where** there's a café with wi-fi?
Por favor, ¿sabes **dónde** me puedo cortar el pelo por aquí?	Do you know **where** I can get my hair cut around here?
¿Sabe usted **dónde** me pueden hacer una copia de la llave?	Do you know **where** I can have a spare key cut?
¿**Cuál** es el mejor sitio para asesorarse?	**Where's** the best place to go for advice?

When...?

¿**Cuándo** estará listo mi coche?	**When** will my car be ready?
¿**Cuándo** estarán arreglados mis zapatos?	**When** will my shoes be ready?
¿**Cuándo** podré usar mi nueva cuenta de correo?	**How soon** will I be able to use my new email account?
¿Sabes **cuándo** tendrás la pieza de recambio?	Do you know **when** you'll have the new part?

What time...?

¿**A qué hora** abren los sábados?	**What time** do you open on Saturdays?
¿**A qué hora** puedo pasar a recoger el abrigo?	**What time** can I come back to pick up my coat?

One of the key questions you'll want to ask is how long something takes to happen. You can simply use the structure **¿Cuánto se tarda en...?** (*How long does it take to...?*) followed by the infinitive.

How long does it take to...?

¿**Cuánto se tarda en** abrir una cuenta en el banco?	**How long does it take to** open a bank account?
¿**Cuánto se tarda en** llegar al taller?	**How long does it take to** get to the garage?
¿**Cuánto tardarían** en pasar a recogerlo?	**How long would it take** them **to** come and pick it up?

How much...?

¿**Cuánto** me costaría cortar y secar?	**How much** would a cut and blow-dry be?
¿**Cuánto** me costaría hacerme la cera en las piernas?	**How much** would it be for me to have my legs waxed?
¿**Cuánto** me costaría cambiar el carnet de conducir británico por uno español?	**How much** would it cost to get my British driving licence changed to a Spanish one?
¿**Cuánto** cuesta la entrada?	**How much** is a ticket?
¿**Cuánto** cuesta *La Guía del Ocio*?	**How much** does *La Guía del Ocio* cost?

To ask general questions in English we sometimes use *you* instead of *I*. For example, when we say *How do you open a bank account?*, we actually mean *How do I open a bank account?*. In Spanish you can often use **se** and the third person singular of the verb to do this.

How do I...?

¿**Cómo se** abre una cuenta de correo?	**How do I** open an email account?
¿**Cómo se** adjunta un documento a un email?	**How do I** attach a document to an email?
¿**Cómo se puede** ampliar esta fotocopia?	**How can I** make this photocopy bigger?
¿**Cómo se puede** enviar dinero al Reino Unido?	**How can I** send money to the UK?

When you're trying to find out if something's available, you'll need to ask specific questions such as ¿**Tienen...?** (*Do you have...?*), ¿**Hacen...?** (*Do you do...?*) and so on.

Do you have...?

¿**Tienen** wifi?	**Do you have** wi-fi?
¿**Tienen** servicio de entrega a domicilio?	**Do you do** home deliveries?
¿**Hacen** limpieza de cutis?	**Do you do** facials?

SAYING WHAT YOU WANT TO DO

When you're dealing with various services you will need to say what you'd like to do. You can use **quiero**, **quisiera** or **me gustaría** (*I'd like*) and a verb in the infinitive.

I'd like to...

Quiero cargar el teléfono.	**I'd like to** charge my phone.
Quisiera hacer una transferencia.	**I'd like to** transfer some money.
Quisiera pedir hora para el martes por la tarde.	**I'd like to** make an appointment for Tuesday afternoon.
Me gustaría pedir cita para hablar de la compra de un piso.	**I'd like to** make an appointment to discuss buying a flat.
Me gustaría hablar con un abogado sobre la documentación que necesito.	**I'd like to** talk to a solicitor about what documents I need.

To say what you'd like someone else to do, you can use **quiero que** with the following verb in the subjunctive. For more information on the subjunctive, see page 262.

I'd like to have...

Quiero que me impriman mis fotos digitales.	**I'd like to have** my digital photos printed.
Quiero que limpien en seco mi chaqueta.	**I'd like to have** my jacket dry-cleaned.
Quiero que me revisen la vista.	**I'd like to have** my eyes tested.
Quiero que me corte el pelo bastante corto.	**I'd like** you **to** cut my hair quite short.

To say what you'd like, you can use either **quiero** or **quisiera** (*I'd like*) and a noun. They're both from the verb **querer**. For more information on **querer**, see page 278.

I'd like...

Quiero una permanente.	**I'd like** a perm.
Quiero la lista de precios.	**I'd like** the price list.
Quisiera un corte de pelo.	**I'd like** a haircut.
Quisiera un impreso de solicitud.	**I'd like** an application form.

To ask people if they can do things for you, you have the same two basic options as you do in English: **¿Puede...?** (*Can you...?*) or **¿Podría...?** (*Could you...?*).

Can you...?

¿Puede hacerme un presupuesto?	**Can you** give me an estimate?
¿Puede usted darme un recibo, por favor?	**Can you** give me a receipt, please?
¿Puede usted fregar el suelo y quitar el polvo?	**Can you** wash the floors and do the dusting?
¿Podría echarle un vistazo a mi cámara?	**Could you** have a look at my camera?
¿Me podrías ayudar con la comida de la fiesta?	**Could you** help me with the catering for the party?

¿LO SABÍAS?

As you'll see from the examples above, using the word **usted** is optional.

Alternatively, a more informal and very natural way to ask *Can you…?* is to use the present tense of the verb. For more on the present tense, see page 260.

¿Me **anota** aquí su dirección?	**Can you jot** your address down here for me?
¿Me **hace** descuento por ser estudiante?	**Can you give** me a student discount?
¿Me **da usted** un recibo?	**Can you give** me a receipt?

To ask whether somebody would mind doing something for you, ask **¿Le importa…?** (*Would you mind…?*) followed by a verb in the infinitive.

Would you mind...?

¿**Le importa** mandarnos un correo electrónico para confirmar los datos?	**Would you mind** sending us an email to confirm the details?
¿**Le importa** darnos una versión del contrato en inglés?	**Would you mind** providing us with an English version of the contract?
¿**Te importa** planchar la ropa?	**Would you mind** doing the ironing?

Could you possibly...?

¿**Sería posible** arreglar estas gafas?	**Could you possibly** repair these glasses?
¿**Sería posible** poner estas fotos en un CD?	**Could you possibly** put these pictures on a CD?

When making use of services, you'll often need to give personal details, such as your name and address. Saying what your name is is rather different in Spanish from what you would say in English. You say **me llamo** (literally *I call myself*). **me llamo** comes from the verb **llamarse**. For more information on reflexive verbs like **llamarse**, see page 258.

My name is...

Me llamo Richard Davidson.	**My name is** Richard Davidson.
Me llamo Mary Rogers.	**My name is** Mary Rogers.
Mi marido se llama Mike.	**My husband's name is** Mike.

I'm...

Soy inglesa.	**I'm** English.
Soy escocés.	**I'm** Scottish.
Soy de St. Albans en Inglaterra.	**I'm** from St. Albans in England.
Estoy de vacaciones.	**I'm** on holiday.
Estamos en viaje de negocios en Madrid.	**We're** on a business trip to Madrid.

My address is...

Mi dirección en España **es** calle Monte Sedeño 23, 18010 Granada.	**My address** in Spain **is** Monte Sedeño 23, 18010 Granada.
Mi dirección habitual **es** 29 Ellan Vannin Way, Liverpool, L3 0QT.	**My** permanent **address is** 29 Ellan Vannin Way, Liverpool, L3 0QT.
Vivo en el número 8 de la avenida de Zaragoza en Madrid.	**I live at** 8 Avenida de Zaragoza in Madrid.
Vivo en España.	**I live in** Spain.
La dirección de mi hotel **es** Hotel Londres, calle Joaquín Costa 12, 18010 Granada.	**The address of** my hotel **is** Hotel Londres, calle Joaquín Costa 12, 18010 Granada.

¿LO SABÍAS?

Spanish speakers tend to divide telephone numbers and postcodes into groups of two digits. The postcode above would be said as **dieciocho**, **cero**, **diez**, **Granada** (*eighteen*, *zero*, *ten Granada*).

SAYING WHAT YOU PREFER

When getting something done or using a service, you'll often need to state what your preference is and what you'd rather do. To say that you prefer something, use **prefiero** (*I prefer*, *I'd prefer* or *I'd rather*). **prefiero** comes from the verb **preferir**.

I'd prefer to...

Prefiero esperar.	**I'd prefer to** wait.
Prefiero tener tiempo para leer el contrato primero.	**I'd prefer to** have time to read the contract first.
Prefiero llevarme las lentillas desechables.	**I'd prefer to** take the disposable contact lenses.
Preferimos no firmar por el momento.	**We'd rather not** sign anything for now.

If you need to say what you'd prefer somebody else to do for you, use **prefiero** followed by **que** and the subjunctive. For more information on the subjunctive, see page 262.

I'd rather...

Prefiero que me devuelva el dinero.	**I'd rather** you gave me a refund.
Prefiero que llames por teléfono antes de pasarte.	**I'd rather** you phoned before calling in.
Prefiero que me enseñe el piso por la mañana, si puede.	**I'd rather** you showed me round the flat in the morning, if you can.

You may well want to ask for advice when you're deciding which service to choose. If you want to ask someone for their advice, you can pose the question using **¿Qué...?** (*What...?*).

What...?

¿**Qué** te parece?	**What** do you think about it?
¿**Qué** me aconsejas?	**What** would you advise?
¿**Qué** debería hacer?	**What** should I do?
¿**Qué** sería lo mejor?	**What**'s the best thing to do?
¿Tú de mí, **qué** harías?	**What** would you do if you were me?

To ask for suggestions, use **¿Me aconseja que...?** (*Do you think I should...?*) followed by a verb in the subjunctive. **aconseja** comes from **aconsejar**. For more information on verbs ending in **-ar**, see page 257. And for more information on the subjunctive, see page 262.

Do you think I should...?

¿**Me aconseja que** cambie de compañía?	**Do you think I should** change to a different company?
¿**Me aconseja que** pida un préstamo?	**Do you think I should** take out a loan?
¿**Nos aconseja que** presentemos una reclamación?	**Do you think we should** put in a complaint?

When you're not sure about something, you can ask in an indirect way by using **no sé si** (literally *I don't know whether to*) followed by the infinitive. **sé** comes from the verb **saber**. For more information on **saber**, see page 279.

Should I...?

No sé si llamar al fontanero.	**Should I** call the plumber?
No sé si avisar a mi banco.	**Should I** let my bank know?
No sé si pedir un presupuesto.	**Do I need to** ask for an estimate?

When you're dealing with services, you'll need to make arrangements with people. A simple way of asking someone what suits them is to use **¿Te viene bien que...?** (*Is it all right with you if...?*) followed by a verb in the subjunctive. For more information on the subjunctive, see page 262.

Is it all right with you if...?

¿Te viene bien que te haga el pago por correo?	**Is it all right with you if** I post you the payment?
¿Te viene bien que me vuelva a pasar a las cinco?	**Will it be ok if** I come back at five pm?
¿Te viene bien que me pase por tu oficina mañana?	**Will it be ok if** I call at your office tomorrow?

To discuss what the best arrangement is, you can use **¿Es mejor si...?** or **¿Sería mejor si...?** meaning *Is it better if...?* or *Would it be better if...?* followed by a verb in the present.

Is it better if...?

¿Es mejor si paso por tu oficina por la mañana?	**Is it better** for you **if** I come to your office in the morning?
¿Es mejor si viene a la casa para ver exactamente lo que necesitamos?	**Would it be better if** you came to the house to see exactly what we need?
¿Sería mejor si llamo por la tarde?	**Would it be better if** I phoned in the afternoon?

Can we...?

¿Podemos concretar una hora?	**Can we** agree on a time to meet up?
¿Podemos concretar un día?	**Can we** agree on a date?
¿Podemos concretar un precio?	**Can we** agree on a price?

In English we often say *I'm going to* to talk about future plans. Spanish works the same way. To say that you're going to do something, put **voy a** (*I'm going to*) or **vamos a** (*we're going to*) before the verb. **voy** and **vamos** come from the verb **ir**. For more information on **ir**, see page 273.

I'm going to...

Voy a ver al director de mi banco esta tarde.	**I'm going to** see my bank manager this afternoon.
Voy a ver un piso esta semana.	**I'm going to** see a flat this week.
Vamos a consultarlo con nuestro abogado primero.	**We're going to** consult our lawyer about it first.

¿LO SABÍAS?
As you'll see in the first example above, in Spanish you say **ver a alguien** for *to see somebody*. For more on this use of **a**, see page 252.

I intend to...

Tengo la intención de instalarme aquí de forma permanente.	**I intend to** settle here permanently.
Tengo la intención de darme de alta como residente.	**I'm intending to** register as a resident.
Tenemos la intención de vender nuestra casa de Inglaterra.	**We intend to** sell our house in England.

If you want to talk about what you hope will happen, you use **espero** (*I hope*) followed by a verb in the infinitive. **espero** comes from the verb **esperar**. For more information on verbs ending in **-ar**, see page 257.

I'm hoping to...

Espero recibir la documentación la semana que viene.	**I'm hoping to** get the documents next week.
Espero terminar el trabajo antes de diciembre.	**I'm hoping to** have the work finished by December.
Esperamos poder mudarnos en cuanto sea posible.	**We're hoping** we can move in as quickly as possible.

Here are some key phrases you are likely to hear in these situations.

¿En qué puedo ayudarle?	Can I help you?
¿Tiene cita?	Do you have an appointment?
Estará listo mañana.	It'll be ready tomorrow.
Todavía no está listo.	It's not ready yet.
¿Tiene el recibo?	Do you have your receipt?
¿Tiene algún documento de identificación?	Do you have some identification?
¿Qué hora del día le viene mejor?	What time of day would suit you best?
Vuelva a llamar mañana, por favor.	Please ring back tomorrow.
¿Cómo desea hacer el pago?	How would you like to pay?

Lifestyle Tips

• When getting things done, you'll need to know the opening times: **el horario comercial** or **horario de apertura** for shops and **el horario de atención al público** for public services. Most banks only open in the morning (though some stay open until early evening one day a week), while public services tend to close at three at the latest.

• If you want to pay with a credit card, often you will be asked for **su carnet de identidad, por favor** (*your identity card, please*) or **su pasaporte** (*your passport*). If you know you're likely to have to pay for things with a card, it's essential to have your passport with you as proof of identity.

• Many banks have security doors with an entry bell which the customers ring to be let in. By the bell you may well see the following instruction, **Para entrar, llame al timbre** (*To enter, please ring the bell*).

• To save yourself a lot of time and effort when getting official documents such as work permits, car documentation, or when sorting out your tax in Spain, you can always go to a **gestoría**. **gestorías** are private agencies which specialize in dealing with legal and administrative work on other people's behalf. For a fee they carry out the **trámites** (*formalities and procedures*) involved.

• If you want to make an appointment at a hairdresser's and so forth, the word for an appointment is **hora.** For instance, **Quería pedir hora para el martes por la tarde** (*I'd like to make an appointment for Tuesday afternoon*).

Ouch!

¡Que te mejores! – Get well soon!

If you are unfortunate enough to be taken ill, have an accident, get toothache or need some medical advice while in a Spanish-speaking country, the phrases in this unit will give you the confidence to talk to a doctor, dentist or pharmacist without fear of being lost for words.

EXPLAINING THE PROBLEM

To describe your symptoms or an existing medical condition that you have, you can use **tengo** (*I have*). It's from the verb **tener**. For more information on **tener**, see page 282.

I've got...

Tengo fiebre.	**I've got** a temperature.
Tengo un sarpullido en el pecho.	**I've got** a rash on my chest.
Tengo ganas de vomitar.	**I feel** sick.
Tengo la tensión alta.	**I have** high blood pressure.
Sufro de corazón.	**I have** a heart condition.
Sufro de asma.	**I get** asthma.

To say which bit of you hurts, and to talk about aches and pains, you use **me duele** with a singular noun such as **la cabeza** (*head*) and **me duelen** with a plural noun such as **las muelas** (*teeth*).

It hurts...

Me duele aquí.	**It hurts** here.
Me duele la cabeza.	**I've got** a headache.
Me duelen las muelas.	**I've got** toothache.
Nos duele el estómago.	**We've got** stomachache.

To talk about how you feel, you can use **me siento** (*I feel*). **me siento** comes from **sentirse**, which is a reflexive verb. For more information on reflexive verbs, see page 258.

I feel...

Me siento cansado todo el tiempo.	**I feel** tired all the time.
Me siento fatal.	**I feel** awful.
Ahora **me siento** mejor.	**I'm feeling** better now.
Ayer **me sentía** bien.	**I felt** fine yesterday.
No me sentía muy bien ayer.	**I wasn't feeling** very well yesterday.

To say *I've never*, use **nunca** togther with **he** (*I have*) and the form of the verb ending in **-ado** or **-ido** (the past participle). **he** comes from the verb **haber**. For more information about **haber** and the past participle, see page 257.

I've never...

Nunca me **he** sentido tan mal.	**I've never** felt so ill.
Nunca me **he** sentido así.	**I've never** felt like this before.
Nunca he tenido un dolor de cabeza tan fuerte.	**I've never** had such a bad headache before.

If you need to describe your medical status you can use **ser** or **estar**. You use **ser** to talk about permanent conditions and **estar** to talk about temporary ones. Also use **estar** with **-ando** and **-iendo** forms of verbs to say what you are doing.

I'm...

Soy alérgico a la penicilina.	**I'm** allergic to penicillin.
Soy diabético.	**I'm** diabetic.
Estoy embarazada.	**I'm** pregnant.
Estoy tomando antidepresivos.	**I'm** taking antidepressants.
Está tomando analgésicos.	**He's** on painkillers.

¿LO SABÍAS?
Remember that if you're a female talking about yourself you need to use the feminine form of adjectives: **me siento cansada**, **soy alérgica...**, **soy diabética**, and so on.

If you've hurt yourself, you may well need to explain what's happened. To do this, you can use **he** (*I have*) followed by the form of the verb ending in **–ado** or **-ido** (the past participle). **he** comes from the verb **haber** (*to have*). For more information about **haber** and the past participle, see page 257.

I've...

He tenido un accidente.	**I've** had an accident.
He perdido un empaste.	**I've** lost a filling.
Me **ha** dado un tirón.	**I've** pulled a muscle.
Mi marido se **ha** dado un golpe en la cabeza.	My husband **has** hit his head.
Mi mujer se **ha** mareado.	My wife **has** fainted.

Let's hope that you're not unlucky enough to have a more serious accident. However, if you need to say that you've broken something, use **me he roto** (*I've broken*) followed by **el brazo** (*the arm*), **la pierna** (*the leg*) and so on.

I've broken...

Creo que **me he roto** el brazo.	I think **I've broken** my arm.
Creo que **se ha roto** la pierna.	I think **he's broken** his leg.
Me he caído y creo que **me he torcido** el tobillo.	I fell over and I think **I've twisted** my ankle.

¿LO SABÍAS?
In Spanish you say *the leg* rather than *my leg*.

In English we often talk about what was going on at the time something else happened. In Spanish you can do exactly the same using the imperfect tense for what was happening and the preterite tense for what interrupted it. For more information on the imperfect and the preterite, see page 261.

I was... when...

Estaba andando por la calle **cuando** de repente me mareé.	I **was** walking along the street **when** I suddenly felt faint.
Estaba levantándose **cuando** sintió un dolor en el pecho.	She **was** just getting up **when** she had a pain in her chest.
Estábamos cenando **cuando** nuestro hijo tuvo un ataque.	We **were** having dinner **when** our son had a fit.
Estaba comiendo **cuando** se me cayó el empaste.	I **was** having lunch **when** my filling fell out.

ASKING FOR INFORMATION

When you're in a strange place, you're likely to have to ask for directions to find the hospital, the dental surgery, the chemist's and so on. You can use **perdone** (*excuse me*) or **oiga, por favor** (*excuse me, please*) to attract someone's attention before asking them a question.

Is there...?

Perdone, ¿**hay** un hospital por aquí cerca?	Excuse me, **is there** a hospital around here?
¿**Hay** una farmacia de guardia cerca?	**Is there** a duty chemist's near here?
Perdone, ¿dónde **hay** un médico?	Excuse me, where **can I find** a doctor?
Oiga, por favor, ¿dónde **hay** una farmacia?	Excuse me, please, where **can I find** a chemist's?
¿Sabe si **hay** un dentista en el barrio?	Do you know if **there's** a dentist in the area?
¿**Tiene** efectos secundarios?	**Are there** any side effects?

¿LO SABÍAS?
Remember that **¿Hay...?** means both *Is there...?* and *Are there...?*.

When you want someone to give you an explanation or a definition of something, you can ask **¿Qué es...?** (*What's...?*). When the answer you need is a specific detail such as a number or an address, use **¿Cuál es...?** (*What's...?*) instead.

What's...?

¿**Qué es** esta medicina?	**What is** this medicine?
¿**Qué son** estas pastillas?	**What are** these tablets?
¿**Cuál es** el número de la ambulancia?	**What's** the number to call for an ambulance?
¿**Cuál es** la dirección del centro médico?	**What's** the address of the hospital?
¿**Para qué son** estas pastillas?	**What are** these tablets **for**?

qué and **cuál** can also mean *which* in questions. Use **qué** immediately before names of things. Otherwise use **cuál**.

Which...?

¿Puede decirme en **qué** sala está?	Can you tell me **which** ward she's in?
¿En **qué** calle está la clínica?	**Which** street is the clinic in?
¿**Cuál** es la farmacia de guardia más cercana?	**Which** is the nearest duty chemist?
¿Sabe **cuál** es la mejor clínica?	Do you know **which** the best clinic is?

Is...?

¿El médico **es** gratis o hay que pagar?	**Is** the doctor free or do we have to pay?
¿**Es** serio?	**Is** it serious?
¿**Está** lejos el hospital?	**Is** it far to the hospital?
¿El centro de salud **está** abierto por la tarde?	**Is** the health centre open in the afternoon?

If you want to ask questions about how to do something or when to do it, you can use **¿Cómo...?** (*How...?*) and **¿A qué hora...?** (*When...?*).

How...?

¿**Cómo** se toma esta medicina?	**How** do I take this medicine?
¿**Cómo** se pide una cita con el médico?	**How** do I make an appointment with the doctor?
¿**Cómo** nos damos de alta en el centro de salud?	**How** do we register at the health centre?

When...?

¿**A qué hora** y cada cuánto tiempo tengo que tomar las pastillas?	**When** and how often do I have to take the tablets?
¿**A qué hora** abre el centro de salud?	**What time** does the health centre open?
¿**A qué hora** empieza la consulta?	**When** does surgery start?
¿**Cuándo** abre el centro de salud?	**When** does the health centre open?
¿**Cuándo** podemos recoger los resultados?	**When** can we pick up the results?

Use **¿Puedo...?** or **¿Se puede...** (*Can I...?*) to ask whether you can do something. They are both from the verb **poder**. For more information on **poder**, see page 276.

Can I...?

¿**Puedo** quedarme con el paciente por la noche?	**Can I** stay with the patient overnight?
¿**Puedo** beber alcohol mientras esté tomando esta medicina?	**Can I** take alcohol while I'm on this medicine?
¿**Puedo** ver a un médico esta mañana?	**Can I** see a doctor this morning?
¿**Puedo** hablar con un pediatra ahora mismo?	**Can I** talk to a paediatrician right away?
¿**Se puede** fumar en algún sitio del hospital?	**Can I** smoke anywhere in the hospital?

Whether you're at the chemist's, a clinic or somewhere else and you need to find out if something is available, you can use **¿Tienen...?** (*Do you have...?*). **tienen** comes from the verb **tener**. For more information on **tener**, see page 282.

Have you got...?

¿Tienen algo para el dolor de cabeza?	**Have you got** anything for headaches?
¿Tienen crema para las quemaduras del sol?	**Do you have** sunburn lotion?
¿Tienen un teléfono de urgencias?	**Do you have** a number to call in case of emergencies?

To ask someone if they can do something for you, you have the same options as in English: **¿Puede...?** (*Can you...?*) or **¿Podría...?** (*Could you...?*).

Can you...?

Por favor, **¿puede** recetarme algo para el dolor de oído?	**Can you** prescribe something for earache, please?
¿Puede enviar una ambulancia inmediatamente?	**Can you** send an ambulance right now?
¿Podría llevarnos al hospital más próximo?	**Could you** take us to the nearest hospital?
¿Podría tomarme la tensión?	**Could you** check my blood pressure?
¿Le importaría ayudarme con la silla de ruedas?	**Would you mind** helping me with my wheelchair?

A very natural way to ask for things in Spanish is to use **¿Me da...?**
(*Can I have …?* or *Can you give me …?*).

Can I have...?

Por favor, ¿**me da** una cita para mañana?	**Can I have** an appointment for tomorrow, please?
Por favor, ¿**me da** aspirinas?	**Can I have** some aspirins, please?
¿**Me da** algo para el dolor de muelas?	**Can you give me** something for toothache?
¿**Me da** un informe para el seguro?	**Can you give me** a report for my insurance company?

▌ SAYING WHAT YOU WANT TO DO ▬▬▬▬▬▬

If you want to say what you'd like to do in Spanish, you can use either **quiero** or **quisiera** (*I'd like*). They are both from the verb **querer**. For more information on **querer** see page 278.

I'd like to...

Quiero ver a un dentista.	**I'd like to** see a dentist.
Quiero hacerme una revisión.	**I'd like to** have a check-up.
Quiero que me tome la tensión.	**I'd like** you **to** check my blood pressure.
Quisiera pedir una cita para el médico.	**I'd like to** make an appointment with the doctor.
Quisiera ver a un médico enseguida.	**I'd like to** see a doctor straight away.

¿LO SABÍAS?

As you'll see in some of the examples above, in Spanish you say **ver a** before a name or noun referring to a person. For more on this use of **a**, see page 252.

To say what you'd rather do, you can use **prefiero** (*I'd rather* or *I prefer*) and **preferimos** (*we'd rather* or *we prefer*).

I'd rather...

Prefiero ir a un hospital privado.	**I'd rather** go to a private hospital.
Prefiero ir a una ginecóloga **que** a un ginecólogo.	**I'd rather** see a female gynaecologist **than** a male one.
Prefiero tomar pastillas **a** ponerme una inyección.	**I'd rather** take tablets **than** have an injection.
Preferimos los remedios naturales.	**We prefer** natural remedies.

You can use **necesito** (*I need*) followed by the infinitive to say what you need to do. To say what you need someone else to do, use **necesito que** (*I need*) followed by a verb in the subjunctive. For more on the subjunctive, see page 262.

I need...

Necesito inyectarme insulina.	**I need** to give myself insulin injections.
Necesito ver a un quiropráctico.	**I need** to see a chiropractor.
Necesitamos que venga un médico.	**We need** a doctor to come here.
Necesitamos que venga una ambulancia urgentemente.	**We** urgently **need** an ambulance.
¿**Necesito** receta médica?	**Do I need** a prescription?

MAKING SUGGESTIONS

When you're looking for some kind of medical help, you may need to make a suggestion to someone in Spanish. One way of doing this is to say **podríamos** (*we could*). This comes from the verb **poder**. For more information on **poder**, see page 276.

We could...

Podríamos preguntarle al farmacéutico.	**We could** ask the pharmacist.
Podríamos comprar un analgésico en la farmacia.	**We could** get some painkillers at the chemist's.
Podríamos llamar por teléfono a su familia.	**We could** phone his family.

Another way to make a suggestion in Spanish is to ask **¿Por qué no...?** (*Why don't...?*).

Why don't...?

¿Por qué no llamamos a un médico?	**Why don't** we call a doctor?
¿Por qué no le explicas el problema al médico?	**Why don't** you explain the problem to the doctor?
¿Por qué no preguntas cómo se toma el medicamento?	**Why don't** you ask how the medicine should be taken?

Here are some key phrases you are likely to hear at the doctor's or hospital.

¿Cómo está usted?	How are you?
¿Qué le pasa a usted?	What seems to be the problem?
¿Dónde se aloja?	Where are you staying?
¿Sufre usted alguna enfermedad?	Do you have any existing medical conditions?
¿Está tomando otra medicación?	Are you on any other medication?
¿Tiene ganas de vomitar?	Do you feel sick?
¿Está mareado?	Do you feel sick or dizzy?
¿Dónde le duele?	Where does it hurt?
¿Cuánto tiempo hace que se siente así?	How long have you been feeling like this?
No beba alcohol mientras toma esta medicina.	Don't drink alcohol while you're taking this medicine.
No es grave.	It isn't serious.
El análisis está bien.	The test results were fine.
Tenemos que ingresarla.	You'll have to go into hospital.
Rellene este impreso, por favor.	Please fill in this form.
¿Me da usted los datos de su seguro médico?	Can I have your medical insurance details?

Lifestyle Tips

• If you think you need a doctor, you can go to a **centro de salud** (*health centre*) or to **urgencias** (*the A&E department*) of a hospital.

• Even though they're entitled to treatment on the **Seguridad Social** (*National Health Service*), which has an excellent reputation, many Spanish people and Spanish residents choose to belong to a **mutua** (*private health organization*), which allows them to see private **mutua** doctors, specialists and surgeons whenever they need to see a doctor.

• In Spain, **farmacias** (*chemist's*) are easily recognizable from a distance thanks to the **cruz verde** (*green cross*) sign displayed outside them.

• There is always a **farmacia de guardia** (*duty chemist*) open somewhere. Its address will be prominently displayed outside all the other local pharmacies as well as in local newspapers. In big towns and cities you may also find **farmacias de 24 horas** (*24-hour pharmacies*) that usually open weekends too.

• **Farmacias** usually sell medicines, sticking plaster, surgical spirit and so on and offer services such as testing your blood pressure and doing blood tests. If you want to buy toiletries or cosmetics, go to a **perfumería**, a type of shop specializing in such things. For herbs and health foods, try the **herbolario**.

• In Spain when someone sneezes, people will often say **Jesús** (*Jesus*). It's similar to our *Bless you* in that it harks back to a time when a sneeze might well have been the first symptom of some deadly disease.

Help!

¡No pasa nada! – Don't worry about it !

When you need a bit of help in a foreign country, the last thing you want
is to have problems with the language. In this unit you'll find all the
language you need to cope confidently with everything from car problems to
needing more soap in your hotel room, and from losing your passport
to getting faulty boilers repaired.

EXPLAINING THE PROBLEM

The first thing you'll need to do is to explain what the problem is.
To do this you can use **hay** to mean both *there is* and *there are*
and **ha habido** to mean *there has been* and *there have been*.

There is...

No hay agua caliente en la ducha.	**There isn't** any hot water in the shower.
No hay toallas en mi habitación.	**There aren't** any towels in my room.
Parece que hay cucarachas en el piso.	**There seem to be** cockroaches in the flat.
Ha habido un accidente.	**There's been** an accident.

If you want to let someone know that something has run out,
you can use **no queda...** (*there isn't any...left*) and **no quedan...**
(*there aren't any...left*).

There isn't any...left

No queda jabón en el cuarto de baño.	**There isn't any** soap **left** in the bathroom.
No queda tónica en el minibar.	**There isn't any** tonic **left** in the minibar.
No quedan entradas.	**There aren't any** tickets **left**.

To talk about a particular problem that you have, you can often use **tengo** (*I've got*) or **no tengo** (*I haven't got*). They're from the verb **tener**. For more information on **tener**, see page 278.

I've got...

Tengo una rueda pinchada.	**I've got** a puncture.
Tengo una gotera en el techo.	**I've got** a leak in the roof.
No tengo bomba de aire.	**I haven't got** a pump.
No tenemos suficiente dinero para volver a casa.	**We haven't got** enough money to get back home.
Tengo el televisor averiado.	**My** TV**'s** on the blink.

To describe what's wrong with something you can often use **está** (*is* or *it is*) or **están** (*are* or *they are*) followed by an adjective. For information on **ser** and **estar**, see page 252.

...is...

El reproductor de DVD **está** roto.	The DVD player**'s** broken.
La bombona **está** vacía.	The gas cylinder**'s** empty.
Mis maletas **están** dañadas.	My suitcases **are** damaged.
Las ruedas **están** desinfladas.	The tyres **are** flat.

If you're unable to make something work, you can explain the problem by using **no puedo** (*I can't*) or else with **no logro** or **no consigo** (both of which mean *I can't manage to*) followed by a verb in the infinitive.

I can't...

No puedo poner en marcha el aire acondicionado.	**I can't** turn the air-conditioning on.
No podemos abrir la puerta de la habitación.	**We can't** open the door to the room.
No logro arrancar el motor del coche.	**I can't** start the engine.
No consigo encender el calentador.	**I can't** light the boiler.
No consigo bajar la persiana.	**I can't** pull the blind down.

Use **no sé** instead to talk about things you can't do because you don't know how to do them.

I don't know how to...

No sé desconectar este móvil.	**I don't know how to** switch off this mobile.
No sé cambiar la rueda.	**I can't** change the wheel.
No sé conducir un coche automático.	**I can't** drive an automatic.
No sé hablar bien español.	**I can't** speak Spanish very well.

To say you don't understand something, you use **no comprendo** or **no entiendo** (*I don't understand*).

I don't understand...

Lo siento, pero **no comprendo** estos documentos.	I'm sorry but **I don't understand** these documents.
No comprendemos al mecánico.	**We can't understand** the mechanic.
No entiendo lo que quieres decir.	**I don't understand** what you mean.

¿LO SABÍAS?

As you'll see in one of the examples above, in Spanish you say **comprender a** for *to understand* when it's followed by a noun referring to a person. For more information on this use of **a**, see page 252.

If you need to explain to someone that something *won't work* or *doesn't work*, just use the present tense of the verb in question. For more information on the present tense, see page 260.

...won't work

El aire acondicionado **no funciona**.	The air conditioning **won't work**.
El televisor **no funciona**.	The television **doesn't work**.
El coche **no arranca**.	The car **won't start**.

SAYING WHAT'S HAPPENED

You may need to explain the background to your situation. To describe what's happened, you use **he** (*I have*) followed by a form of the verb ending in **–ado** or **–ido** (the past participle). For more information on the past participle, see page 257.

I have...

He perdido el pasaporte.	**I've** lost my passport.
He perdido el tren.	**I've** missed my train.
He tenido un accidente.	**I've** had an accident.
Nos **hemos** quedado sin gasolina.	**We've** run out of petrol.
Mi maleta **no ha** llegado.	My case **hasn't** arrived.
El autobús se **ha** ido sin mí.	The coach **has** left without me.

When someone has done something to us, in English we often say *I've been*. In Spanish, you say **me han** and the **–ado** or **–ido** form of the verb (the past participle).

I've been...

Me han robado.	**I've been** mugged.
Nos han cobrado de más.	**We've been** overcharged.
Me han entrado a robar en el coche.	My car**'s been** broken into.
Me han dado un tirón del bolso.	My bag**'s been** snatched.

DESCRIBING PEOPLE AND THINGS

If something of yours goes missing or you can't find someone, you may need to describe them. Use **es** (*it's*) and **son** (*they're*) to talk about inherent or permanent characteristics. **es** is from the verb **ser** (*to be*). For more information on **ser**, see page 252.

It's...

El bolso **es** rojo.	**It's** a red bag.
Es nuevo.	**It's** new.
Es un smartphone plateado.	**It's** a silver smartphone.
Es un monedero de piel negra.	**It's** a black leather purse.
Es alto y bastante joven.	**He's** tall and quite young.
Son unas joyas de mucho valor.	**They're** very valuable jewels.

tener is the verb you need to say how old someone is. This is because in Spanish you say that someone *has* so many *years*. You also use **tener** in a similar way to *have* in English to describe aspects of how people look.

He's...

Tiene cinco años.	**He's** five years old.
Tiene veinticinco años.	**He's** twenty-five.
Tiene ocho años.	**She's** eight.

He's got...

Tiene el pelo rubio y corto.	**He's got** short blond hair.
Tiene los ojos marrones.	**He's got** brown eyes.
Tiene los ojos verdes.	**She's got** green eyes.

To say what someone's wearing, you use **llevar**.

She's wearing...

Lleva pantalones vaqueros y camiseta verde.	**She's wearing** jeans and a green T-shirt.
Lleva un vestido rojo.	**She's wearing** a red dress.
Llevaba zapatos azules.	**He was wearing** blue shoes.

If you're in a strange place when you have a problem, you may need to ask someone local where to go to sort it out. You can use **perdone** (*excuse me*) or **oiga, por favor** (*excuse me, please*) to attract someone's attention before asking them what you want to know.

Is there...?

Oiga, por favor, ¿**hay** un taller por aquí cerca?	Excuse me, **is there** a garage around here?
Perdone, ¿**hay** un electricista en el barrio?	Excuse me, **is there** an electrician in the area?
¿**Hay** servicios por aquí?	**Are there** any toilets around here?

¿LO SABÍAS?
Both *Is there...?* and *Are there...?* are ¿**Hay...?** in Spanish.

Some of the most important questions when you're asking for information are ¿**Dónde...?** (*Where...?*), ¿**Cómo...?** (*How...?*), ¿**Cuándo...?** (*When...?*) and ¿**Qué...?** (*What...?*).

Where's...?

Perdone, ¿**dónde está** la comisaría?	Excuse me, **where's** the police station?
¿**Dónde está** el banco más cercano?	**Where's** the nearest bank?
¿Sabe usted **dónde hay** un teléfono público?	Do you know **where there's** a payphone?
¿**Dónde** me pueden arreglar una rueda?	**Where** can I get a tyre repaired?

¿LO SABÍAS?
Don't forget that **estar** is the verb to use when talking about where people and things are.

How...?

¿**Cómo** podemos encontrar un fontanero?	**How** can we get hold of a plumber?
¿Puede decirme **cómo** podemos recuperar la maleta?	Can you tell me **how** we can get the suitcase back?
Perdone, ¿**cómo** llegamos hasta el taller?	Excuse me, **how** do we get to the garage?

When...?

¿**Cuándo** puedo llevar el coche al taller?	**When** can I bring the car to the garage?
¿Sabe **cuándo** podremos ver al abogado?	Do you know **when** we'll be able to see the lawyer?
¿**Cuándo** vendrán a arreglarnos el termo?	**When** will you come to fix the water heater?
¿**Cuándo** cree que estará listo?	**When** do you think it'll be ready?
¿**Cuándo** cree que podrá tener las piezas de repuesto?	**When** do you think you'll be able to get the replacement parts?

What...?

¿**Qué** documentos necesito presentar?	**What** documents do I need to show?
Perdone, ¿para **qué** es este impreso?	Excuse me, **what**'s this form for?
¿**Qué** taller me recomienda?	**Which** garage would you recommend?

To ask what time something happens, use ¿**A qué hora...?** (*What time...?*).

What time...?

¿**A qué hora** cree usted que llegará?	**What time** do you think you'll get here?
¿**A qué hora** cierra el taller?	**What time** does the garage close?
¿**Hasta qué hora** estará abierto el banco?	**What time** will the bank be open **till**?

To ask how much someone will charge you to do something, you can use **¿Cuánto...?** (*How much...?*).

How much...?

¿**Cuánto** nos va a cobrar por arreglar esto?	**How much** will you charge us to fix this?
¿Puede decirme **cuánto** nos va a cobrar por arreglarnos estos papeles?	Can you tell me **how much** you'll charge to sort out the paperwork?
¿**Cuánto** cuesta arreglar la moto?	**How much** will it be to repair the motorbike?

How long...?

¿**Cuánto** tardará en llegar?	**How long** will it take you to get here?
¿**Cuánto** tendremos que esperar?	**How long** will we have to wait?
¿Sabe usted **cuánto** durará la avería?	Do you know **how long** the problem will go on for?

If you want to ask if someone can do something, use **¿Podrá...?** (*Will you be able to...?*).

Will you be able to...?

¿**Podrá** venir esta mañana?	**Will you be able to** come this morning?
¿**Podrá** arreglarlo para mañana?	**Will you be able to** repair it by tomorrow?
¿**Podrá** conseguir una pieza de repuesto para esto?	**Will you be able to** get a replacement part for it?

If you are in a situation where you need some kind of help, it is important that you know how to ask for things. When you have a problem, a very natural way to ask for things that you need in Spanish is using **¿Me da...?** *(Can I have ?...)*.

Can I have...?

Por favor, **¿me da** el número de la policía?	**Can I have** the phone number for the police, please?
Por favor, **¿me da** un informe para mi seguro?	Please **can I have** a report for my insurer?
¿Me da un cubo para recoger el agua?	**Can I have** a bucket to catch the water?

¿Tienen...? *(Do you have...?)* is the right verb form to use whenever asking if something is available in a shop, office or other establishment.

Do you have...?

¿Tienen pinzas para recargar la batería?	**Do you have** jump leads?
Oiga, perdone, **¿tienen** oficina de objetos perdidos?	Excuse me, **do you have** a lost property office?
Por favor, **¿tienen** este documento en inglés?	Excuse me, **do you have** this document available in English?

Use **¿Puede...?** or **¿Podría...?** *(Can you...?* or *Could you...?)* to ask if someone can do something for you.

Can you...?

Por favor, **¿puede** ayudarme?	**Can you** help me, please?
¿Puede llamar a la policía?	**Can you** call the police?
¿Me podría mostrar cómo funciona la ducha?	**Could you** show me how the shower works?
¿Podría recomendarme un abogado?	**Could you** recommend a lawyer?

SAYING WHAT YOU WANT TO DO

To resolve your problem or difficulty you'll need to be able to say what you want to do or what you'd like to happen to get it fixed. To do this, you can use either **quiero** or **quisiera** (*I'd like*). They are both from the verb **querer**. For more information on **querer**, see page 278.

I'd like to...

Quiero hablar con el encargado.	**I'd like to** speak to the manager.
Quiero denunciar un robo.	**I'd like to** report a theft.
Quiero hacer una llamada.	**I'd like to** make a call.
Quisiera llamar a mi hija.	**I'd like to** phone my daughter.
Quisiera ver a un asesor fiscal.	**I'd like to** see a tax consultant.

I don't want to...

No quiero dejar aquí el coche.	**I don't want to** leave my car here.
No quiero molestarle demasiado.	**I don't want to** put you to a lot of trouble.
No queremos ir al hotel sin nuestras maletas.	**We don't want to** go to the hotel without our luggage.

I'd rather...

Prefiero hablar con alguien que sepa inglés.	**I'd rather** talk to someone who speaks English.
Prefiero pedirle al técnico que venga mañana.	**I'd rather** ask the engineer to come tomorrow.
Si es posible, **preferimos** leer los documentos en inglés.	**We'd rather** read the documents in English, if possible.

As you set about sorting out whatever problem you've had, you may want to tell someone what you need to do. To do this, you can use **tengo que** (*I have to*) and the infinitive.

I have to...

Tengo que irme a otro hotel, ya que aquí hay overbooking.	**I have to** go to another hotel as they've double-booked.
Tengo que salir a las doce y media, ¿habrá terminado para entonces?	**I've got to** go out at twelve thirty, will you have finished by then?
Tengo que cambiar la rueda.	**I need** to change the wheel.
Tengo que estar en el aeropuerto para las siete.	**I need** to be at the airport by seven o'clock.
Tenemos que recargar la batería.	**We need to** recharge the battery.

You can also say what has to be done using the expression **hay que...** (*you must... or we must...*) or using **deber** (*to have to*). For more information on **deber**, see page 264.

You must...

Hay que reclamar el dinero del seguro.	**You must** claim the money back from the insurance.
Hay que poner las luces de emergencia.	**You need** to put on the warning lights.
No hay que tocar los cables.	**We mustn't** touch the wires.
Debo cortar la corriente.	**I must** turn off the electricity.
Debemos salir de aquí.	**We must** get out of here.
Debe desconectar el ordenador.	**You must** unplug the computer.

MAKING SUGGESTIONS

When you run into problems, you may want to suggest ways of dealing with the situation to a Spanish-speaking colleague or friend. One way of doing this is to use **¿Por qué no...?** (*Why don't...?*) and the present tense of the verb. For more information on the present tense, see page 260.

Why don't...?

¿Por qué no le preguntamos a esa gente si han visto lo que ha pasado?	**Why don't** we ask those people over there if they saw what happened?
¿Por qué no pedimos ayuda a los vecinos?	**Why don't** we ask the neighbours for help?
¿Por qué no denuncias el robo en la comisaría?	**Why don't** you go to the police station to report the theft?

How about...?

¿Qué te parece si llamas a tu seguro?	**How about** calling your insurance company?
¿Qué te parece si llamamos al consulado de tu país?	**How about** calling your consulate?
¿Y si preguntamos en recepción?	**How about** asking at reception?

Another way of making a suggestion is by saying **podríamos** (*we could*).

We could...

Podríamos llamar a la policía.	**We could** call the police.
Podríamos pedirle a alguien el número de un electricista.	**We could** ask someone for the number of an electrician.
Podríamos ir a la oficina de objetos perdidos.	**We could** go to the lost property office.
Si lo prefieres, podemos ir al consulado y les explicamos el problema.	**If you prefer, we can** go to the consulate and explain the problem.
Podemos volver a casa, **si quieres**.	**We can** go back home, **if you like**.

TALKING ABOUT YOUR PLANS

To get out of a difficult situation you may need to do some planning. Use **voy a** (*I'm going to*) and the infinitive to talk about what you're going to do.

I'm going to...

Voy a llamar al taller.	**I'm going to** phone the garage.
Voy a pedir ayuda con mi móvil.	**I'm going to** call for help on my mobile.
Vamos a tener que cambiar más libras en euros.	**We're going to** have to change some more pounds into euros.
Vamos a mandar un e-mail a la agencia de viajes.	**We're going to** email the travel company.

LISTEN OUT FOR

Here are some key phrases you are likely to hear when getting help.

¿Está usted bien?	Are you ok?
¿Quiere que avisemos a alguien?	Is there somebody we could call?
¿Cuál es el problema?	What's the problem?
¿Cuál es su nacionalidad?	What nationality are you?
¿Qué ha ocurrido?	What's happened?
¿Qué lleva puesto?	What's he wearing?
¿Qué le han robado?	What's been stolen?
¿Qué llevaba dentro?	What was in it?
¿Cómo se llama usted?	What's your name?
¿Cómo se escribe?	How do you spell that?
¿De dónde es usted?	Where are you from?
¿Dónde se aloja aquí?	Where are you staying?
¿Me da su dirección, por favor?	Can I have your address, please?
¿Me da su carnet de conducir?	Can I have your driving licence?
¿Había testigos?	Were there any witnesses?
Hágame una descripción, por favor.	Can you describe it for me?
Rellene este impreso por favor.	Please fill in this form.
Alguien se pasará por allí antes de una hora.	Someone will come round within the hour.
Lo tendré acabado mañana.	I'll have it finished tomorrow.
Son 120 euros.	It's 120 euros.

Lifestyle Tips

• If you have to report a crime to the police in Spain, you'll need to go to the **comisaría** (*police station*) where you'll have to **hacer una denuncia** or *file a report*. In a big city, it is likely to be the **Policía Nacional** (*National Police*) you go to, though in rural areas it may be the **Guardia Civil** (*Civil Guard*).

• There are several types of police in Spain. There's the **Policía Nacional** (in navy blue uniforms), who are in charge of national security and public order in general. Then there's the **Policía Municipal** or *Municipal Police*, whose uniform varies depending on the city and who mainly deal with traffic and minor crimes. A number of Spanish cities have a special section of the **Policía Municipal** called **Agentes de Movilidad**, who are in charge of traffic. There is also the **Guardia Civil** (in green uniforms), who look after rural policing and border patrols. In Catalonia, you'll also come across the regional **Mossos d'Esquadra** while in the Basque Country there is the **Ertzaintza**.

• As anywhere else, if you're driving around Spain, you'll need to be careful where you park to avoid paying a **multa** (*fine*) or having your car towed off to the **depósito** (*pound*) by the **grúa** (*tow truck*). **Parquímetros** (*parking meters*) are used in many town and city centres. Make sure you look at any signs and ask if you don't understand them. In some streets, for instance, parking is only allowed on one side of the road from the 1st to the 15th of the month, and from the 16th to the 31st it's on the other side. If your car isn't on the correct side by early in the morning on changeover day, all you'll find is a sticker with a phone number on the pavement beside where you parked.

Getting in touch

¡Dígame! – Hello!

Talking on the phone is one of the hardest things to do in a foreign language, because you can't see the person you're speaking to, and therefore you can't rely on body language and facial expressions to help you understand and communicate. This unit gives you the language to overcome this and to help you to sound natural and confident when speaking on the phone in Spanish. It also covers other means of communication, whether it's email, texting, social media or the good old post.

MAKING A TELEPHONE CALL

If you want to tell someone that you need to make a phone call, use **tengo que** (*I need to*) followed by a verb in the infinitive. **tengo** comes from the verb **tener**. For more information on **tener**, see page 282.

I need to...

Tengo que hacer una llamada.	**I need to** make a phone call.
Tengo que llamar por teléfono a mi mujer.	**I need to** call my wife.
No te olvides de que **tienes que** llamar a tu madre esta noche.	Don't forget **you need to** call your mother tonight.

To ask if someone has a mobile or has someone's number, you can use **¿Tiene...?** or **¿Tienes...?** (*Do you have...?*) depending on whether you call them **usted** or **tú**.

Do you have...?

¿**Tiene** móvil?	**Do you have** a mobile?
¿**Tiene** correo electrónico?	**Do you have** an email address?
¿**Tiene** el número personal del Sr. López, por favor?	**Do you have** Mr López's home number, please?
¿**Tienes** el número de extensión?	**Do you have** the extension number?

You can ask for a telephone number in Spanish by using **¿Cuál es...?** (*What's...?*).

What is...?

¿Cuál es su número de teléfono?	**What's** your phone number?
¿Cuál es el número de información?	**What's** the number for directory enquiries?
¿Cuál es el prefijo de Irlanda?	**What's** the code for Ireland?
¿Qué número tengo que marcar para hacer una llamada externa?	**What** number do I have to dial to get an outside line?

¿LO SABÍAS?

Remember that you use **qué** to ask *what* before a noun, as in the last example.

WHEN THE NUMBER YOU'RE CALLING ANSWERS

After the person on the other end has picked up the phone and greeted you with a standard telephone response such as **¡Diga!** or **¿Sí?**, you can then go on to say **¡Hola!** (*Hello!*) and introduce yourself by saying **soy** (*it's*) and your name.

Hello, this is...

Hola, soy Julian Carter.	**Hello, this is** Julian Carter.
Buenos días, Sr. Caldas, **soy** Peter Masters.	**Hello** Mr Caldas, **this is** Peter Masters **speaking**.
Buenas noches Señora Collado, **soy** la Señora McCann.	**Good evening** Mrs Collado, **this is** Mrs McCann **speaking**.
Hola Tarik, **soy** Rufus.	**Hi** Tarik, **it's** Rufus **here**.
Hola, ¿está Marga? **De parte de** Helen.	**Hello,** is Marga in? **This is** Helen.

To ask who you're speaking to, use **¿Es usted...?** or **¿Eres...?** (*Is that...?*).

Is that...?

¿Es usted el señor García?	**Is that** señor García?
¿Eres Jaime?	**Is that** Jaime?

I'm...

Soy un compañero de trabajo de Javier.	**I'm** a colleague of Javier's.
Soy amigo de Emilia.	**I'm** a friend of Emilia's.
Hola, **soy** el inquilino de la calle Nápoles.	Hello, **I'm** the tenant from the calle Nápoles flat.

If you want to ask for somebody in particular, use **¿Puedo hablar con...?** (*May I speak to...?*).

May I speak to...?

¿Puedo hablar con Pablo, por favor?	**May I speak to** Pablo, please?
¿Puedo hablar con tu padre o con tu madre?	**May I speak to** your father or mother?

To check that you've got the right number, you can ask **¿Es...?** (*Is that...?*).

¿Es la comisaría de policía?	**Is that** the police station?
¿Es el 959 33 72 61?	**Is that** 959 33 72 61?

¿LO SABÍAS?

Spanish speakers tend to read telephone numbers in tens where possible, so when saying 959 33 72 61 you'd say **nueve cinco nueve, treinta y tres, setenta y dos, sesenta y uno** (*nine five nine, thirty-three, seventy-two, sixty-one*).

One of the first things you may want to ask when you're talking to someone you know is how they are. The Spanish expressions **¿Qué tal?** and **¿Qué hay?** mean *How are you?* or *How are things?*. You can also say **¿Qué tal te va?** to someone you know well, and **¿Qué tal le va?** to someone you don't know so well.

How are you?

¿Qué hay?	**How are you?**
¿Qué tal?	**How are you?**

How's...?

¿**Cómo va todo**?	**How's** life?
¿**Qué tal está** tu hermano?	**How's** your brother?
¿**Qué tal están** tus padres?	**How are** your parents?
¿**Qué tal va** el trabajo?	**How's** work?

In response to being asked how you are, you can use several different phrases.

Fine, thanks.

Bien, gracias. ¿Y tú?	**I'm fine, thanks**. What about you?
Vamos tirando. ¿Y tú?	**Not bad**. And you?
No me ha ido muy bien últimamente.	**I haven't been great** lately.

SAYING WHY YOU'RE CALLING

At the start of a phone call, very often you will want to explain to someone why you're calling. To do this you use the verb **llamar** (*to call*). For more information on **–ar** verbs like **llamar**, see page 257.

I'm phoning about...

Llamo por lo de mañana por la noche.	**I'm phoning about** tomorrow night.
Llamo por lo de su anuncio en el periódico.	**I'm phoning about** your ad in the paper.
Llamo para pedir más datos de sus tarifas.	**I'm phoning to** get further details on your rates.
Llamo para solicitar información sobre los vuelos a Londres.	**I'm calling to** ask for information about flights to London.

To say where you're calling from, use **llamo desde** (*I'm calling from*).

I'm calling from...

Llamo desde un teléfono público.	**I'm calling from** a public phone.
Llamo desde mi móvil.	**I'm calling on** my mobile.
Le **llamo desde** mi trabajo.	**I'm calling** you **from** work.

If you want to ask whether you can do something, you can use
¿Puedo...? (*Can I...?*).

¿Puedo dejarle un recado?	**Can I** leave a message?
¿Puedo volver a llamar más tarde?	**Can I** ring again later?

If you are asking someone whether they can do something for
you, you can use **¿Puede...?** (*Can you...?*) or **¿Podría...?** (*Could
you...?*). These come from the verb **poder**. For more information
on **poder**, see page 276.

Can you...?

¿Puede decirle que he llamado?	**Can you** tell him I phoned?
¿Puede decirle que Paul ha llamado, por favor?	**Can you** tell him that Paul called, please?
¿Puede decirle que me llame cuando vuelva?	**Could you** ask him to call me when he gets back?
¿Me puede pasar con Juan, por favor?	**Can you** put me through to Juan, please?
¿Me puede poner con la extensión 516?	**Can I** have extension 516?
¿Le podría dar un recado?	**Could you** give her a message?

GIVING INFORMATION

When you make a phone call in Spanish, you may well be
asked to give certain pieces of information. To give your phone
number or address, use **mi número es...** (*my number is...*) and **mi
dirección es...** (*my address is...*).

My number is...

Mi número de móvil **es el**...	**My** mobile **number is**...
...y **el fijo es el**...	...and **my** landline **number is**...
El número de teléfono de mi hotel **es el**...	**My** hotel **phone number is**...

My address is...

Mi dirección en Madrid **es**...	**My address** in Madrid **is**...
Mi dirección en Inglaterra **es**...	**My address** in England **is**...
Vivo en Maryhill Drive número 6, en Cork.	**My address is** 6, Maryhill Drive, Cork.

Use **puedes** or **puede** (*you can*), depending on whether or not you call the other person **tú** or **usted**, to tell them how they can contact you.

You can...

Puedes localizarme en el 09 98 02 46 23.	**You can** contact me on 09 98 02 46 23.
Me puedes llamar al fijo.	**You can** contact me on my landline.
Puede localizarnos entre las doce y las dos.	**You can** get us between twelve and two.

ANSWERING THE TELEPHONE

To answer the phone, you can use **¿Diga?** or **¿Dígame?** or **¿Sí?** (*Hello!*) in Spain. In Mexico, you use **¡Bueno!** while in the Southern Cone, it's **¡Hola!**. Elsewhere in Latin America you use **¡Aló!**.

¿Dígame?	**Hello**!
¿Díga?	**Hello**!
¡Aló!	**Hello**!
¡Hola!	**Hello**!
¡Bueno!	**Hello**?
¿Sí, dígame?	**Hello**?
¿Sí?	**Yes**?

If the person on the other end of the line asks for you by name, answer **¡Al habla!** (*Speaking!*) or, in less formal language **sí, soy yo** (*yes, that's me*).

Speaking

¿Puedo hablar con la señora Smith? - **Al habla**.	May I speak to Ms Smith? – **Speaking**.
¿Eres John? - **Sí, soy yo**.	Is that John? – **Yes, it is**.

When you answer the telephone, you often need to ask whether the caller would like to leave a message, call back later and so on. Use **¿Quiere...?** to someone you call **usted**, and **¿Quieres...?** to someone you call **tú** to say *Would you like to...?*. **quiere** and **quieres** both come from the verb **querer**. For more information on **querer**, see page 278.

Would you like to...?

¿Quieres dejar un recado?	**Would you like to** leave a message?
¿Quieres volver a llamar un poco más tarde?	**Would you like to** call back a bit later?
¿Quiere que le vuelva a llamar?	**Would you like** me **to** call you back?
¿Quiere que él le llame?	**Would you like** him **to** call you?

You can also use **¿Le importaría...?** (*Would you mind...?*) followed by the infinitive to ask someone if they'd mind doing something for you. Change **le** to **te** if you call them **tú** rather than **usted**.

Would you mind...?

¿Le importaría hablar más despacio, por favor?	**Would you mind** speaking more slowly, please?
¿Le importaría repetir eso, por favor? No le oigo muy bien.	**Would you mind** saying that again, please? I can't hear you very well.
¿Le importaría deletrearlo, por favor?	**Would you mind** spelling it out, please?
¿Le importaría volverme a dar su número de teléfono?	**Would you mind** giving me your phone number again?
¿Te importaría volver a llamar mañana?	**Would you mind** calling me back tomorrow?

ENDING A TELEPHONE CALL

When you end a telephone call in Spanish, you can say goodbye as you normally would face to face, using **adiós** or the more informal **hasta luego**.

Goodbye!

¡**Hasta luego,** Laura!	**Goodbye** Laura!
¡**Adiós**, Sr. Blum!	**Goodbye** Mr Blum!
¡Venga, **hasta luego** Emma!	Right, **bye** Emma!

Have a good...!

¡**Que tengas un buen** día!	**Have a good** day!
¡**Que tengas un buen** fin de semana!	**Have a good** weekend!
¡**Que te lo pases bien** esta noche!	**Have a great time** this evening!
¡**Que te vaya bien**!	**Take care of yourself**!

To say *See you...!*, use ¡**Hasta...**! followed by **mañana** (*tomorrow*), **luego** (*later*), **esta noche** (*tonight*) and so on.

See you...!

¡**Hasta** mañana!	**See you** tomorrow!
¡**Hasta** luego!	**See you** later!
¡**Hasta** esta noche!	**See you** tonight!
¡**Hasta** pronto!	**See you** soon!

If you want to pass your greetings on to someone else use **saluda a...de mi parte** (*say hello to...from me*). If you call the person you're speaking to **usted**, change this to **salude a...de mi parte**.

Say hello to...for me

Saluda a tu familia **de mi parte**.	**Say hello to** your family **for me**.
Saluda a tu hermana **de mi parte**.	**Say hello to** your sister **for me**.
Saluda a tus padres **de mi parte**.	**Say hello to** your parents **for me**.

Occasionally, you may be forced into finishing a call earlier than you'd planned, especially on a mobile phone. To tell someone that you're running out of credit or battery power and so on, you can use **me estoy quedando sin...** (*I'm nearly out of...*).

I'm nearly out of...

Me estoy quedando sin saldo.	**I'm nearly out of** credit.
Me estoy quedando sin batería.	**My** battery's **going flat**.

LISTEN OUT FOR

Here are some key phrases you are likely to hear when you are using the telephone.

¿Quién le llama?	Who's calling, please?
¿De parte de quién?	Who shall I say is calling?
No cuelgue.	Please hold the line.
Le paso.	I'll put you through.
Se ha equivocado de número.	You've got the wrong number.
¿Sabe cúal es la extensión?	Do you have the extension number?
Comunica.	The line is engaged.
Espera un momento, que voy a buscarlo.	Hang on a minute, I'll get him.
Lo siento, no está.	I'm afraid he's not here at the moment.
Me temo que está ocupado.	I'm afraid he's busy right now.
Está reunido.	He's in a meeting.
En este momento no se puede poner.	He can't come to the phone right now.
¿Le puede llamar usted más tarde?	Can you call back later?
Le diré que te llame él.	I'll ask him to call you back.
¡Te llamo más tarde!	I'll call you later!
Se corta.	You're breaking up.
El número marcado no existe.	The number you've dialled doesn't exist.
Ha llamado al 09 73 47 60 21.	You've reached 09 73 47 60 21.
Deje su mensaje después de oír la señal.	Please leave your message after the tone.
Esta llamada le costará 1 euro por minuto.	This call will cost 1 euro per minute.
Todos nuestros operadores están ocupados; por favor, vuelva a llamar más tarde.	All our operators are busy; please call back later.

The following pages include examples of emails and letters in Spanish together with some useful phrases which you can use.

Starting a personal email or letter

Querido Ricardo:	Dear Ricardo,
Mi querida tía:	My dear aunt,
¡Hola, Raquel!	Hi Raquel!

¿LO SABÍAS?

In Spanish letters you use a colon at the end of the first line rather than the comma you use in English. In emails you can be more flexible, using exclamation marks, commas or nothing at all.

Ending a personal email or letter

Cordialmente	Kind regards
Un abrazo, María	Yours, María
Saludos cordiales, Iván	Kind regards, Iván
Besos, Andrés	Love, Andrés
¡Hasta pronto!	See you soon!
Dale un abrazo de mi parte a Fran	Send my best wishes to Fran
Un fuerte abrazo, Maite	Love, Maite

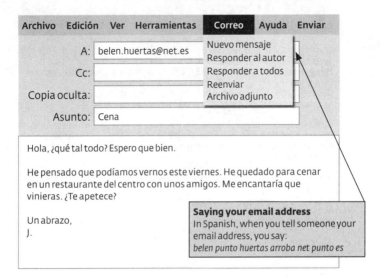

| Archivo | Edición | Ver | Herramientas | Correo | Ayuda | Enviar |

A: belen.huertas@net.es

Nuevo mensaje
Responder al autor
Responder a todos
Reenviar
Archivo adjunto

Cc:

Copia oculta:

Asunto: Cena

Hola, ¿qué tal todo? Espero que bien.

He pensado que podíamos vernos este viernes. He quedado para cenar en un restaurante del centro con unos amigos. Me encantaría que vinieras. ¿Te apetece?

Un abrazo,
J.

Saying your email address
In Spanish, when you tell someone your email address, you say:
belen punto huertas arroba net punto es

Starting a formal email or letter

Estimado Sr. Mendoza:	Dear Mr Mendoza,
Estimado señor:	Dear Sir,
Estimada señora:	Dear Madam,
Estimados señores:	Dear Sir or Madam,

Ending a formal email or letter

Atentamente	Yours faithfully
Cordialmente	Yours sincerely
Muy cordialmente	Kind regards
Le(s) saluda atentamente	Yours faithfully

Use this if you are not writing to anyone in particular; it's the equivalent of *Dear Sir* or *Madam* in English.

Saying an email address
In Spanish, when you tell someone an email address, you say: *idiomas arroba comercio guion hispana punto org*

Archivo	Edición	Ver	Herramientas	Correo	Ayuda	Enviar

A: idiomas@comercio-hispana.org

Cc:

Copia oculta:

Asunto: Español para comercio internacional

Estimados señores:

En marzo solicité plaza en uno de sus cursos de idiomas, concretamente el de 'Español para comercio internacional'. Me contestaron a principios de abril acusando recibo de mi solicitud, cuyo número de referencia es 23777.

Desearía saber si mi solicitud ha sido aceptada y, de ser así, qué debo hacer para terminar de formalizar la inscripción.

Como les explicaba en mi carta de presentación, ya termino mis estudios universitarios de español y mi intención es trasladarme a España para ampliar mis conocimientos del idioma, específicamente en el área de comercio exterior.

Por otro lado, también estoy interesada en saber si ya tienen fijados los días de clase y los horarios, y si tienen algún servicio de ayuda para alojamiento de estudiantes extranjeros.

Agradeciendo de antemano su atención, quedo a la espera de su respuesta.

Atentamente,
Emily Frazer

José Arteaga Pérez ◄—— Your own name and address
Calle San Agustín 45, 3º A
34012 Zaragoza

19 de marzo de 2015
◄— Date

Departamento de reservas   Name and address of
Centro de Turismo Rural Sierra Grande ◄—— the person/company
C/ Santa Teresa, 7   you are writing to
05503 Ávila

Muy señores míos: ◄—— Use a colon here

Les escribo para confirmarles la reserva realizada a mi nombre con
su central telefónica para la primera semana de agosto de este año
en la casa rural de Navaluenga.

Asimismo, tal y como me indicaron, les adjunto el recibo bancario
de ingreso en su cuenta de los 100 € de depósito como pago
anticipado. Les ruego acusen recibo de este ingreso y me envíen
los datos de contacto para entrar en la casa.

Cordialmente,

José Arteaga Pérez

ADDRESSING AN ENVELOPE

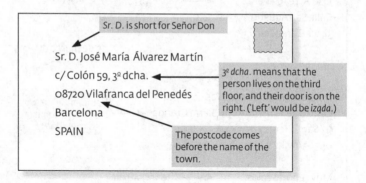

Sr. D. is short for Señor Don

Sr. D. José María Álvarez Martín

c/ Colón 59, 3º dcha.

3º dcha. means that the person lives on the third floor, and their door is on the right. ('Left' would be *izqda*.)

08720 Vilafranca del Penedés

Barcelona

SPAIN

The postcode comes before the name of the town.

TEXTING

Texting is as an important part of Spanish communication as it is in the UK. If you would like to text in Spanish, here are some abbreviations used in Spanish text messaging and emails.

Texto	Spanish	English
ape	*apetece*	feel like, fancy
bn	*bien*	good, well
bss	*besos*	love (from), kisses
dnd	*donde, dónde*	where
fin/finde	*fin de semana*	weekend
insti	*instituto*	(secondary) school
kdda	*quedada*	meeting
kdms?	*¿quedamos?*	shall we meet?
k tl?	*¿qué tal?*	how's things?
LOL	*qué gracioso, me parto*	laughing out loud
msj(s)	*mensaje(s)*	message(s)
muxo	*mucho*	much, a lot
npi	*ni puñetera idea*	no idea
ok/oki	*vale*	OK
pq	*porque*	because
q	*que, qué*	that, what
q tl?	*¿qué tal?*	how are you?
tb/tmb	*también*	too, also
tq/tk	*te quiero*	I love you

trd	*tarde*	late, afternoon
x	*por*	for, by
xfa	*porfa, por favor*	please
xq	*porque*	because
xq?	*¿por qué?*	why?

SOCIAL MEDIA

With social media an everyday means of communication, below are some useful phrases and terms to help you.

Spanish	English
una actualización del estado	a status update
un(a) amigo(-a)	a friend
añadir a la lista de amigos(-as)	to friend
un blog	a blog
un canal de noticias	a news feed
una cuenta	an account
crear/abrir una cuenta	to create/open an account
hacer un comentario sobre	to comment (on)
etiquetar a alguien en una foto	to tag somebody in a photo
un foro	a forum
un hashtag	a hashtag
un hilo de discusión	a (discussion) thread
un mensaje privado, un mensaje directo	a DM (direct message)
un perfil	a profile
una foto del perfil	a profile picture
un muro	a wall
escribir en el muro de alguno	to write on somebody's wall
publicar algo en el muro de alguno	to post something on/to somebody's wall
un(a) seguidor(a)	a follower
seguir a	to follow
dejar de seguir a	to unfollow
un trending topic	a trending topic
un tuit, un tuiteo	a tweet
tuitear (sobre)	to tweet (about)
retuitear	to retweet

Lifestyle Tips

• If you really need to send a text message or to make a phone call while in company, it is always better to apologize and explain: **Perdona** or **perdone**, **tengo que hacer una llamada** (*Sorry, I need to make a phone call*) or **tengo que mandar un mensaje** (*I need to send a text*).

• If you're talking to someone about email and web addresses or if you're listening to recorded messages on the phone, you may well hear the Spanish names for certain symbols: **arroba** (@); **punto** (.); **barra** (/), **dos puntos** (:) **guion** (-); **guion bajo** (_); **almohadilla** (#).

Time, numbers, date

¡Uno, dos, tres, ya! – One, two, three, go!

LOS NÚMEROS – NUMBERS

When communicating in Spanish you'll often need to say and understand numbers, so here's a list to help you on your way.

0	cero
1	uno (un/una)
2	dos
3	tres
4	cuatro
5	cinco
6	seis
7	siete
8	ocho
9	nueve
10	diez
11	once
12	doce
13	trece
14	catorce
15	quince
16	dieciséis
17	diecisiete
18	dieciocho
19	diecinueve
20	veinte

¿LO SABÍAS?
A little tip: Spanish speakers never use the letter O to refer to **cero** (*zero*), as we do in English.

In Spanish, the word **uno** (*one*) changes its ending. The masculine form **uno** is shortened to **un** before a masculine noun. The feminine form is always **una**.

one

¿Cuántos bolígrafos compraste? – Sólo **uno**.	How many pens did you buy? – Only **one**.
Tengo **un** hermano.	I've got **one** brother.
Sólo me queda **una** lata de anchoas.	I've only got **one** tin of anchovies left.
¿Cuántas galletas te comiste? – **Una**.	How many biscuits did you eat? – **One**.

In Spanish, **veintiuno** (*twenty-one*) to **veintinueve** (*twenty-nine*) are written as one word.

21	veintiuno (veintiún/veintiuna)
22	veintidós
23	veintitrés
24	veinticuatro
25	veinticinco
26	veintiséis
27	veintisiete
28	veintiocho
29	veintinueve

From **treinta** (*thirty*) onwards numbers in Spanish are written as separate words.

30	treinta
31	treinta y uno (un/una)
40	cuarenta
42	cuarenta y dos
50	cincuenta
53	cincuenta y tres
60	sesenta
64	sesenta y cuatro
70	setenta
76	setenta y seis
80	ochenta
87	ochenta y siete
90	noventa
99	noventa y nueve

Just as the word for *one* can be **uno**, **un** or **una**, the words for *twenty-one*, *thirty-one*, *forty-one* and so on also change. The masculine forms **veintiuno**, **treinta y uno** and so forth are shortened to **veintiún**, **treinta y un** and so on before masculine nouns. **veintiuna**, **treinta y una** and so on are the equivalent feminine forms.

twenty-one to ninety-nine

¿Cuántos años tienes? – Tengo **veintiuno**.	How old are you? – I'm **twenty-one**.
Había **veintiún** estudiantes en la clase.	There were **twenty-one** students in the class.
Hay **veintiuna** mujeres en la fábrica.	There are **twenty-one** women in the factory.
Enero tiene **treinta y un** días.	There are **thirty-one** days in January.
Habrá **treinta y una** personas en el grupo.	There'll be **thirty-one** people in the group.
¿Me puedes prestar **veinticinco** euros?	Can you lend me **twenty-five** euros?

¿LO SABÍAS?
Spanish speakers tend to read telephone numbers in tens where possible, so when saying 651 544744, you'd say **seis, cincuenta y uno, cincuenta y cuatro, cuarenta y siete, cuarenta y cuatro** (*six, fifty-one, fifty-four, forty-seven, forty-four*).

Notice that **doscientos** (*two hundred*), **trescientos** (*three hundred*) and so on have feminine forms. You need to remember to choose the correct form depending on whether the noun you're using them with is masculine or feminine.

100	cien (ciento)
101	ciento uno (un/una)
150	ciento cincuenta
200	doscientos/doscientas
300	trescientos/trescientas
400	cuatrocientos/cuatrocientas
500	quinientos/quinientas
600	seiscientos/seiscientas
700	setecientos/setecientas
800	ochocientos/ochocientas
900	novecientos/novecientas

There are two Spanish words for 100: **cien** and **ciento**. You use **cien** before nouns, for example, **días** (*days*) and **personas** (*people*) as well as before the word **mil** (*thousand*). You use **ciento** before other numbers.

hundred

Hay **cien** céntimos en un euro.	There are **one hundred** cents in a euro.
¿Tienes el DVD de los *Ciento un dálmatas*?	Do you have the *One hundred and one Dalmatians* DVD?
Cuesta **ciento cincuenta** euros.	It costs **one hundred and fifty** euros.
Debe de haber habido más de **cien mil** personas allí.	There must have been over **a hundred thousand** people there.

two hundred to nine hundred

Quisiera **trescientos** gramos de queso manchego.	I'd like **three hundred** grams of Manchego cheese.
Había unas **quinientas cincuenta** personas en el edificio.	There were around **five hundred and fifty** people in the building.
Más de **setecientas** mujeres asistieron a la manifestación.	Over **seven hundred** women attended the demonstration.
Nos va a costar **novecientos** euros.	It's going to cost us **nine hundred** euros.

In Spanish, a full stop rather than a comma is used to separate thousands and millions.

1.000	mil
1.001	mil uno (un/una)
1.020	mil veinte
1.150	mil ciento cincuenta
2.000	dos mil
2.500	dos mil quinientos/quinientas
3.400	tres mil cuatrocientos/cuatrocientas
100.000	cien mil

one thousand to one hundred thousand

Este pueblo existe desde hace más de **mil** años.	There's been a town here for over **a thousand** years.
Se casaron en **2002 (dos mil dos)**.	They got married in 2002 **(two thousand and two)**.
¿Cuánto son **cien mil** euros en libras?	How much is **one hundred thousand** euros in pounds?
Van a pagar **doscientas cincuenta y seis mil** libras por su nueva casa.	They're paying **two hundred and fifty-six thousand** pounds for their new house.

In Spanish, **un millón** is *one million* and **mil millones** is *one billion*. The Spanish word **billón** is now normally translated as *trillion* in English.

1.000.000	un millón
1.000.000.000	mil millones
1.000.000.000.000	un billón

To talk about a million or a trillion things, you use **un millón de** and **un billón de**.

one million to one trillion

Le tocó **un millón de** euros en la lotería.	He won **a million** euros on the lottery.
El gobierno ya ha gastado **dos mil millones de** libras en esto.	The government has already spent **two billion** pounds on this.

In Spanish, a decimal **coma** (*comma*) is used rather than a decimal point.

...point...

cero **coma** cinco (0,5)	nought **point** five (0.5)
noventa y nueve **coma** nueve	ninety-nine **point** nine
seis **coma** ochenta y nueve (6,89)	six **point** eighty-nine (6.89)
Han subido los tipos de interés hasta el cuatro **coma** cinco por ciento (4,5%).	Interest rates have gone up to four **point** five per cent (4.5%).

To read prices that include both euros and cents, you put **con** in the middle between the euro and the cent figures.

euros and cents

Son **dieciocho euros con noventa y nueve** (18,99 €).	That'll be **eighteen euros and ninety-nine cents** (€18.99).
Me costó **sesenta y cinco euros con veinte**.	It cost me **sixty-five euros and twenty cents**.
Sólo me has dado **veinte céntimos** de vuelta. Deberías haberme dado **diez euros con veinte céntimos**.	You've only given me **twenty cents** change. It should have been **ten euros and twenty cents**.

kilos and grams

¿Me da **medio kilo de** tomates?	Can I have **half a kilo of** tomatoes?
Póngame **un cuarto de kilo de** queso.	Can I have **a quarter of a kilo of** cheese?
Se derriten cien **gramos de** mantequilla.	You melt one hundred **grams of** butter.

litres

¿A cuánto está **el litro de** gasolina?	How much is petrol **a litre**?
Se utiliza **medio litro de** nata.	You use **half a litre of** cream.

kilometres, metres and centimetres

Iba a ciento cuarenta **kilómetros por hora**.	He was doing one hundred and forty **kilometres an hour**.
Estamos **a** cincuenta **kilómetros de** Barcelona.	We're fifty **kilometres from** Barcelona.
Mido **un metro** ochenta y ocho.	I'm **one metre** eighty-eight **centimetres** tall.
Mide **un metro** treinta **de largo por** cuarenta y cinco **centímetros de ancho**.	It's **one metre** thirty **centimetres long by** forty-five **centimetres wide**.

percentages

La hipoteca tiene un interés del tres **coma** cinco **por ciento**.	The interest rate payable on the mortgage is three **point** five **per cent**.
El noventa y nueve **coma** nueve **por ciento** de la población piensa así.	Ninety-nine **point** nine **per cent** of the population thinks this way.

temperature

Las temperaturas oscilaban entre los diez y los quince **grados**.	The temperature varied between ten and fifteen **degrees**.
La temperatura es de treinta **grados**.	It's thirty **degrees**.

There are times when you'll need to use numbers to show the order of things – there's another set of numbers you use for this.

first	primero (primer)/primera
second	segundo/segunda
third	tercero (tercer)/tercera
fourth	cuarto/cuarta
fifth	quinto/quinta
sixth	sexto/sexta
seventh	séptimo/séptima
eighth	octavo/octava
ninth	noveno/novena
tenth	décimo/décima
eleventh	undécimo/undécima
twelfth	duodécimo/duodécima
thirteenth	decimotercero (decimotercer)/ decimotercera
fourteenth	decimocuarto/decimocuarta
fifteenth	decimoquinto/decimoquinta
sixteenth	decimosexto/decimosexta
seventeenth	decimoséptimo/decimoséptima
eighteenth	decimoctavo/decimoctava
nineteenth	decimonoveno/decimonovena
twentieth	vigésimo/vigésima
hundredth	centésimo/centésima
thousandth	milésimo/milésima

¿LO SABÍAS?
segundo, **tercero**, **cuarto** and so on are not used in dates. For more on dates, see page 182.

The Spanish words **primero** (*first*), **segundo** (*second*), **tercero** (*third*) and so on change their endings according to whether the noun they describe is masculine or feminine. In addition, the masculine forms **primero** (*first*) and **tercero** (*third*) are shortened to **primer** and **tercer** before masculine singular nouns.

first, second, third

Hoy celebran su **primer** aniversario de boda.	They're celebrating their **first** wedding anniversary today.
Esta es la **primera** vez que ha estado aquí.	This is the **first** time he's been here.
Este es mi **segundo** viaje a España.	This is my **second** trip to Spain.
Llegó **tercero** en la carrera.	He came **third** in the race.
Es sólo su **tercer** día en su nuevo trabajo.	This is only her **third** day in her new job.

In the same way that in English we can write figures with *-st, -nd, -rd, -th* on the end as required (1st, 2nd, 3rd, 4th and so on), in Spanish you write the figure with **o**, **a** or **er** on the end. These forms are used mainly in addresses, where **1º** refers to the first floor and **1ª** to the first door. Normally, of course, you wouldn't be translating addresses.

Vive en el **1º 2ª** (primero segunda).	He lives on the **1st** floor, **2nd** door.

The Spanish words **primero** (*first*) to **décimo** (*tenth*) are used quite frequently but those from **undécimo** (*eleventh*) to **vigésimo** (*twentieth*) are used rather less as, in practice, they tend to be replaced by ordinary numbers like **doce**, **trece** and **catorce** (*twelve, thirteen* and *fourteen*), which sound less formal. This is what happens too for higher numbers, with the exception of **centésimo** (*hundredth*) and **milésimo** (*thousandth*).

Viven en la planta **once**.	They live on the **eleventh** floor. (literally *on floor eleven*)
Llegó a la meta en **decimotercera** posición.	He finished in **thirteenth** place.
Era el **decimocuarto** día de viaje.	It was the **fourteenth** day of the trip.
Es su **quince** cumpleaños.	It's his **fifteenth** birthday.
Esta será su **veintiocho** maratón.	This will be his **twenty-eighth** marathon.
Hoy cumple **treinta** años.	It's his **thirtieth** birthday today.

LA HORA – THE TIME

In Spanish, as in English, you have to use numbers when talking about the time. In English we always use *it's* when telling the time, for example, *it's one o'clock*, *it's two o'clock* and so on. In Spanish, you only use **es** with times involving **la una** (*one o'clock*) or with singular words like **mediodía** (*midday*) or **medianoche** (*midnight*). Otherwise, you use **son**, for example, **son las dos** (*it's two o'clock*), **son las tres** (*it's three o'clock*) and so on.

It's...o'clock

Es la una.	**It's** one **o'clock**.
Es medianoche.	**It's** midnight.
Es mediodía.	**It's** midday.
Son las seis en punto.	**It's** six **o'clock** exactly.
Son las tres de la madrugada.	**It's** three in the morning.
Son las cuatro de la tarde.	**It's** four **o'clock** in the afternoon.
Son las cinco y pico.	**It's** just after five.

¿LO SABÍAS?

You use **madrugada** rather than **mañana** to talk about the early hours of the morning. For example, **la una de la madrugada** is *one o'clock in the morning*.

Use **es** and **son** in the same way for other times, for example, with **y** (*past*) and **menos** (*to*).

It's...past...

Es la una **y** cuarto.	**It's** quarter **past** one.
Es la una **y** veinticinco.	**It's** twenty-five **past** one.
Son las cinco **y** media.	**It's** half **past** five.
Son las seis **y** cinco.	**It's** five **past** six.

It's...to...

Es la una **menos** cuarto.	**It's** quarter **to** one.
Es la una **menos** veinte.	**It's** twenty **to** one.
Son las ocho **menos** diez.	**It's** ten **to** eight.
Son las tres **menos** cinco.	**It's** five **to** three.

To ask what the time is, use **¿Qué hora es?** (*What's the time?*).

What's the time?

¿Qué hora es?	**What's the time**?
Yo tengo las dos y veinte. **¿Qué hora** tienes tú?	I make it twenty past two. **What time** do you make it?
¿Me dices **la hora**?	Can you tell me **the time**?

When you're in a Spanish-speaking country, you may need to find out what time something is happening. Use **¿A qué hora…?** (*At what time…?*).

What time…?

¿A qué hora sale el próximo tren para Córdoba?	**What time's** the next train for Córdoba?
¿A qué hora empieza?	**What time** does it start?
¿A qué hora quedamos?	**What time** shall we meet?

To say what time something is happening at, use **a la una** (*at one o'clock*), **a las dos** (*at two o'clock*)**, a las tres y media** (*at half past three*) and so on.

at…

Empieza **a las** siete.	It starts **at** seven o'clock.
El tren sale **a las** siete y media.	The train leaves **at** seven thirty.
Nos vemos **a las** tres y media.	I'll see you **at** half past three.
Te puedo dar cita **a las** cinco y cuarto.	I can give you an appointment **at** quarter past five.
Salimos a eso **de las** ocho.	We're going out **at** around eight o'clock.

To say when something must happen by, use **para la una** (*by one o'clock*), **para las dos y cuarto** (*by quarter past two*) and so forth.

by…

¿Puedes estar allí **para las** tres?	Can you be there **by** three o'clock?
Tenemos que haber terminado **para la** una menos cuarto.	We must be finished **by** quarter to one.
Falta un poco para las cuatro.	**It's nearly** four o'clock.

de la mañana is often used where in English we'd say *am*. **de la tarde** and **de la noche** are used where we'd say *pm*.

at...am/pm

Me levanto **a las ocho de la mañana**.	I get up **at eight am**.
Vuelvo a casa **a las cuatro de la tarde**.	I go home again **at four pm**.
Me acuesto **a las once de la noche**.	I go to bed **at eleven pm**.

LISTEN OUT FOR

Here are some key phrases you may hear to do with the time and numbers.

El tren de Sevilla sale a las 13:55 (trece cincuenta y cinco).	The train for Seville leaves at 13:55 (thirteen fifty-five).
El tren de las 14:15 (catorce quince) con destino Madrid sale de la vía dos.	The 14:15 (fourteen fifteen) train to Madrid will depart from platform two.
El vuelo 307 (tres cero siete) procedente de Londres, que sufría retraso, llegará a las 20:30 horas.	The delayed flight number 307 from London is due to arrive at 20:30.
El vuelo 909 (nueve cero nueve) procedente de París llegará a su hora.	Flight 909 from Paris is on time.
El autobús llega a Pamplona a las 19:10 (diecinueve diez).	The coach gets into Pamplona at 19:10 (nineteen ten).

SAYING HOW LONG

If you want to say that something will happen in so many minutes' time or in so many days' time, use **dentro de** to mean *in*. Use **en** instead to say how long something takes or took to do.

in...

Volveré **dentro de** veinte minutos.	I'll be back **in** twenty minutes.
Estará aquí **dentro de** una semana.	She'll be here **in** a week.
He acabado el ejercicio **en** sólo tres minutos.	I completed the exercise **in** only three minutes.
Probablemente pueda hacer el trabajo **en** una hora o dos.	I can probably do the job **in** an hour or two.

To ask how long something lasts, use **¿Cuánto...?** (*How long...?*).

How long...?

¿**Cuánto** dura la película?	**How long**'s the film?
¿**Cuánto** suele durar la visita?	**How long** does the tour usually take?
¿**Cuánto tardarás**?	**How long will you be**?
¿**Cuánto tardarás** en pintar la pared?	**How long will it take** you to paint the wall?
¿**Cuánto se tardará** en resolver el problema?	**How long will it take** to fix the problem?
¿**Cuánto se tarda** en llegar al centro?	**How long does it take** to get to the centre?

It takes...to...

Tardé dos horas **en** ir andando hasta el pueblo.	**It took me** two hours **to** walk to the village.
Aquí **tardan** mucho **en** servirte.	They **take** a long time **to** serve you here.
Se tarda unos cuarenta minutos **en** hacer una tortilla de patatas.	**It takes** about forty minutes **to** make a Spanish omelette.
No **se tarda** ni veinte minutos.	**It takes** less than twenty minutes.
No tardaré mucho.	**I won't be** long.

The seasons in Spanish are used in the same way as in English.

la primavera	spring
el verano	summer
el otoño	autumn
el invierno	winter

To say *in autumn*, *in winter*, *in summer* and *in spring*, just use what you'd expect: **en otoño**, **en invierno**, **en verano**, **en primavera**. As in English, you can also say **en el otoño**, **en la primavera** and so on too.

in...

El mejor tiempo lo tenemos aquí **en primavera**.	We get the best weather here **in spring**.
En invierno no vamos de camping.	We don't go camping **in the winter**.
Se casaron **en el verano de** 2013 (dos mil trece).	They got married **in the summer of** 2013.
Prefiero **la primavera**.	I like **the spring** best.
No me gusta nada **el invierno**.	I don't like **winter** at all.

¿LO SABÍAS?
Although in English we can say either *I like winter* or *I like the winter*, in Spanish you have to use **el**, as in the example above. Similarly, if you wanted to say *I love spring*, you'd use **me encanta la primavera**.

To clarify whether you're talking about *this summer* or *last summer*, *this winter* or *next winter*, you use **este** (*this*), **pasado** (*last*) and **que viene** (*next*).

this/last/next...

Vamos a ir a Galicia **este verano**.	We're going to Galicia **this summer**.
No hizo apenas frío **la primavera pasada**.	It was quite mild **last spring**.
Sería mejor ir a esquiar **el invierno que viene**.	It would be better to go skiing **next winter**.

LOS MESES DEL AÑO – THE MONTHS OF THE YEAR

The months of the year are always written with a small letter in Spanish.

enero	January
febrero	February
marzo	March
abril	April
mayo	May
junio	June
julio	July
agosto	August
septiembre	September
octubre	October
noviembre	November
diciembre	December

To say *in January*, *in February* and so on in Spanish you use what you'd expect: **en enero**, **en febrero** and so on.

in...

La Semana Santa es **en abril** este año.	Easter week's **in April** this year.
Es probable que nos vayamos de vacaciones **en mayo**.	We'll probably go away on holiday **in May**.
Visité a algunos amigos de Barcelona **en septiembre**.	I visited some friends in Barcelona **in September**.
En agosto vamos a pasar las vacaciones en la sierra.	We're going to go to the mountains for our holidays **this August**.
¿Dónde fuisteis de vacaciones **en junio del año pasado**?	Where did you go on holiday **last June**?
Espero ir a Sudamérica **en julio del año que viene**.	I'm hoping to go to South America **next July**.

If you want to say that something is happening *at the beginning of* or *at the end of* a month, you can use the expressions **a principios de** and **a finales de**.

at the...of...

Empieza las clases en la universidad **a principios de** octubre.	She starts university **at the beginning of** October.
La Semana Santa cae **a finales de** marzo.	Easter week is **at the end of** March.
Se mudan de casa **a mediados de** junio.	They're moving house **in the middle of** June.

LAS FECHAS – DATES

To ask what the date is, you can use **¿A qué fecha estamos?** or **¿A qué día estamos?** (*What's the date today?*). When talking about dates Spanish speakers use **dos** (*two*), **tres** (*three*) and so on rather than **segundo** (*second*), **tercero** (*third*) and so on. For the *first* of the month, you can use either **primero** (*first*) or, at least in Spain, **uno** (*one*).

It's the...of...

Hoy **es 28 de** diciembre.	**It's** December **28th** today.
Mañana **será doce de** septiembre.	Tomorrow **will be the twelfth of** September.
Ayer **fue 20 de** noviembre.	**It was 20th** November yesterday.
Es primero *or* **uno de** julio.	**It's the first of** July.
Es jueves, **2 de** julio.	**It's** Thursday, **2nd** July.
Estamos a ocho de junio.	**It's the eighth of** June.

¿LO SABÍAS?
When writing a letter, write the date in the form **19 de marzo de 2015** (*19th March 2015*). For more on writing letters, see page 161.

To say what date something is happening or happened on, use **el** before the number.

on the...of...

Nació **el catorce de** febrero **de** 1990 (mil novecientos noventa).	He was born **on the fourteenth of** February, 1990.
Murió **el veintitrés de** abril **de** 1616 (mil seiscientos dieciséis).	He died **on** April **the twenty-third**, 1616.
Estaban pensando casarse **el 18 de** octubre **de** 2016 (dos mil dieciséis).	They were planning to get married **on** October **18th** 2016.
¿Dónde crees que estarás **el veinte de** octubre?	Where do you think you'll be **on the twentieth of** October?

LOS DÍAS DE LA SEMANA – THE DAYS OF THE WEEK

The days of the week are always written with a small letter in Spanish.

el lunes	Monday
el martes	Tuesday
el miércoles	Wednesday
el jueves	Thursday
el viernes	Friday
el sábado	Saturday
el domingo	Sunday

To say what day it is, just say **es jueves** (*it's Thursday*), **es sábado** (*it's Saturday*), and so on. You can also say **estamos a jueves** (*it's Thursday*) and **estamos a sábado** (*it's Saturday*).

It's...

¿Qué día es hoy? – **Es** jueves.	What day's today? – **It's** Thursday.
Hoy **es** viernes, ¿verdad?	**It's** Friday today, isn't it?
Estamos a sábado.	**It's** Saturday.

When making arrangements or saying when something happened you may want to specify which day. In Spanish it's easy. Just use **el** and the day in question. So **el lunes** means *on Monday* and **el viernes** means *on Friday*.

on...

El lunes voy a Madrid.	I'm going to Madrid **on** Monday.
El martes es mi cumpleaños.	It's my birthday **on** Tuesday.
El miércoles los veremos.	We'll see them **on** Wednesday.

To say that something regularly happens on a particular day use **los** and the plural form of the day in question. So **los sábados** means *on Saturdays* and **los domingos** means *on Sundays*.

Los lunes nunca trabajo hasta tarde.	I never work late **on** Mondays.
Los sábados vamos al gimnasio.	We go to the gym **on** Saturdays.
Los domingos solíamos ir a casa de mis tíos a comer.	We used to go to my uncle and aunt's for lunch **on** Sundays.

¿LO SABÍAS?
You'll notice that **lunes**, **martes**, **miércoles**, **jueves** and **viernes** stay the same whether they are singular or plural.

If you want to specify the time of day, add **por la mañana** (*morning*), **por la tarde** (*afternoon* or *evening*) or **por la noche** (*night*) after the day.

on...morning/afternoon/evening

Te veré **el viernes por la tarde**.	I'll see you **on Friday afternoon**.
¿Qué vas a hacer **el sábado por la noche**?	What are you doing **on Saturday evening**?
Había una buena película en la televisión **el domingo por la noche**.	There was a good film on television **on Sunday night**.
Siempre llega tarde **los miércoles por la mañana**.	He's always late in **on Wednesday mornings**.
Los viernes por la noche siempre salimos.	We always go out **on Friday nights**.

You may want to say *every Monday*, *every Sunday* and so on.
In Spanish, you say **todos los lunes**, **todos los domingos** and
so on.

every...

La llamamos **todos los lunes**.	We ring her **every Monday**.
Juega al golf **todos los sábados**.	He plays golf **every Saturday**.
Solía verlos **todos los viernes**.	I used to see them **every Friday**.
Hacemos limpieza **todos los sábados por la mañana**.	We do the cleaning **every Saturday morning**.

If you want to say that you do something every other day, week
and so on, use **cada dos** (*every other*).

every other...

Cada dos viernes jugamos un partidillo.	We play five aside **every other Friday**.
Solemos vernos **cada dos fines de semana**.	We usually see each other **every other weekend**.

You can use **este** (*this*), **pasado** (*last*) and **que viene** (*next*) to
specify one day in particular.

this/last/next...

Este viernes es nuestro aniversario de boda.	It's our wedding anniversary **this Friday**.
Te mandé las fotos por e-mail **el viernes pasado**.	I emailed you the photos **last Friday**.
¿Te viene bien **el viernes que viene**?	Would **next Friday** suit you?
Hemos quedado **el viernes de la semana que viene**.	We've arranged to meet up **a week on Friday**.

If you want to ask what day something is happening, use **¿Qué día...?**.

What day...?

¿Qué día es la reunión? – El martes.	**What day**'s the meeting? – Tuesday.
¿Sabes **qué día** viene? – Viene el miércoles.	Do you know **what day** he's coming? – He's coming on Wednesday.
¿Qué día fuiste allí? – El martes, creo.	**Which day** did you go there? – Tuesday, I think.

When you're talking about the past, the present or the future, you can use a number of phrases in Spanish.

yesterday

ayer	yesterday
ayer por la mañana	yesterday morning
ayer por la tarde	yesterday afternoon, yesterday evening
ayer por la noche	last night
anteayer	the day before yesterday
Vino a verme **ayer**.	He came to see me **yesterday**.
Conchita llamó **anteayer**.	Conchita rang up **the day before yesterday**.

today

hoy	today
Hoy es miércoles.	**Today**'s Wednesday.

tomorrow

mañana	tomorrow
mañana por la mañana	tomorrow morning
mañana por la tarde	tomorrow afternoon, tomorrow evening
mañana por la noche	tomorrow night
pasado mañana	the day after tomorrow
Mañana será jueves.	**Tomorrow** will be Thursday.
Mañana por la mañana tengo que levantarme temprano.	I've got to be up early **tomorrow morning**.
Mañana por la noche vamos a una fiesta.	We're going to a party **tomorrow night**.

Remember that **la tarde** covers the afternoon as well as the daylight hours of the evening.

To say that something happened a particular length of time ago, use **hace** followed by the period of time in question.

...ago

Me llamó **hace una semana**.	She called me **a week ago**.
Se mudaron a su casa actual **hace unos diez días**.	They moved into their current house **some ten days ago**.
Nació **hace tres años**.	He was born **three years ago**.

One way to talk about how long you've been doing something is to use **hace** followed by the length of time and then **que** and the verb in the present. For more information on the present tense, see page 260.

...for...

Hace diez meses **que** vivimos aquí.	We've been living here **for** ten months.
Hace una semana **que** no la veo.	I haven't seen her **for** a week.

You can also use **desde hace** (*for*) to say how long something has been happening.

Está lloviendo **desde hace** tres días.	It's been raining **for** three days.
No los he visto **desde hace** tres semanas.	I haven't see them **for** three weeks.
No se hablan **desde hace** meses.	They haven't spoken to each other **for** months.

You can also talk about how long something has been going on for by using **llevar** and the **–ando** or **–iendo** form of the verb.

I've been...for...

Llevo horas esperando aquí.	**I've been** waiting here **for** hours.
Llevan bastante rato hablando por teléfono.	**They've been** on the phone **for** quite a while.
Llevo meses buscando piso.	**I've been** looking **for** a flat for months.

EL ALFABETO – THE ALPHABET

When you're in a Spanish-speaking country, you may well need to spell something out in Spanish. Spanish letters are pronounced approximately as shown in the list below. You'll notice that there is an extra letter in the Spanish alphabet – Ñ – which follows N. CH, LL and RR were formerly also considered separate letters, so although they no longer follow CZ, LZ and RZ in the dictionary, they still have their own names, which you'll need to use when spelling names out.

A	ah
B	**bay** (*or in Latin America* bay **lar**ga)
C	thay (*or in Latin America usually* say)
(CH)	chay
D	day
E	ay
F	**e**fay
G	khay
H	**a**tshay
I	ee
J	**ho**ta
K	ka
L	**e**lay
(LL)	**el**yay
M	**e**may
N	**e**nay
Ñ	**en**yay
O	o
P	pay
Q	koo
R	**e**ray
(RR)	**e**rray
S	**e**ssay
T	tay
U	oo
V	**oo**bay (*or in Latin America* bay **kor**ta)
W	oobay **do**blay (*or in Latin America* **do**blay-bay)
X	ekeess
Y	ee gree**ay**ga
Z	**thay**ta (*or in Latin America usually* **say**-ta)

¿LO SABÍAS?

All letters are feminine in Spanish. So you say, for example, **se escribe con una B** (*it's spelt with a B*).

LISTEN OUT FOR

Here are some phrases you may hear when using the alphabet in Spanish.

¿Cómo se escribe?	How do you spell it?
¿Puede deletreármelo, por favor?	Can you spell that for me, please?
Es R-O-M-E-R-O.	That's R-O-M-E-R-O.
¿Se lo deletreo?	Shall I spell it for you?
Se escribe con una B.	It's spelt with a B.
Con B de Barcelona.	That's B for Barcelona.
Es Moreno, escrito con M mayúscula.	That's Moreno with a capital M.
¿Se escribe con dos efes en inglés?	Is it spelt with a double F in English?
¿Es con una ele o con dos?	Is that with one L or two?
¿Lleva acento?	Has it got an accent?
Eso debería ir en mayúsculas.	That should be in capitals.
Es todo con minúsculas.	It's all in small letters.
¿Puedes repetir eso, por favor?	Please can you repeat that?

Interesting days and dates

• In the Spanish-speaking world, dates of infamous events are sometimes remembered by a number and the initial letter of the month in question, for example, **el 23-F** (*attempted coup d'état in Spain on 23 February 1981*) and **el 11-S** (*9/11*). These abbreviations are used both in speech and writing and are pronounced as you'd expect: **el veintitrés efe** and **el once ese**.

• Local **fiestas** built up around a particular saint's day are a colourful tradition in Spain. All over the world people have heard of the famous bull-running fiesta held in Pamplona each year. What they may not know is the traditional song that counts up to the **fiesta**, telling you when it is and helping you remember how dates are formed:

Uno de enero, dos de febrero, tres de marzo, cuatro de abril, cinco de mayo, seis de junio, siete de julio San Fermín. A Pamplona hemos de ir con una media, con una media, a Pamplona hemos de ir con una media y un calcetín.

• Other particularly well-known **fiestas** are Madrid's **San Isidro** – a festival in honour of Madrid's patron saint – that starts on the Friday before **el día de San Isidro** (*Saint Isidro's Day*) on 15 May and lasts for nine days; **la feria de Sevilla** (*the Seville Fair*) two weeks after Easter; and **la Semana Grande** (literally *the Big Week*) in San Sebastián in August.

• To commemorate the deaths of Cervantes and Shakespeare on 23 April, 1616, **el 23 de abril** is **el día del libro** (*World Book Day*). On this day bookstalls spring up all over Spain.

• In Catalonia **el 23 de abril** is also the **fiesta** of the Catalan patron saint, **Sant Jordi** (*Saint George*). For Catalans this means that it is also **el día de la rosa** (*the day of the rose*). Catalan couples exchange roses and books on this day and celebrate romance, something that is also celebrated in the Spanish-speaking world on **el día de los enamorados** (*Saint Valentine's Day*) on 14 February.

• For some Spanish speakers **martes** (*Tuesday*), and in particular **martes y trece** (*Tuesday the thirteenth*), is as unlucky as Friday the thirteenth for English speakers.

• In many parts of Spain and Latin America, the days before the start of the Christian **Cuaresma** (*Lent*) are time for **carnaval** (*carnival*), complete with fancy-dress parades, feasting and partying. This comes to an end at midnight on **martes de carnaval** (*Shrove Tuesday*).

In summary...

Bueno, resumiendo... – So, to sum up...

This unit gives you quick access to all the important structures that you'll have learned in the individual units. They are grouped by function to help you find what you're looking for.

CONTENTS

In summary...

There are several ways you can say *sorry* in Spanish. You can say **perdona** to someone you call **tú** and **perdone** to someone you call **usted**. Alternatively, you can just say **perdón**, especially if you want to get past someone or you've bumped into them.

Perdona/Perdone

Perdona.	**I'm sorry**.
Perdona por no habértelo dicho antes.	**I'm sorry** I didn't tell you sooner.
Perdone que llegue tarde.	**I'm sorry** I'm late.

Another way to say *I'm sorry* is to use **lo siento**. You can use **lo siento** not only when you're apologizing but also when you're sympathizing with someone.

Lo siento...

¡**Lo siento**!	**I'm sorry**!
¡**Lo siento** mucho!	**I'm** really **sorry**!
¡**Lo siento** muchísimo!	**I'm** so **sorry**!
¡**Lo siento** de veras!	**I'm** really **sorry**!

If you want to give further details about what you're sorry about, you can use **siento que** (*I'm sorry that*) followed by the present subjunctive or **siento lo que** (*I'm sorry about what*) or **siento lo de** (*I'm sorry about*). For more information on the subjunctive, see page 262.

Siento...

Siento que te hayas perdido la fiesta.	**I'm sorry** you missed the party.
Siento mucho lo que pasó.	**I'm so sorry about what** happened.
Siento lo de tu accidente.	**I'm sorry about** your accident.
Sentí mucho lo de tu padre.	**I was so sorry to hear about** your father.

ASKING FOR AND GIVING EXPLANATIONS

Use **¿Por qué...?** (*Why...?*) when asking for an explanation. Use **porque** (*because*) when giving an explanation.

¿Por qué...?

¿Por qué llegaste tarde?	**Why** were you late?
¿Por qué no fuiste?	**Why didn't** you go?

Porque...

No te lo dije **porque** no quería preocuparte.	I didn't tell you **because** I didn't want to worry you.
Tuve que irme pronto **porque** tenía una reunión.	I had to leave early **because** I had a meeting.

ASKING FOR INFORMATION

When you're asking for information, you will need to use question words, for example, **¿Cómo...?** (*How...?*), **¿Cuál...?** (*Which...?* or *What...?*), **¿Cuándo...?** (*When...?*) and so on. You'll notice that words like **adónde**, **cómo**, **cuál**, **cuándo**, **cuánto**, **dónde** and **qué** always have a written accent on them in questions.

¿Cómo...?

¿Cómo estás?	**How** are you?
¿Cómo fue la excursión?	**How** was the trip?
¿Cómo es la vista?	**What's** the view **like**?
¿Cómo son las habitaciones?	**What are** the rooms **like**?

In questions like *Which is yours?*, *Which one do you want?*, *Which of them do you like best*, where there's no noun after *which*, you use **¿Cúal...?** in Spanish to mean *Which...?* or *Which one...?*.

¿Cuál...?

¿Cuál quieres?	**Which one** do you want?
¿Cuál de ellos te gusta más?	**Which one** do you like best?
¿Cuál es la mejor clínica?	**Which is** the best clinic?
¿Cuáles quieres?	**Which ones** do you want?

You also sometimes use **¿Cuál es...?** to mean *What's...?* when asking for specific information. To find out about other ways of saying *which* and *what*, see **¿Qué...?**.

¿Cuál es el número de la recepción?	**What's** the number for reception?
¿Cuál es la dirección?	**What's** the address?

To ask when something is happening use **¿Cuándo...?** (*When...?*).

¿Cuándo...?

¿Cuándo es tu cumpleaños?	**When's** your birthday?
¿Cuándo estarás aquí?	**When** will you get here?

You use **¿Cuánto...?** to mean both *How much...?* and *How long...?* You use **¿Cuántos...?** to mean *How many...?*. Don't forget that you'll sometimes need to change them to **¿Cuánta...?** and **¿Cuántas...?** to agree with the noun they go with.

¿Cuánto...?

¿Cuánto cuesta un billete a Madrid?	**How much is** a ticket to Madrid?
¿Cuánto es la entrada al museo?	**How much is it** to get into the museum?
¿Cuántas cebollas nos quedan?	**How many** onions have we got left?
¿Cuánto se tarda en llegar?	**How long** does it take to get there?
¿Cuánto tiempo hace que trabajas aquí?	**How long** have you been working here?

To ask *where* something is, use **¿Dónde...?**.

¿Dónde...?

¿Dónde está el supermercado más cercano?	**Where's** the nearest supermarket?
¿Dónde está tu hermana?	**Where's** your sister?
¿Dónde están los servicios?	**Where are** the toilets?
¿Dónde es la reunión?	**Where's** the meeting?
¿Dónde vas?	**Where** are you going?

If you want to ask where someone or something is going to, you can use **¿Adónde...?** (*Where …to?*). However it's also acceptable to use **¿Dónde...?**.

¿Adónde...?

¿Adónde va el tren?	**Where**'s the train going **to**?
¿Adónde vas?	**Where** are you going **to**?

You use the same word **¿Hay...?** for both *Is there…?* and *Are there…?*

¿Hay...?

¿Hay una oficina de turismo por aquí cerca?	**Is there** a tourist information office round here?
¿Hay aseos para minusválidos?	**Are there** any accessible toilets?

If you want to say *What…?* or *Which…?* followed by a noun in Spanish, you use **¿Qué...?**. To find out about other ways of saying *what* and *which*, see **¿Cuál...?**.

¿Qué...?

¿Qué día es hoy? – Es jueves.	**What day**'s it today? – It's Thursday.
¿Qué hora es?	**What time is it?**
¿A qué hora quedamos?	**What time** shall we meet up at?
¿A qué hora cierran?	**What time** do they close?
¿Qué línea tengo que coger?	**Which line** do I take?
¿De **qué vía** sale el tren a Vilanova?	**Which platform** does the train for Vilanova leave from?

You also use **¿Qué...?** to mean *What…?* when a verb comes immediately afterwards. You only use **¿Qué es...?** in *What is…?* questions when you want an explanation or a definition. For information on other ways of saying *what* see **¿Cuál...?**.

¿Qué quieres?	**What** do you want?
¿Qué haces?	**What** are you doing?
¿Qué es esta medicina?	**What's** this medicine?

ASKING FOR PERMISSION

The simplest way to ask for permission to do something is using **¿Puedo...?** or **¿Se puede...?** (*Can I…?*) followed by a verb in the infinitive form. **puedo** and **puede** come from the present tense of **poder** (*to be able*). For more information on **poder**, see page 276.

¿Puedo...?

¿Puedo hacer fotos?	**Can I** take photos?
¿Me **puedo** probar esto?	**Can I** try this on?

¿Se puede...?

¿**Se puede** abrir la ventanilla?	**Can I** open the window?
¿**Se puede** fumar en el tren?	**Is** smoking **allowed** on the train?

Alternatively you can use ¿**Le importa que...?** (*Do you mind if I...?*) followed by the present subjunctive. For more information on the subjunctive, see page 262.

¿Le importa que...?

¿**Le importa que** fume?	**Do you mind if** I smoke?
¿**Le importa que** abra la ventana?	**Do you mind if** I open the window?

ASKING FOR THINGS

To ask whether something is available in a shop, hotel or other establishment, use ¿**Tienen...?** (*Do you have...?* or *Have you got...?*). **tienen** is from the verb **tener**. For more information on **tener**, see page 282.

¿Tienen...?

¿**Tienen** crema para las quemaduras del sol?	**Do you have** sunburn lotion?
¿**Tienen** otros modelos?	**Do you have** any other models?

You can use ¿**Me da...?** or **Deme...** to mean *Can I have...?* especially when asking for something at a counter or when asking someone to pass you something.

¿Me da...?

¿**Me da** dos entradas para el partido del jueves?	**Can I have** two tickets for the match on Thursday?
¿**Me da** un plano del metro?	**Can I have** a plan of the metro?

Deme...

Deme dos kilos de patatas.	**Can I have** two kilos of potatoes, please?
Deme diez sellos para el Reino Unido.	**Can I have** ten stamps for the UK, please?

If you want someone to serve you or get you something at a bar, butcher's or greengrocer's, and so on, use **¿Me pone...?** or **Póngame...** to mean *Can I have...?*. Both these forms come from **poner** (*to put*). For more information on **poner**, see page 277.

¿Me pone...?

¿Me pone seis naranjas?	**Can I have** six oranges?
¿Me pone dos cervezas?	**Can I have** two beers?

Póngame...

Póngame un zumo de naranja.	**Can I have** an orange juice, please?
Póngame medio kilo de queso manchego.	**Can I have** half a kilo of Manchego cheese, please?

To ask someone to bring you something, for instance when you're at your table in a restaurant, you can use **¿Me trae...?** or **Tráigame...** (*Can I have...?*). Both these forms come from **traer** (*to bring*). For more information on **traer**, see page 283.

¿Me trae...?

¿Me trae la cuenta?	**Can I have** the bill?
¿Nos trae más pan?	**Can we have** some more bread?

Tráigame...

Tráigame una tortilla de espinacas.	**Can I have** a spinach omelette?
Tráigame una botella de agua mineral con gas.	**Can I have** a bottle of sparkling mineral water?

To say what you'd like or what you want, you can use **quiero**
(*I want* or *I'd like*). Alternatively, you can use **quisiera** (*I'd like*).
Both **quiero** and **quisiera** come from the verb **querer**. For more
information on **querer**, see page 278.

Quiero...

Quiero dos entradas para la sesión de las ocho.	**I'd like** two tickets for the eight o'clock show.
Quiero cambiar de habitación.	**I'd like** to change rooms.
Quiero que me revisen la vista.	**I'd like** to have my eyes tested.

Quisiera...

Quisiera un impreso de solicitud.	**I'd like** an application form.
Quisiera pedir hora para el martes por la tarde.	**I'd like** to make an appointment for Tuesday afternoon.

Use **¿Puede...?** (*Can you...?*) to ask if someone can do something
for you. **puede** comes from the present tense of **poder** (*to be able*). For more information on **poder**, see page 276.

¿Puede...?

¿Puede usted darme un recibo?	**Can you** give me a receipt, please?
¿Puede traernos la carta de vinos?	**Can you** bring us the wine list, please?

Use **¿Podría...?** (*Could you...?*) to ask if someone can do
something for you. **podría** is from the verb **poder** (*to be able*). For
more information on **poder**, see page 276.

¿Podría...?

¿Podría echarle un vistazo a mi cámara?	**Could you** have a look at my camera?
¿Me **podría** mostrar cómo funciona la ducha?	**Could you** show me how the shower works?

You can use **¿Le importaría...?** (*Would you mind...?*) followed by an infinitive to ask someone if they could do something for you. Change **le** to **te** if you call them **tú**.

¿Le importaría...?

¿Le importaría mandarnos un correo para confirmar los datos?	**Would you mind** sending us an email to confirm the details?
¿Le importaría ayudarme?	**Would you mind** helping me?
¿Te importaría venir a recogerme al aeropuerto?	**Would you mind** coming to pick me up from the airport?

To say what you're looking for you can use either **busco** or **estoy buscando** (*I'm looking for*).

Busco...

Busco un hotel que no sea demasiado caro.	**I'm looking for** a hotel that isn't too expensive.
Estoy buscando un regalo para la boda de mi hermana.	**I'm looking for** a wedding present for my sister.

COMPLAINING

If you need to complain, you may want to use **falta** (*there isn't enough*) and **faltan** (*there aren't enough*).

Falta...

Falta información.	**There isn't enough** information.
Faltan sillas.	**There aren't enough** chairs.

You can also use **hay** and **no hay** to talk about what there is and what there isn't.

Hay...

No hay agua caliente.	**There isn't** any hot water.
Hay cucurachas en el piso.	**There are** cockroaches in the flat.

When something has run out, use **no queda** for singular nouns and **no quedan** for plural nouns.

No queda...

No queda papel higiénico en el servicio de señoras.	**There isn't any** toilet paper **left** in the ladies.
No quedan folletos informativos.	**There aren't any** leaflets **left**.

DESCRIBING PEOPLE AND THINGS

When you're describing people or things, use **ser** when giving characteristics that are unlikely to change in the normal course of events and **estar** when talking about more temporary qualities or when describing how someone's looking on a particular occasion. For more information on **ser** and **estar**, see page 252.

Es...

El bolso **es** rojo.	It**'s** a red bag.
Es alto y rubio.	**He's** tall and fair.
Antonio **es** muy guapo.	Antonio**'s** very handsome.

Está...

Está muy mona.	**She's looking** very pretty.
Gloria **está** muy guapa hoy.	Gloria**'s looking** great today.

tener is used to talk about features that people have. Remember that it's also used with **años** (*years*) to talk about ages.

Tiene...

Tiene los ojos azules.	**He has** blue eyes.
Tiene el pelo rizado.	**He has** curly hair.
Tiene cinco años.	**He's** five years old.
Tengo veintidós años.	**I'm** twenty-two.

EXPLAINING A PROBLEM

To say both *there is* and *there are*, use **hay**.

Hay...

Hay una araña en la bañera.	**There's** a spider in the bath.
No hay toallas en mi habitación.	**There aren't** any towels in my room.

Note that you take the past and future forms of **hay** from the verb **haber** (*to have*). For more information on **haber**, see page 271.

Hubo un incendio.	**There was** a fire.
Ha habido un accidente.	**There's been** an accident.
No había asientos libres.	**There weren't** any seats free.
¿**Habrá** suficiente tiempo?	**Will there be** enough time?

To say what you can't do, you can use **no puedo** (*I can't*) from **poder** (*to be able*). For more information on **poder**, see page 276.

No puedo...

No puedo encender el calentador.	**I can't** light the boiler.
No podemos abrir la puerta.	**We can't** open the door.

You use **no sé** instead to mean *I can't* when it's equivalent to *I don't know how to*.

No sé...

No sé hablar muy bien español.	**I can't** speak Spanish very well.
No sé cambiar una rueda.	**I don't know how to** change a wheel.

EXPRESSING OPINIONS

If you want to say that you agree with someone, you can use **estoy de acuerdo** (*I agree*).

Estoy de acuerdo

Estoy de acuerdo.	**I agree**.
Estoy de acuerdo con Mercedes.	**I agree with** Mercedes.

Use **creo que**, **me parece que** and **pienso que** to mean *I think*. If you put **no** in front of any of these, remember that the next verb must be in the present subjunctive. For more information on the subjunctive, see page 262.

Creo que...

Creo que es demasiado arriesgado.	**I think** it's too risky.
No creo que sea una marca muy buena.	**I don't think** it's a very good make.
¿**Crees que** es demasiado caro?	**Do you think** it's too expensive?

Me parece que...

Me parece que te preocupas por nada.	**I think** you're worrying about nothing.
Me parece que esta lámpara nos viene perfectamente.	**I think** this lamp will do us perfectly.
¿Te parece que nos quejemos a la dirección del hotel?	**Do you think** we should complain to the hotel management?
¿Qué te parece?	**What do you think?**
¿Qué te parece su última película?	**What do you think** of his latest film?

Pienso que...

Pienso que Sonia tiene razón.	**I think** Sonia's right.
Pienso que esta tienda es un poco cara.	**I think** this shop's a bit pricey.
No pienso que podamos hacerlo.	**I don't think** we'll be able to do it.
¿Piensas que ya lo saben?	**Do you think** they'll already know?

MAKING SUGGESTIONS ▮▮▮▮▮▮

Use **podríamos** (*we could*) if you want to suggest doing something together.

Podríamos...

Podríamos sentarnos cerca de la ventana.	**We could** sit near the window.
Podríamos ir a tomar una copa, **si quieres**.	**We could** go for a drink, **if you like**.

¿Por qué no...? (*Why don't*...?) can also be used to make a suggestion.

¿Por qué no...?

¿Por qué no vas a ver una película española?	**Why don't** you go and see a Spanish film?
¿Por qué no paseamos por el casco antiguo?	**Why don't** we walk around the old part of the town?

There are a number of ways of asking *How about…?*. You can use **¿Qué tal si…?** or **¿Qué te parece si…?** or just **¿Y si…?**, all of which are followed by a verb in the present tense. For more information on the present tense, see page 260.

¿Qué tal si…?

¿Qué tal si vemos la catedral por la tarde?	**How about** going to see the cathedral in the afternoon?
¿Qué tal si hacemos unas fotografías desde aquí?	**How about** taking some photos from here?

¿Qué te parece si…?

¿Qué te parece si cenamos a las nueve?	**How about** having dinner at nine?
¿Qué os parece si nos vemos más tarde?	**How about** meeting up later?

¿Y si…?

¿Y si vamos a la feria del vino?	**How about** going to the wine fair?
¿Y si vamos a Valencia en lugar de a Barcelona?	**How about** going to Valencia instead of Barcelona?

You can ask someone if they'd like to do something using the present tense of **querer** (*to want*). For more information on **querer**, see page 278.

¿Quieres…?

¿Quieres ir al cine?	**Would you like** to go to the cinema?
¿Queréis venir a tomar una copa?	**Would you like** to come and have a drink?

To ask someone if they fancy something, you can use ¿**Te apetece...?** with a singular noun or with a verb and ¿**Te apetecen...?** with a plural noun.

¿Te apetece...?

¿**Te apetece** un helado?	**Do you fancy** an ice cream?
¿**Os apetece** ir a tomar un café?	**Do you fancy** going for a coffee?
¿**Te apetecen** unas fresas?	**Do you fancy** some strawberries?

To offer to do something, you can use either **déjame que** or **deja que** to mean *let me* when you're talking to someone you call **tú**. They're followed by the present subjunctive. If you call the other person **usted**, use **déjeme** and **deje** instead. For more information on the subjunctive, see page 262.

Déjame que...

Déjame que pague yo.	**Let me** pay for this.
Deja que abra yo la puerta.	**Let me** open the door.
Déjeme que le lleve la maleta.	**Let me** take your suitcase.

Use ¿**Te viene bien que...?** followed by the present subjunctive to ask *Is it ok with you if...?*. For more information on the subjunctive, see page 262.

¿Te viene bien que...?

¿**Te viene bien que** me pase por tu oficina mañana?	**Will it be ok if** I call at your office tomorrow?
¿**Te viene bien que** te envíe la factura por correo?	**Is it all right with you if** I post you the invoice?

If you want to say what would suit you better, you can use **...me vendría mejor** (*...would be better for me*).

...me vendría mejor

El viernes **me vendría mejor**.	Friday **would be better for me**.
Me vendría mejor quedar contigo allí.	It **would suit** me **better** to meet you there.

SAYING WHAT'S HAPPENED

To talk about what has happened, you can use the present of
haber (*to have*) and the form of the verb ending in **–ado** or **–ido**
(the past participle). For more information on **haber** and the
past participle, see page 257.

He...

He tenido un accidente.	**I've had** an accident.
Creo que **me he roto** el brazo.	I think **I've broken** my arm.
Creo que **se ha roto** la pierna.	I think **he's broken** his leg.

SAYING WHAT YOU HAVE TO DO

Use the present of **tener** (*to have*) followed by **que** and an
infinitive to say what you have *to* do or what you need *to* do.
For more information on **tener**, see page 282.

Tengo que...

Tengo que estar en el aeropuerto para las siete.	**I've got to** be at the airport by seven o'clock.
Tengo que comprarme unos zapatos.	**I need to** buy some shoes.
Tenemos que darnos prisa.	**We must** hurry.

To say what you must do, you can also use the present of **deber**
(*to have to*). For more information on **deber**, see page 264.

Debo...

Debo devolverle el dinero esta semana.	**I must** give him the money back this week.
No debes decírselo a nadie.	**You mustn't** tell anyone.

To talk about what you should do, use **debería** followed by an infinitive. **debería** is from the verb **deber** (*to have to*). For more information on **deber**, see page 264.

Debería...

Debería llamar a Ana.	**I should** call Ana.
Deberías venir a visitarnos.	**You should** come and see us.
Deberíamos limpiar el cuarto de baño.	**We should** clean the bathroom.

Hay que is a way of saying what has to be done. It is a fixed expression that stays the same no matter who has to carry out the action.

Hay que...

Hay que devolver el coche antes de las tres.	**You have to** get the car back before three.
Hay que enseñar el carnet de conducir.	**You have to** show your driving licence.
Hay que levantarse temprano para coger el avión.	**We must** get up early if we're to catch the plane.

SAYING WHAT YOU LIKE, DISLIKE, PREFER

When it comes to saying what you like, what you love and what you don't like, you have to remember that the verbs **gustar** and **encantar** work rather differently from *like* and *love*. Use **me gusta** (*I like*) and **me encanta** (*I love*) with verbs and singular nouns and **me gustan** (*I like*) and **me encantan** (*I love*) with plural nouns.

Me gusta...

Me gusta el chocolate.	**I like** chocolate.
Me gustan más éstos.	**I like** these ones **better**.
¿**Te gusta** viajar en avión?	**Do you like** flying?
No me gustan las setas.	**I don't like** mushrooms.
No me gustan nada las películas de terror.	**I don't like** horror films **at all**.

Me encanta...

Me encanta la ópera.	**I love** opera.
Me encantan las gangas.	**I love** bargains.

Use the present tense of **preferir** to talk about what you prefer.

Prefiero...

Prefiero el verde.	**I prefer** the green one.
Prefiero las películas españolas **a** las americanas.	**I prefer** Spanish films **to** American ones.
Prefiero ir al cine **que** al teatro.	**I prefer** going to the cinema **to** going to the theatre.

SAYING WHAT YOU WANT TO DO

To say what you'd like to do and what you'd love to do, you can use **me gustaría** (*I'd like to*) and **me encantaría** (*I'd love to*).

Me gustaría...

Me gustaría quedarme aquí para siempre.	**I'd like to** stay here for ever.
Me gustaría ganar más dinero.	**I'd like to** earn more money.
Nos gustaría ir a la feria del vino.	**We'd like to** go to the wine fair.

Me encantaría...

Me encantaría ver las pinturas rupestres de Altamira.	**I'd love to** see the cave paintings at Altamira.
Eso **me encantaría**.	**I'd love** that.

To talk about what you'd rather do, you can use **prefiero** and **preferiría** from **preferir** (*to prefer*).

Prefiero...

Prefiero comer fuera.	**I'd rather** eat outside.
Prefiero dejarlo para mañana.	**I'd rather** leave it till tomorrow.

Preferiría...

Preferiría hacer mis compras por Internet.	**I'd rather** do my shopping online.
Preferiría comprar sólo productos de la zona.	**I'd prefer** to buy only local produce.

You can use **quiero** to talk about what you want *to* do or what you'd like *to* do. It's from the verb **querer** (*to want*). For more information on **querer**, see page 278.

Quiero...

Quiero comprar un regalo para mi hermana.	**I want to** buy a present for my sister.
Quiero cambiar de habitación.	**I'd like to** change rooms.
No quiero llegar tarde.	**I don't want to** be late.
No queremos gastar mucho dinero.	**We don't want to** spend a lot of money.

To say what you want or would prefer someone else to do, you can use **quiero que** (*I want*) and **prefiero que** (*I'd rather*) followed by the subjunctive. For more information on the subjunctive, see page 262.

Quiero que...

Quiero que vengas conmigo.	**I want** you **to** come with me.
No quiero que vayas.	**I don't want** you **to** go.

Prefiero que...

Prefiero que lo hagas tú.	I'd rather you did it.
¿Prefieres que pase a recogerte?	Would you rather I came and picked you up?

TALKING ABOUT YOUR PLANS

To talk about your plans, you can use either **tengo la intención de** or **tengo pensado**. They both mean *I'm planning to* and are followed by the infinitive.

Tengo la intención de...

Tengo la intención de alquilar un coche.	I'm planning to hire a car.
Tenemos la intención de ir por la costa.	We're planning to drive along the coast.

Tengo pensado...

Tengo pensado visitar a un amigo mío.	I'm planning to visit a friend of mine.
Tenemos pensado ir a la galería de arte el martes.	We're planning to go to the art gallery on Tuesday.

If you want to say what you're thinking of doing, you can use **estoy pensando en** (*I'm thinking of*) followed by an infinitive.

Estoy pensando en...

Estoy pensando en comprarme un ordenador nuevo.	I'm thinking of buying a new computer.
Estamos pensando en pintar la cocina.	We're thinking of painting the kitchen.

If you want to say what you're going to do, you can use the present of **ir** (*to go*) followed by **a** and an infinitive. For more information on **ir**, see page 273.

Voy a...

Voy a ver un piso esta semana.	**I'm going to** see a flat this week.
Voy a ver al director de mi banco esta tarde.	**I'm going to** see my bank manager this afternoon.
Mañana **vamos a** ir a la feria.	Tomorrow **we're going to** go to the fair.

To talk about your hopes you can use **espero** (*I hope* or *I'm hoping*) followed by an infinitive or followed by **que** (*that*) and the present subjunctive. For more information on **–ar** verbs like **esperar**, see page 257. For more information on the subjunctive, see page 262.

Espero...

Espero encontrar algo que pueda ponerme para la boda.	**I'm hoping to** find something I can wear to the wedding.
Espero que nos volvamos a ver.	**I hope** we'll see each other again.

To say what you may do, you can use **quizás** or **tal vez** (*perhaps*) followed by the present subjunctive. For more information on the subjunctive, see page 262.

Quizás...

Quizás vaya al teatro.	**I may** go to the theatre.
Quizás haga una fiesta.	**I may** have a party.

Tal vez...

Tal vez vayamos al cine.	**We may** go to the cinema.
Tal vez me pase por tu casa mañana.	**I may** drop in tomorrow.

One-stop
phrase shop

¡Mucho gusto! – Pleased to meet you!

Every day we use a variety of ready-made phrases that just trip off our tongues in English, such as *take a seat*, *hurry up*, *congratulations*, *happy birthday*, *have a nice day*, *thanks* and *the same to you*. In this unit we'll give you all the phrases of this sort that you'll need in Spanish, so that you can say the appropriate thing with confidence.

CONTENTS

One-stop phrase shop

Creating a good first impression is important, so you'll want to say *hello* to people properly. Just as in English, there are several ways of doing this in Spanish. You can simply use **hola** (*hello* or *hi*) on its own. You can also use **buenos días** (*good morning*), **buenas tardes** (*good afternoon* or *good evening* – provided it's still light) and **buenas noches** (*good evening* – once it's dark). Spanish speakers often use both together, as in **hola, buenos días** and **hola, buenas tardes**.

Hello

Hola.	Hello *or* Hi.
Buenos días.	Good morning.
Hola, buenos días.	Good morning.
Buenas tardes.	Good afternoon.
Buenas noches.	Good evening.

¿LO SABÍAS?
When you pass friends and acquaintances in the street and don't stop to talk, rather than saying **hola** you say **hasta luego** or **adiós**.

Goodbye

¡Adiós!	Goodbye!
¡Adiós a todos!	Goodbye, everyone!
¡Buenas noches!	Good night!

¿LO SABÍAS?
buenas noches means both *good evening* and *good night*. So you use it both when arriving at and leaving somewhere in the evening. When saying goodbye to someone you know you'll see tomorrow, such as a colleague, you say **hasta mañana** (*see you tomorrow*).

One-stop phrase shop

See you!

¡**Hasta** luego!	**See you**!
¡**Hasta** mañana!	**See you** tomorrow!
¡**Hasta** otra!	**See you** again.
¡**Hasta** el lunes!	**See you** on Monday!

¿**LO SABÍAS?**
In the same way that in English we often say *Take care!* or *Look after yourself!* when saying goodbye, in Spanish you can say ¡**Cuídate!**, which means the same thing.

When you're introduced to someone, you need to know what to say. The traditional **encantado** and **mucho gusto** are only used in formal or business situations these days, and very often people just say ¡**Hola! ¿Qué tal?**.

How do you do?

¡Hola! ¿Qué tal? – ¡Hola! ¿Qué tal?	How do you do? – How do you do?
Mucho gusto. – Igualmente.	Pleased to meet you. – Pleased to meet you too.
Encantado de conocerte. – Igualmente.	Pleased to meet you. – Pleased to meet you too.

¿**LO SABÍAS?**
Remember to use **encantada de conocerte** rather than **encantado de conocerte** if you're female.

Even if you don't need to welcome anybody, you will probably hear ¡**Bienvenido!** (*Welcome!*).

Welcome to...!

¡**Bienvenido**!	**Welcome**!
¡**Bienvenida a** España!	**Welcome to** Spain!
¡**Bienvenidos a** Madrid!	**Welcome to** Madrid!

One-stop phrase shop

The ending of **bienvenido** depends on whether you're welcoming a man (**bienvenido**), a woman (**bienvenida**), a group of males or a mixed group (**bienvenidos**) or just females (**bienvenidas**).

How lovely to see you!

¡Qué alegría verte de nuevo!	How lovely to see you again!
¡Cuánto tiempo sin verte!	I haven't seen you for ages!

As in English, there are several ways you can ask someone how they are in Spanish and a variety of ways to reply.

How are you?

¿**Cómo estás**? – Muy bien, ¿y tú?	**How are you**?- Fine thanks, and you?
¿**Cómo te va**?	**How are things**?
¿**Qué tal**?	**How are you**?
¡Hola! ¿**Qué pasa**?	Hello! **How are things**?
¿**Cómo te encuentras**?	**How are you feeling**?
¿**Estás bien**?	**Are you ok**?

I'm...

Muy bien, gracias. ¿Y tú?	I'm fine thanks. And you?
¡Regular!	Not too bad!
Vamos tirando.	Getting by.
No me puedo quejar.	Can't complain.
Mucho mejor, gracias.	A lot better, thanks.

If someone asks you ¿**Qué tal**? (*How are you?*) you can either use one of the comments above to reply or you can just say ¿**Qué tal**? back.

A knock at the door

¿Hay alguien?	Is anybody in?
¿Quién es?	Who is it?
¡Ya voy!	I'm coming!

One-stop phrase shop

Asking someone in

¡Pasa, pasa!	Come in!
¡Tú primero!	After you!
¡Siéntate!	Do sit down!
Estás en tu casa.	Make yourself at home.

¿LO SABÍAS?
Remember to use **¡Pase!**, **¡Siéntese!** and **¡Usted primero!** to
someone you talk to as **usted**.

PLEASE AND THANK YOU

To a Spanish ear, you may sound unnatural, overformal and
foreign if you pepper your requests with **por favor** the way we
use *please* in English. Think of **por favor** as being an entirely
optional addition to any request, and one which should not be
overused or repeated continually.

Please

Un paquete de arroz, **por favor**.	A packet of rice, **please**.
Por favor, ¿me puede decir la hora?	Could you tell me the time, **please**?
¿Me pone una jarra de cerveza?	Can I have a mug of beer, **please**?
Póngame dos kilos de naranjas.	Two kilos of oranges, **please**.
Sí, **por favor**.	Yes, **please**.
Sí, **gracias**.	Yes, **please**.

¿LO SABÍAS?
To say *yes, please*, you can use either **sí, por favor** or **sí, gracias**.

Thank you!

¡Gracias!	**Thanks**!
¡Muchas **gracias**!	**Thank you** very much!
Muchas **gracias** por tu carta.	**Thank you** very much for your letter.
No, **gracias**.	No, **thank you**.

222

The commonest response to **gracias** is **de nada** (*not at all*). But you will also hear **¡No hay de qué!** (*Don't mention it!*).

Not at all

¡De nada!	Not at all! *or* You're welcome!
¡No hay de qué!	Don't mention it!

ATTRACTING SOMEONE'S ATTENTION

To attract someone's attention, you can use **perdone** or **oiga** followed optionally by **por favor**.

Excuse me!

¡Perdone, por favor!	**Excuse me**, please!
¡Oiga, por favor!	**Excuse me**, please!
¡Oiga, señora!	**Excuse me**!

MAKING SURE YOU'VE UNDERSTOOD

Sometimes you might have problems understanding what's been said or finding the right words to say what you want to say in Spanish. Here are some useful phrases to help you when this happens.

I don't understand

Perdona, pero **no te entiendo**.	Sorry, **I don't understand**.
Perdona, pero **no he entendido** lo que has dicho.	Sorry, **I didn't understand** what you said.
¿Puedes repetir eso, por favor? **No lo he entendido**.	Please could you repeat that? **I didn't understand**.

How do you say...?

¿**Cómo se dice** 'driving licence' en español?	**How do you say** 'driving licence' in Spanish?
¿**Cómo se llama** esto en español?	**What's** this **called** in Spanish?

Would you mind... ?

¿**Le importa** repetir lo que ha dicho?	**Would you mind** repeating what you said?
¿**Te importa** hablar más despacio?	**Would you mind** speaking more slowly?

What...?

Perdona, ¿**qué** has dicho?	Sorry, **what** did you say?
Perdona, ¿**qué** significa 'azafata'?	Sorry, **what** does 'azafata' mean?

CHECKING FACTS

To check your facts, you can use ¿**verdad?**, ¿**no es verdad?** and ¿**no?**, which are used on the end of statements rather in the way we use *isn't it?*, *did you?*, *haven't you?* and so on in English.

...isn't it?

Es nuevo, ¿**verdad**?	It's new, **isn't it**?
No os gustó, ¿**verdad**?	You didn't like it, **did you**?
Tú estabas allí, ¿**no es verdad**?	You were there, **weren't you**?
Ya has estado en Salamanca, ¿**no**?	You've been to Salamanca before, **haven't you**?
Te quedaste en el hotel, ¿**no**?	You stayed at the hotel, **didn't you**?

To say that you hope someone has a good time, has a good weekend or gets a good night's sleep, a very useful structure is **que** followed by a verb in the present subjunctive. For more information on the subjunctive, see page 262.

Have...!

¡**Que** te lo pases bien!	**Have** a good time!
¡**Que** tengas un buen fin de semana!	**Have** a great weekend!
¡**Que** te diviertas!	**Have** fun!
¡**Que** descanses!	Sleep well!
¡**Que** te mejores!	**Get** well soon!
¡**Que** aproveche!	**Enjoy** your meal!
¡**Que** te vaya todo bien!	All the best!

Happy...!

¡**Feliz** Navidad!	**Happy** Christmas!
¡**Feliz** Año Nuevo!	**Happy** New Year!
¡**Feliz** cumpleaños!	**Happy** Birthday!
¡**Feliz** aniversario!	**Happy** anniversary!
¡**Felices** vacaciones!	**Enjoy your** holiday!

¿LO SABÍAS?

¡igualmente! (*the same to you!*) is a particularly useful word socially. Use it in reply to the above expressions if you want to wish the other person the same thing back.

Good luck!

¡**Suerte**!	**Good luck**!
¡**Suerte** con el examen!	**Good luck** in your exam!
¡**Suerte** con el nuevo trabajo!	**Good luck** in your new job!
¡**Ojalá que tengas suerte**!	**Good luck**!

Have a good...!

¡**Buen** viaje!	**Have a good** trip!
¡**Buen** provecho!	**Enjoy** your meal!
¡**Salud**!	**Cheers**! *or* **Your good health**!

One-stop phrase shop

225

APOLOGIZING

To say *I'm sorry*, you can use **perdona** (to someone you call **tú**) and **perdone** (to someone you call **usted**). Alternatively, especially if you've done something more serious, you can use **lo siento**.

I'm sorry

Perdona.	**I'm sorry**.
Perdone que llegue tarde.	**I'm sorry** I'm late.
¡**Lo siento**!	**I'm sorry**!
¡**Lo siento mucho**!	**I'm really sorry**!
¡**Lo siento muchísimo**!	**I'm so sorry**!

¿LO SABÍAS?
If you need to get past someone, or if you bump into them, just say **perdón** (*excuse me* or *sorry*).

REASSURING SOMEONE

If someone apologizes to you or if they tell you about something they've accidentally done, you can reassure them by saying **no pasa nada** (*it doesn't matter* or *forget about it*). There are also a number of other expressions you can use.

It doesn't matter

No pasa nada.	It doesn't matter. *or* Forget about it.
No importa.	Never mind.
No tiene importancia.	It doesn't matter.
¡Tranquilo!	Relax! *or* Don't worry!
No se preocupe.	Don't worry about it.
No hay ningún problema.	Don't worry about it.

¿LO SABÍAS?
Use **tranquila** rather than **tranquilo** if you're talking to someone female.

One-stop phrase shop

OPINIONS

To express your opinion in Spanish, you can use **creo que**,
pienso que and **me parece que**, all of which mean *I think*.

I think so

Creo que sí.	I think so.
Me parece que sí.	I think so.
Supongo que sí.	I suppose so.
Espero que sí.	I hope so.

I don't think so

Creo que no.	I don't think so.
Me parece que no.	I don't think so.
Supongo que no.	I suppose not.
Espero que no.	I hope not.

I'm not sure

No estoy seguro.	I'm not sure.
No lo veo muy claro.	I'm not sure.
No lo sé.	I don't know.
¿Estás seguro?	Are you sure?

I don't mind

Me da igual.	I don't mind.
No me importa.	I don't mind.
Me es igual.	It's all the same to me.

In this section you'll find lots of natural, everyday expressions to help you agree, disagree or say you're not sure.

Yes

Sí.	Yes.
Es verdad.	That's *or* It's true.
Tienes razón.	You're right.
Estoy totalmente de acuerdo.	I totally agree.
¡Exacto!	Exactly!

If someone asks you to do something, particularly useful phrases are **¡De acuerdo!** and **¡Vale!** (*OK!*) as well as **claro** (*of course*).

OK!

¡De acuerdo!	OK!
¡Vale!	OK!

Of course

Sí, claro.	Yes, of course.
¿Me echas una mano? – Claro que sí.	Will you give me a hand? – Of course I will.
¡Por supuesto!	Of course!
¡Por supuesto que sí!	Yes, of course.

You can use the phrases below to disagree, or to say that you are unable to do something.

No

No.	No.
No es verdad.	That's not true.
No puede ser.	That's impossible.
No me lo creo.	I don't believe it.

One-stop phrase shop

I can't

Me gustaría pero **no puedo**.	I'd like to but **I can't**.
Me temo que **no puedo**.	I'm afraid **I can't**.
Lo siento. **Me es imposible**.	I'm sorry. I'm afraid **I can't**.

There are a few phrases you can use if you don't want to commit yourself.

Perhaps

Quizás.	Perhaps.
Puede ser.	Possibly.
Depende.	It depends.
Puede que tengas razón.	You may be right.
Si puedo, sí.	Yes, if I can.

CONGRATULATING SOMEONE

To congratulate someone on their success, there are lots of useful phrases you can use such as **¡Enhorabuena!** and **¡Felicidades!** (*Congratulations!*). Spanish speakers often add **hombre** in expressions like these. It's just to make the expression more emphatic and is said to both men and women.

Congratulations!

¡Hombre, **enhorabuena**!	**Congratulations**!
¡Felicidades!	**Congratulations**!
¡Felicidades por el ascenso!	**Congratulations** on your promotion!
¡Enhorabuena por aprobar los exámenes!	**Congratulations** on passing your exams!
Te felicito por el premio.	**Congratulations** on winning the prize.

me alegro (literally *I'm happy* or *I'm pleased*) is a very useful expression to use when someone tells you that they're well or that something good has happened to them.

That's good

Me alegro.	That's good.
Me alegro muchísimo.	That's very good news.
¡Cuánto me alegro!	I'm so pleased for you!
¡Hombre, qué alegría!	How wonderful!
¡Qué excelente noticia!	What wonderful news!
¡Qué bien!	That's great!
¡Estupendo!	Fantastic!

To say you're sorry about something bad that's happened, some very common expressions are **lo siento** (*I'm sorry*), **lo siento mucho** (*I'm very sorry*) or **lo siento de veras** (*I'm really sorry*).

I'm sorry

Lo siento.	**I'm sorry**.
Lo siento mucho.	**I'm** very **sorry**.
Lo siento de veras.	**I'm** really **sorry**.
Siento mucho lo que pasó.	**I'm** so **sorry about** what happened.
Siento que lo hayas pasado tan mal.	**I'm sorry** you've had such a bad time.
Sentí mucho lo de tu tía.	**I was** so **sorry** to hear about your aunt.

> **¿LO SABÍAS?**
> As you'll see from the examples above, if you say what you're sorry about rather than just *I'm sorry* on its own, you use **siento** without the **lo**.

There are lots of useful expressions which mean *things could be worse* or *it's not that bad*; for example, **no es para tanto** (*it's not as bad as all that*).

It's not as bad as all that

No es para tanto.	It's not as bad as all that.
¡Anímate! Podría haber sido peor.	Cheer up! It could have been worse.
Hay cosas peores.	Things could be worse.

EXCLAMATIONS

In English we often use *What a…!* and *How…!* when saying how something affects us or how we feel about it. In Spanish, you just use **¡Qué…!** for both. The English *a* is not translated.

What a…!

¡Qué susto!	**What a** fright!
¡Qué sorpresa!	**What a** surprise!
¡Qué lástima!	**What a** shame!
¡Qué burro soy!	**What an** idiot I am!

When you're emphasizing a particular characteristic of something, as in *What a beautiful necklace!*, put **más** or **tan** and the appropriate adjective after the noun.

¡Qué edificio más bonito!	**What a** beautiful building!
¡Qué restaurante más caro!	**What an** expensive restaurant!
¡Qué plato tan exótico!	**What an** exotic dish!

How…!

¡Qué interesante!	**How** interesting!
¡Qué mal!	**How** awful!
¡Qué bonito!	**Isn't it** pretty!
¡Qué decepción!	**How** disappointing!

SURRISE

There are many ways you can express surprise in everyday Spanish. Here are some of them.

¡Es increíble!	That's incredible!
¡Qué sorpresa!	What a surprise!
¡No me lo puedo creer!	I can't believe it!
¡No puede ser!	That's impossible.
¡Vaya!	Well, what do you know!
¿En serio?	Really?
¡Dios mío! ¡Es tardísimo!	Goodness! It's very late.

ENCOURAGING SOMEONE

If you need to hurry someone up or get them to do something, you can say **¡Vamos!** or **¡Venga!** (*Come on!*).

Come on!

¡Vamos, no te entretengas!	**Come on**! Let's go!
¡Vamos! Que se nos hace tarde.	**Hurry up**! We're going to be late.
¡Venga, no te desanimes!	**Come on**! Don't get discouraged!
Venga, ¡date prisa! Que nos están esperando.	**Come on**! Hurry up! They're waiting for us.

HANDING SOMEONE SOMETHING

If you're handing someone something, you can say **toma**, **ten** or **aquí tienes** (or the **usted** forms **tome**, **tenga** and **aquí tiene**). They all mean *here you are*.

Here you are

Toma.	Here you are.
Ten.	Here you are.
Aquí tienes.	Here you are.

DANGERS AND EMERGENCIES

There are certain phrases it's useful to know in certain circumstances, for example, when you need help or want to warn someone about something. Here are some of them, though let's hope you never have to understand or use them for real.

¡Cuidado!	Look out!
¡Ten cuidado!	Be careful!
¡Ojo con el bolso!	Watch your bag!
¡Al ladrón!	Stop thief!
¡Socorro!	Help!
¡Ayúdenme!	Help me!
¡Fuego!	Fire!

SPEAKING YOUR MIND

If you get into an argument, here are some very common phrases which may come in handy!

For goodness sake!

¡Por Dios!	For goodness sake!
¿Pero qué haces?	What do you think you're doing?
¿Quién te crees que eres?	Who do you think you are?
¿Y ahora qué?	Yes, and...?
No me lo creo.	I don't believe it.
De eso ni hablar.	It's out of the question.
¡Chorradas!	Nonsense!

CONVERSATIONAL WORDS

Just as in English, there are lots of Spanish words and expressions for linking different points together or for showing what your attitude towards something is. Here are the most useful of them.

además

Estoy cansada y **además** simplemente no me apetece ir.	I'm tired and **anyway** I just don't feel like going.
Además, no tienes nada que perder.	**Besides**, you've got nothing to lose.

al final

¿Conseguiste dar con él **al final**?	Did you manage to get hold of him **in the end**?

al fin y al cabo

Al fin y al cabo, no estaba tan mal.	**At the end of the day**, it wasn't that bad.

así es

¿Está usted aquí de vacaciones? – Sí, **así es**.	Are you here on holiday? – Yes, **that's right**.

aún así

Aún así, es extraño...	**Still**, it is strange...

bueno

¡**Bueno**! Haremos lo que tú quieras.	**All right**! We'll do whatever you want.

claro

¿Te gusta el fútbol? – ¡**Claro que sí**! No se lo dirás, ¿verdad? – ¡**Claro que no**!	Do you like football? – **Of course I do**! You won't tell her, will you? – **Of course not**!

desde luego

¡**Desde luego** que me gusta!	**Of course** I like it!

de todos modos

De todos modos, está cubierto por el seguro.	**Anyway**, it's covered by the insurance.

¿LO SABÍAS?
Note that you can also use **de todas formas** and **de todas maneras** in exactly the same way as you use **de todos modos**.

¿de verdad?

¿**De verdad**?, no lo sabía. Decidí no invitarla. – ¿**De verdad**?	**Really**?, I didn't know. I decided not to invite her. – **Really**?

One-stop phrase shop

entonces

¿**Entonces** qué hacemos?	**So** what shall we do?
Entonces, pues hasta mañana.	**Right**, see you tomorrow then.

está bien

Está bien, lo haré.	**All right**. I'll do it.

la verdad es que

La verdad es que dejé de fumar hace dos meses.	**Actually**, I stopped smoking two months ago.

por cierto

Por cierto, ¿todavía tocas el saxo?	Do you still play the sax, **by the way**?

pues

Estoy cansada. - **Pues** vete a la cama.	I'm tired. – Go to bed, **then**.

primero

Primero, haremos las compras.	**First**, we'll do the shopping.

vale

¿Vamos a picar algo? – ¡**Vale**!	Shall we have a bite to eat? – **OK**!

venga

¡**Venga**, vámonos!	**Come on**! Let's get going!

The gender of nouns

In Spanish all nouns are either masculine or feminine:

• **el** or **un** before a noun usually tells you that it is masculine
• **la** or **una** before a noun tells you that it is feminine

Whenever you are using a noun, you need to know whether it is masculine or feminine as this affects the form of other words used with it, such as:

• adjectives that describe it
• articles that go before it
• pronouns that replace it

Adjectives, articles and pronouns are also affected by whether a noun is singular or plural.

• **los** or **unos** before a noun tells you that it is masculine plural
• **las** or **unas** before a noun tells you that it is feminine plural

Nouns referring to people

Most nouns referring to men and boys are masculine.

| el hombre | the man |
| el rey | the king |

Most nouns referring to women and girls are feminine.

| la mujer | the woman |
| la reina | the queen |

Nouns ending in an **–o** when they refer to males can usually be made feminine by changing the **–o** to **–a**.

el chico	the boy
la chica	the girl
un hermano	a brother
una hermana	a sister

Many masculine nouns ending in a consonant become feminine by adding an **–a**.

el profesor	the teacher (*male*)
la profesora	the teacher (*female*)
un español	a Spaniard (*male*)
una española	a Spanish woman

Nouns referring to things

In English we call all things – for example, *table, car, book* – the neuter 'it'. In Spanish, however, all nouns for things are either masculine or feminine.

There are a number of rules to tell you which nouns are masculine and which are feminine:

• words ending in **–a** are generally feminine, for example, **la casa** (*the house*), **la cara** (*the face*)

• words ending in **–o** are generally masculine, for example, **el periódico** (*the newspaper*), **el libro** (*the book*)

• words ending in **–ción** and **–sión** are generally feminine, for example, **la estación** (*the station*), **la procesión** (*the procession*)

• words ending in **–tad**, **–dad** and **–tud** are usually feminine, for example, **la ciudad** (*the city*), **la libertad** (*freedom*), **la multitud** (*the crowd*)

In addition, names of days of the week and months of the year are masculine, as are the names of languages, for example, **el lunes** (*Monday*), **el inglés** (*the English language*).

There are some common exceptions to these rules:

• although they end in **–a**, **el día** (*the day*), **el mapa** (*the map*), **el problema** (*the problem*) and **el programa** (*the programme*) are masculine, as are many other words ending in **–ma**

• although they end in **–o**, **la radio** (*the radio*), **la moto** (*the motorbike*) and **la mano** (*the hand*) are all feminine

ARTICLES

Translating *the*

Spanish articles – the words for *the* and *a* – vary according to the noun they are used with: whether it is masculine, feminine, singular or plural. The definite article *the* in English can be translated as:

	with masculine nouns	with feminine nouns
singular	**el**	**la**
plural	**los**	**las**

el tren	**the** train
la autopista	**the** motorway
los papeles	**the** papers
las llaves	**the** keys

> **¿LO SABÍAS?**
> Note that, for pronunciation reasons, the masculine singular forms **el** (*the*) and **un** (*a, an*) are also used with a few feminine nouns that start with a stressed **a** sound, for example, **el agua** (*water*) or **el hacha** (*axe*), where the h is silent.

When using **el** with the prepositions **a** or **de**, the preposition and the article combine to make a new form:

• **a + el → al** and **de + el → del**

al cine	**to** the cinema
del cine	**from/of** the cinema

Translating *a, an*

The indefinite articles *a* and *an* in English can be translated as **un** or **una** depending on whether the word they are used with is maculine or feminine.

un viaje	**a** trip
una reunión	**a** meeting

The words for *the* (**el**, **la**) and *a* (**un**, **una**) are not always used in Spanish as they are in English.

Es profesor.	He's **a** teacher.
Me duele **la** garganta.	I've got **a** sore throat.
Es **la** una.	It's one o'clock.

PRONOUNS

Subject pronouns

Here are the subject pronouns in Spanish:

yo	I
tú (*informal, singular*)	you
él	he
ella	she
usted (*formal, singular*)	you
nosotros (*masculine*)	we
nosotras (*feminine*)	we
vosotros (*informal, masculine plural*)	you
vosotras (*informal, feminine plural*)	you
ellos (*masculine*)	they
ellas (*feminine*)	they
ustedes (*formal, plural*)	you

> **¿LO SABÍAS?**
> There is an accent on **tú** (*you*) and **él** (*he*) so that they are not
> confused with **tu** (*your*) and **el** (*the*). **usted** and **ustedes** are often
> abbreviated to **Vd.** and **Ud.** and **Vds.** and **Uds.** in writing.

In English we nearly always use subject pronouns when we use a verb. In Spanish
you don't usually need them as the verb endings and the context make it clear who
the subject is. For example **hablo español** can only mean *I speak Spanish* as the **–o**
verb ending can only relate to the pronoun *I*. And although **están en Madrid** could
mean either *they're in Madrid* or *you're in Madrid*, it will be obvious from what's being
talked about which is meant.

Tenemos dos coches.	**We've** got two cars.
Es verde.	**It's** green.
Está cansada.	**She's** tired.
Soy francés.	**I'm** French.
Hace frío.	**It's** cold.

> **¿LO SABÍAS?**
> There isn't a subject pronoun referring to *it*. Just use the third
> person singular of the verb as in the last example.

You often use **usted** and **ustedes** for politeness, even if they are not really needed.

Pasen **ustedes** por aquí.	Please come this way.

You do use subject pronouns in Spanish, however, for:

• emphasis

| **Ellos** sí que llegaron tarde. | **They** arrived really late. |

• contrast and clarity

| **Yo** estudio francés pero **él** estudia inglés. | I study French but **he** studies English. |

• after **ser** (*to be*)

| Soy **yo**. | It's **me**. |

• in comparisons, after **que** and **como**

| Antonio es más alto que **tú**. | Antonio is taller than **you**. |

How do you say *you* in Spanish?

In English we have only one way of saying *you*. In Spanish there are several words to choose from. The word you use in Spanish depends on:

• whether you are talking to one person or more than one person
• whether you are talking to a friend or family member or someone else

If you are talking to a person you know well, such as a friend or relative, or if talking to a child or someone much younger than you, use **tú** and the **tú** form of the verb.

| ¿Me prest**as** este CD? | Will **you** lend me this CD? |
| **Tú** no tienes por qué venir. | **You** don't need to come. |

If you are talking to someone you don't know so well, such as a stranger, an older person, your boss or your teacher, use **usted** and the **usted** form of the verb.

| ¿Conoce **usted** a mi mujer? | Have **you** met my wife? |

If you are talking to more than one person you know well, such as friends or relatives, or if you are talking to children or people much younger than you, in Spain use **vosotros** (or **vosotras** if you are only talking to women) and the **vosotros** form of the verb. In Latin America use **ustedes**.

| ¿Entend**éis**, niños? | Do you understand, children? |

If you are talking to more than one person you do not know so well, particularly to strangers, in hotels, information offices and so forth, or in a business situation, use **ustedes**.

Pasen **ustedes** por aquí.	Please come this way.

Object pronouns

In English we also have object pronouns such as *me*, *him* and *them*. It's the same in Spanish except that they differ depending on whether they are direct object pronouns, indirect object pronouns or pronouns used after prepositions.

Direct objects are ones which refer to the person or thing directly affected by the action of the verb, for example, the words *her* and *it* in the following sentences: *He kissed her*; *He sold it*.

Here are the direct object pronouns in Spanish:

me	me
te	you (*singular – corresponds to* **tú**)
lo	him, you (*singular – corresponds to masculine* **usted**), it (*masculine singular*)
la	her, you (*singular – corresponds to feminine* **usted**), it (*feminine singular*)
nos	us
os	you (*plural – corresponds to* **vosotros**)
los	them (*masculine plural*), you (*plural – corresponds to masculine* **ustedes**)
las	them (*feminine plural*), you (*plural – corresponds to feminine* **ustedes**)

Indirect objects are the ones that show the person or thing an action is intended to benefit or harm. In English they are often preceded by *to* or *for*. For example, the word *me* in the following sentences: *He sent me an email*; *He sent an email to me*; *Can you get me a towel?*, *Can you get a towel for me?*

Here are the indirect object pronouns in Spanish.

me	(to/for) me
te	(to/for) you (*singular – corresponds to* **tú**)
le	(to/for) him, her, you (*singular – corresponds to usted*), it (*masculine singular*)
nos	(to/for) us
os	(to/for) you (*plural– corresponds to* **vosotros**)
les	(to/for) them, you (*plural – corresponds to* **ustedes**)

Object pronouns go before most verb forms.

Te quiero.	I love **you**.
Los compré.	I bought **them**.
¡No **lo** abra!	Don't open **it**!
Les mandé una carta.	I sent **them** a letter.

Object pronouns are tacked onto the end of orders telling you to do something. They can also be tacked onto the end of infinitives and gerunds (the **–ando** and **–iendo** forms of verbs). However, if another verb goes before the infinitive or gerund, you can often choose whether to put the pronoun on the end of the infinitive or gerund or before the other verb.

¡Haz**lo** tú!	Do **it** yourself!
No puedo vender**lo**.	I can't sell **it**.
No **lo** puedo vender.	I can't sell **it**.
Estoy construyéndo**la**.	I'm building **it**.
La estoy construyendo.	I'm building **it**.

¿LO SABÍAS?

In written Spanish, if adding one or more pronouns to the end of an infinitive or gerund, you will often have to add an accent to keep the verb stress in its normal place.

When there are two object pronouns in the same sentence, the indirect one goes before the direct one.

Me lo dio ayer.	He gave **it to me** yesterday.
Te lo enviaré.	I'll send **it to you**.
¿Puedo dár**telo**?	Can I give **it to you**?
¿**Te lo** puedo dar?	Can I give **it to you**?

You have to use **se** instead of **le** and **les** when combining indirect and direct object pronouns. Because **se** can mean so many different things (to him, to her, to them, to you), you often add **a él** (to him), **a ella** (to her), **a ellos** (to them) and so on after the verb for clarity.

Se lo darán **a ella** mañana.	They'll give it to **her** tomorrow.
Se lo enviaron **a usted**.	They sent it **to you**.

In most cases the pronouns you use after a preposition like **a** are the same as the subject pronouns. The only exceptions are **mí** (me) and **ti** (you).

Es para **ti**.	It's for **you**.
Me lo dio a **mí**, no a **ti**.	He gave it to **me** not **you**.

If you want to say *with me* or *with you*, note that **con** combines with **mí** and **ti** to make a new form:

• **con + mí → conmigo** and **con + ti → contigo**

Ven **conmigo**.	Come **with me**.
Quiero ir **contigo**.	I want to go **with you**.

ADJECTIVES

Agreement of adjectives in the singular

In dictionaries, regular Spanish adjectives are usually shown in the masculine singular form. You need to know how to change them to make them agree with the noun or pronoun they are describing. To make an adjective agree, you have to look at the ending for the masculine singular adjective.

• masculine singular adjectives ending in **–o** change to **–a** for feminine singular

mi hermano **pequeño**	my **little** brother
mi hermana **pequeña**	my **little** sister

• masculine singular adjectives ending in any vowel other than **–o** do not change for feminine singular

el vestido **verde**	the **green** dress
la blusa **verde**	the **green** blouse

• masculine singular adjectives ending in a consonant generally do not change for feminine singular

un chico **joven**	a **young** boy
una chica **joven**	a **young** girl
un día **feliz**	a **happy** day
una pareja **feliz**	a **happy** couple

Adjectives of nationality and place which end in a consonant in the masculine singular add **–a** for the feminine. An accent on the final vowel disappears in the feminine.

un periódico **inglés**	an **English** newspaper
una revista **inglesa**	an **English** magazine

• masculine singular adjectives ending in **–or** change to **–ora** for feminine singular

un niño **encantador**	a **charming** little boy
una niña **encantadora**	a **charming** little girl

Making adjectives plural

There are three main ways of making adjectives agree in the plural:

• adjectives ending in a vowel in the singular add **–s** in the plural

el **último** tren	the **last** train
los **últimos** trenes	the **last** trains
una casa **vieja**	an **old** house
unas casas **viejas**	some **old** houses
una canción **francesa**	a **French** song
unas canciones **francesas**	some **French** songs

• adjectives ending in a consonant in the masculine singular add **–es** in the plural
(if there is an accent on the final syllable in the singular, it is lost in the plural)

un médico **español**	a **Spanish** doctor
unos médicos **españoles**	some **Spanish** doctors
un pintor **francés**	a **French** painter
unos pintores **franceses**	some **French** painters

• if the singular form ends in **–z**, the plural for both masculine and feminine is **–ces**

un día **feliz**	a **happy** day
unos días **felices**	**happy** days

Short forms of adjectives

Some adjectives drop the final **–o** before a masculine singular noun. These are:
alguno and **ninguno** (which also add an accent), **bueno**, **malo**, **uno**, **primero**, **tercero**.

¿Conoces **algún** hotel barato?	Do you know of **a** cheap hotel?
un **buen** libro	a **good** book
el **primer** hijo	the **first** child

In addition, **grande** becomes **gran** before any singular noun, and **ciento** becomes **cien** before plural nouns and before **mil** (*thousand*).

una **gran** sorpresa	a **big** surprise
cien euros	a **hundred** euros

Adjectives which do not change

A small number of adjectives do not change in the feminine or plural – these are called invariable adjectives. Their forms never change, no matter what they are describing. For example, **naranja** (*orange*), **rosa** (*pink*).

las chaquetas **naranja**	**orange** jackets
unos calcetines **rosa**	some **pink** socks

Word order with adjectives

Spanish adjectives usually go after the noun.

una corbata **azul**	a **blue** tie
la hora **exacta**	the **exact** time
una palabra **española**	a **Spanish** word

Some adjectives can go either before or after the noun, but their meaning changes depending on where they go, for example:

un **antiguo** colega	a **former** colleague
la historia **antigua**	**ancient** history
un **gran** pintor	a **great** painter
una **casa** grande	a **big** house
un **viejo** amigo	an **old** friend (= *long-standing*)
esas toallas **viejas**	those **old** towels (= *aged*)

If both adjectives usually come after the noun, they are joined together with **y** (*and*).

un hombre alto **y** delgado	a tall, slim man

Comparisons

To say something is bigger, more beautiful and so on, put **más** (*more*) before the adjective. To say something is less important, less expensive and so on, put **menos** (*less*) before the adjective.

Es **más** alto que yo.	He's tall**er** than I am.
Los de piel son **más** caros que los otros.	The leather ones are **more** expensive than the others.
Fernando está **menos** aplicado.	Fernando is **less** conscientious.

Possessive adjectives

Here are the possessive adjectives in Spanish:

	before singular nouns	before plural nouns
my	**mi**	**mis**
your (*belonging to* **tú**)	**tu**	**tus**
his; her; its; one's; your (*belonging to* **usted**)	**su**	**sus**
our	**nuestro/nuestra**	**nuestros/nuestras**
your (*belonging to* **vosotros**)	**vuestro/vuestra**	**vuestros/vuestras**
their, your (*belonging to* **ustedes**)	**su**	**sus**

Like other adjectives, possessive adjectives change their endings depending on whether the noun they go with is singular or plural. Two of them (**nuestro** and **vuestro**) also vary according to whether the noun they go with is masculine or feminine.

mi pasaporte	**my** passport
mis maletas	**my** suitcases
nuestro hijo	**our** son
nuestra hija	**our** daughter
nuestros hijos	**our** children

If you want to say *mine*, *yours* and so on in Spanish, for example, *it's mine, a friend of hers*, you use the forms shown below:

	with singular nouns	with plural nouns
mine	**mío/mía**	**míos/mías**
yours	**tuyo/tuya**	**tuyos/tuyas**
his; hers; its; yours	**suyo/suya**	**suyos/suyas**
ours	**nuestro/nuestra**	**nuestros/nuestras**
yours	**vuestro/vuestra**	**vuestros/vuestras**
theirs; yours	**suyo/suya**	**suyos/suyas**

¿De quién es esta bufanda? – Es **mía**.	Whose scarf is this? – It's **mine**.
¿Es **tuyo** este abrigo?	Is this coat **yours**?
unos amigos **nuestros**	some friends of **ours**
¿Son tuyas estas gafas? – No. **Las mías** están aquí.	Are these your glasses? – No. **Mine** are here.

Demonstrative adjectives

In English we have two demonstrative adjectives: *this* and *that*. In Spanish there are three: **este** (*this*), **ese** (*that*) and **aquel** (*that*). **este**, **ese** and **aquel** change their endings to agree with the noun that they go with, as follows:

	masculine	feminine
singular	**este**	**esta**
plural	**estos**	**estas**

	masculine	feminine
singular	**ese**	**esa**
plural	**esos**	**esas**

	masculine	feminine
singular	**aquel**	**aquella**
plural	**aquellos**	**aquellas**

You use **este/esta** for things that are near you as you would *this* and *this one* in English.

este móvil	**this** mobile
esta carretera	**this** road

ese and **aquel** can both translate *that*, but if you're contrasting two objects, and one of them is near the person you're talking to and the other is further away from both of you, use **ese** for the one that's near the other person and **aquel** for the one that's further away.

Dame **ese** libro.	Give me **that** book.
¿Ves **aquellas** montañas?	Can you see **those** mountains?

The same set of demonstratives are used as pronouns. Sometimes you may find them written with accents to avoid confusion with demonstrative adjectives: **éste** (*this*, *this one*), **ése** (*that*, *that one*) and **aquél** (*that*, *that one*). They also change their endings to agree with the noun that they are replacing in the same way that demonstrative adjectives do:

Este es el mío.	**This one**'s mine.
Me gusta más **ese** que tienes en la mano.	I prefer **that one** that you've got in your hand.
Aquella al fondo de la calle es mi casa.	My house is **that one** at the end of the street.

They also have unaccented neuter forms (**esto**, **eso** and **aquello**) which you use to talk about an object you don't recognize or about an idea or statement.

¿Qué es **esto**?	What's **this**?
¿Qué es **eso** que llevas en la mano?	What's **that** you've got in your hand?
Eso es mentira.	**That**'s a lie.

QUESTIONS

How to ask a question in Spanish

You can ask a question in Spanish:

• by making your voice go up at the end of the sentence or by putting the subject after the verb

¿Hablas inglés?	Do you speak English?
¿No quieres tomar algo?	Wouldn't you like something to eat or drink?
¿Tú lo has hecho?	Did you do it?
¿Tu padre te ha visto?	Did your father see you?
Pablo, ¿lo has hecho tú?	Did you do it, Pablo?
¿Te ha visto tu padre?	Did your father see you?

¿LO SABÍAS?
Don't forget the opening question mark in Spanish. It goes at the beginning of the question or the question part of the sentence.

Question words

In Spanish all question words have an accent on them, for example, **¿cómo?** (*how?*), **¿dónde?** (*where?*), **¿cuándo?** (*when?*) and so on.

¿Cuándo se fue?	**When** did he go?
¿Cuánto tiempo llevas esperando?	**How long** have you been waiting?

¿LO SABÍAS?
Be careful not to mix up **por qué** (*why*) and **porque** (*because*).

¿Qué?, **¿cuál?** and **¿cuáles?** can all be used to mean *which*. You should always use **¿qué?** immediately before a noun, otherwise use **¿cuál?** in the singular and **¿cuáles?** in the plural.

¿Qué chaqueta te vas a poner?	**Which** jacket are you going to wear?
¿Cuál quieres?	**Which one** do you want?
¿Cuáles quieres?	**Which ones** do you want?

In Spanish you can use **¿verdad?** and **¿no?** to check facts and so on, as we do in English using *isn't it?*, *aren't they?*, *don't they?*, *won't he?* and so on.

Hace calor, **¿no**?	It's hot, **isn't it**?
Te gusta, **¿verdad**?	You like it, **don't you**?

NEGATIVES

Making sentences negative

In Spanish if you want to make something negative, you generally put **no** (*not*) before the verb. In English, *do* is often used in negative statements. The Spanish verb **hacer** is never used in this way.

No trabaja.	He **doesn't** work.
No sabe nadar.	He ca**n't** swim.

There are some common negative words which can be used either on their own or in combination with **no**, for example, **no...nada** (*nothing*), **no...nunca** (*never*).

¿Qué has comprado? – **Nada**.	What did you buy? – **Nothing**.
Nadie habló.	**No one** spoke.
No dijo **nada**.	He did**n't** say **anything**.
No tengo **ningún** interés en ir.	I have **no** interest in going.
No viene **nunca**.	He **never** comes.

SOME COMMON TRANSLATION DIFFICULTIES

You can't always translate Spanish into English and English into Spanish word for word. While often it is possible to do this, just as often it is not. The next section points out some common translation difficulties to be aware of.

Prepositions

English verbs such as *to run away, to fall down*, are often translated by one word in Spanish.

continuar	to go on
devolver	to give back

Sentences which contain a verb and preposition in English, might not contain a preposition in Spanish, and vice versa.

buscar algo	to look **for** something
asistir **a** algo	to attend something

Personal a

When the direct object of a verb is a specific person or pet animal, **a** is placed immediately before it in the sentence.

| Cuido **a** mi hermana. | I look after my sister. |

> **¿LO SABÍAS?**
> You do not use personal **a** after the verb **tener** (*to have*).

| Tienen dos hijos. | They have two children. |

-ing

The –*ing* ending in English often corresponds to the infinitive in Spanish.

Me gusta **ir** al cine.	I like **going** to the cinema.
Preferimos **viajar** en tren.	We prefer **travelling** by train.
Antes de **salir**...	Before **leaving**...

Showing possession

In English, you can use 's and s' to show who or what something belongs to. In Spanish, you have to use a different construction.

| el coche **de** mi hermano | my brother**'s** car |
| el cuarto **de** las niñas | the girls**'** bedroom |

to be

The verb *to be* is generally translated by either **ser** or **estar**.

ser is used:

• with a following noun or pronoun

Pablo **es** profesor.	Pablo **is** a teacher.
Soy yo.	**It's** me.
Tres y dos **son** cinco.	Three and two **are** five.

• with adjectives that refer to features that are unlikely to change in the normal course of things

| **Es** alto. | **He's** tall. |
| **Son** italianos. | **They're** Italian. |

estar is used:

• when describing more temporary states

El café **está** frío.	The coffee**'s** cold.
Está de mal humor.	**She's** in a bad mood.

• to talk about where someone or something is and with past participles (the **–ado/–ido** form of regular verbs) used as adjectives as well as with gerunds (the **–ando** or **–iendo** forms of verbs).

Estoy en Madrid.	**I'm** in Madrid.
Madrid **está** en España.	Madrid **is** in Spain.
La ventana **está** rota.	The window**'s** broken.
Estoy trabajando.	**I'm** working.

You can sometimes describe people using either verb with the same adjective but with a different meaning, as shown below:

Marta **es** muy guapa.	Marta**'s** very attractive.
¡Qué guapa **está** Marta hoy!	Marta's looking really pretty today!

In certain set phrases which describe how you are feeling or a state you are in, the verb **tener** is used.

Tengo calor.	**I'm** hot.
Tenemos hambre.	**We're** hungry.
No tengas miedo.	**Don't be** afraid.
Tienes razón.	**You're** right.

When you are describing what the weather is like, use the verb **hacer**.

¿Qué tiempo **hace**?	What**'s** the weather **like**?
Hace sol.	**It's** sunny.
Hace un tiempo horrible.	**It's** a horrible day.

When you are talking about someone's age, use the verb **tener**.

¿Cuántos años **tienes**?	How old **are you**?
Tengo quince (años).	**I'm** fifteen.

there is/there are

In Spanish these are both translated by **hay**.

Hay un señor en la puerta.	**There's** a man at the door.
Hay cinco libros en la mesa.	**There are** five books on the table.

Note that you take the past and future forms of **hay** from the verb **haber** (*to have*). For more information on **haber**, see page 271.

Hubo un incendio.	**There was** a fire.
Ha habido un accidente.	**There's been** an accident.
No había asientos libres.	**There weren't** any seats free.
¿**Habrá** suficiente tiempo?	**Will there be** enough time?

can, to be able

If you want to talk about someone's physical ability to do something, use **poder**.

No puedo salir contigo.	**I can't** go out with you.

When *can* is used with verbs to do with what you can see or hear, you do not use **poder** in Spanish.

No veo nada.	**I can't see** anything.

If you want to say that you know how to do something, use **saber**.

¿**Sabes** nadar?	**Can you** swim?

for

There are two words which are commonly confused because they can both mean *for*: **para** and **por**.

para is used:

• with a person, destination or purpose

Es **para** ti.	It's **for** you.
Salen **para** Madrid.	They are leaving **for** Madrid.
¿**Para** qué es?	What's it **for**?

• with time

| Es **para** mañana. | It's **for** tomorrow. |
| una habitación **para** dos noches | a room **for** two nights |

• to talk about employment

| Trabaja **para** el gobierno. | He works **for** the government. |

• often with an infinitive to mean *to*

| Estoy ahorrando **para** comprarme una moto. | I'm saving up **to** buy a motorbike. |

por is used:

• when *for* means *for the benefit* of or *because of*:

| Lo hice **por** mis padres. | I did it **for** my parents. |
| Me castigaron **por** mentir. | I was punished **for** lying. |

• when *for* means *in exchange for*

| Lo vendí **por** 15 euros. | I sold it **for** 15 euros. |
| Te lo cambio **por** éste. | I'll swap you this one **for** it. |

• to talk about time and rates

por la mañana	**in** the morning
por la tarde	**in** the afternoon/evening
por la noche	**at** night
90 km **por** hora	90 km **an** hour

por is also commonly used to mean:

• *by* in passive constructions

| descubierto **por** unos niños | discovered **by** some children |

• *because of*

| Tuvo que suspenderse **por** el mal tiempo. | It had to be called off **because of** the bad weather. |

VERBS

Introduction to verbs

Verbs are usually used with a noun, with a pronoun such as *I*, *you* or *he* or with somebody's name. They can relate to the present, the past and the future – this is called their tense.

Verbs can be either:

• Regular: their forms follow the normal rules
• Irregular: their forms do not follow the normal rules

Regular English verbs have a base form (the form of the verb without any endings added to it, for example, *walk*). The base form can have *to* in front of it, for example, *to walk* – this is called the infinitive.

Spanish verbs also have an infinitive, which ends in **–ar**, **–er** or **–ir**, for example, **hablar** (*to speak*), **deber** (*must; to owe*) and **vivir** (*to live*). All Spanish verbs belong to one of these three verb groups, which are called conjugations.

English verbs have other forms apart from the base form and the infinitive: a form ending in *–s* (*walks*), a form ending in *–ing* (*walking*), and a form ending in *–ed* (*walked*). Spanish verbs have many more forms than this, which are made up of endings added to a stem. The stem of a verb can usually be worked out from the infinitive of the verb.

Spanish verb endings change, depending on who you are talking about: **yo** (*I*), **tú** (*you*), **él/ella** (*he/she*) in the singular, or **nosotros/nosotras** (*we*), **vosotros/vosotras** and **ustedes** (*you*) and **ellos/ellas** (*they*) in the plural. Spanish verbs also have different forms depending on whether you are referring to the present, past or future.

Note that words like **yo**, **tú** and so on are generally not necessary in Spanish in cases where *I*, *you* and so forth are essential in English.

Irregular verbs

Some verbs in Spanish do not follow the normal rules and are called irregular verbs. These include some very common and important verbs like **tener** (*to have*), **ser** (*to be*), **estar** (*to be*) and **poner** (*to put*). The most common irregular verbs are shown in the verb tables. For more detailed information on all the most important irregular verbs in Spanish, use *Collins Easy Learning Spanish Verbs*.

Regular verbs

There are three groups of regular verbs:

• **–ar** verbs: verbs that end in **–ar** like **hablar** (shown in full on page 263)
• **–er** verbs: verbs that end in **–er** like **deber** (shown in full on page 264)
• **–ir** verbs: verbs that end in **–ir** like **vivir** (shown in full on page 265)

These are called regular verbs because they follow set patterns. When you have learned these patterns you will be able to form any regular verb.

To form the tenses of any regular verb, you need:

• to know what the stem of the verb is
• to add the appropriate endings

To form the stem of a regular verb for the present, imperfect, the past tense, and the present subjunctive, take the infinitive minus the last two letters, for example, **hablar → habl-**; **deber → deb-**; **vivir → viv-**.

To form the stem of a regular verb for the future and conditional, take the whole infinitive, for example, **hablar → hablar**; **deber → deber** and **vivir → vivir**.

To choose which ending is appropriate, you need to ask yourself three questions:

• What sort of verb am I using? (**–ar**, **–er** or **–ir**)
• Who is doing the action? (**yo**, **tú**, **él** and so on)
• When are they doing it? (in the present, in the future and so on)

To form the perfect tense of any Spanish regular verb, you need:

• to know which form of **haber** (*to have*) to use
• to know how to form the past participle

> ### ¿LO SABÍAS?
> **haber** is only used for forming tenses and in some impersonal constructions and should not be confused with **tener** (*to have*).

To form the perfect tense of a regular verb, take the present tense of **haber**. Next add the past participle. To form the past participle of any regular verb, simply take the infinitive of the verb, knock off the last two letters and add the following endings:

• For **–ar** verbs add **ado**: **hablar** → **hablado**
• For **–er** verbs add **ido**: **deber** → **debido**
• For **–ir** verbs add **ido**: **vivir** → **vivido**

Look at the verb tables for **hablar** (page 263)**, deber** (page 264) and **vivir** (page 265). The verb endings are in orange. These endings can be tagged onto the stem of any regular verb. **haber** is also shown in full on page 271. The past participle is shown at the bottom of each verb table in this book.

Forming the present tense of less regular verbs

Some verbs in Spanish do not follow the model of regular verbs in some tenses. These verbs change the vowel of their stem in the present tense and the present subjunctive.

This is not as complicated as it might sound. All it means is that you have to change a single vowel into two vowels in the way shown below.

• The **o** in certain verbs changes to **ue**:

infinitive	stem	meaning
enc**o**ntrar →	enc**ue**ntr	*to find*
p**o**der →	p**ue**d	*to be able*

Other very common verbs of this kind are, **recordar** (*to remember*), **volver** (*to come back*), **dormir** (*to sleep*).

• The **e** in certain verbs changes to **ie**:

infinitive	stem	meaning
c**e**rrar →	c**ie**rr	*to close*
qu**e**rer →	qu**ie**r	*to want; to love*

Other very common verbs of this kind are **pensar** (*to think*), **empezar** (*to begin*), **entender** (*to understand*), **perder** (*to lose*), **preferir** (*to prefer*), **sentir** (*to feel*).

As you will see in the verb tables, for all verbs like these the stem does not change to **ue** or **ie** in the **nosotros**/**nosotras** and **vosotros**/**vosotras** forms.

Reflexive verbs

Reflexive verbs are verbs where the action "reflects back" on the subject. The verb is used with words such as *myself, yourself* and *herself* in English, for example *I washed myself; he shaved himself*. These are shown in dictionaries as the infinitive plus **se** (*oneself*), for example **levantarse** (*to get up*), **llamarse** (*to be called*).

They are much more common in Spanish than they are in English. They are often used to describe things you do (to yourself) every day or that involve a change of some sort. **acostarse** (*to go to bed*), **sentarse** (*to sit down*), **vestirse** (*to get dressed*) and so on.

To use a reflexive verb in Spanish, you need to decide which reflexive pronoun to use.

subject pronoun	reflexive pronoun	meaning
yo	**me**	myself
tu	**te**	yourself (*singular*)
él **ella** **usted**	**se**	himself herself itself *or* oneself yourself (*formal, singular*)
nosotros	**nos**	ourselves
vosotros	**os**	yourselves (*plural*)
ellos **ellas** **ustedes**	**se**	themselves yourselves (*formal, plural*)

Se está vistiendo.	**He's getting dressed**.
Me llamo Brian.	**My name's** Brian.
Nos acostamos temprano.	We **go to bed** early.

You will find an example of a reflexive verb **lavarse** conjugated in full on page 266.

VERB TENSES

The present tense

The present tense is used to talk about what is true at the moment, what happens regularly and what is happening now, for example, *I'm a student*, *he works as a consultant*, *I'm studying Spanish*.

There is more than one way to express the present in English. For example, you can either say *I live in Madrid* or *I am living in Madrid*. In Spanish you can often use the ordinary present for both of these – **vivo en Madrid**.

In English you can also use the present to talk about something that is going to happen in the near future. You can do the same in Spanish.

Mañana **voy** a Madrid.	**I'm going** to Madrid tomorrow.
Me quedo unos días más en la costa.	**I'm staying** on the coast for a few more days.
Nos acostamos temprano.	**We go to bed** early.

The future tense

The future tense is used to talk about something that will happen or will be true. There are several ways to express the future tense in English: you can use the future tense (*I'll ask him on Tuesday*), the present tense (*I'm not working tomorrow*), or *going to* followed by an infinitive (*she's going to study in Spain for a year*). In Spanish you can also use the future tense, the present tense, or the verb **ir** (*to go*) followed by **a** and an infinitive.

Cogemos el tren de las once.	**We're getting** the eleven o'clock train.
Comeremos en casa de José.	**We'll eat** at José's.
Va a tardar una media hora en hacerlo.	**He's going to take** about half an hour to do it.

The imperfect tense

The imperfect tense is one of the tenses used to talk about the past, especially in descriptions, and to say what you did regularly, for example *I worked in Manchester then*, *I walked to the beach every day*.

Hacía muchísimo calor.	**It was** extremely hot.
No teníamos reserva.	**We didn't have** a reservation.
Antes **era** maestro.	He **used to be** a primary-school teacher.

The perfect tense

The perfect tense is made up of the same two parts as the English of *I have done*: the present tense of **haber** (*to have*), and the Spanish past participle (like *given*, *finished* and *done* in English). To find out how to form the past participle of any regular verb in Spanish, see page 257.

The Spanish perfect tense is used in a very similar way to English.

Nunca **he estado** en Málaga.	**I've** never **been** to Málaga.
Ya **se han ido**.	**They've** already **left**.
Ha tenido que vender su caballo.	**He's had** to sell his horse.

The past tense

The past tense is used to talk about things that were completed or happened in the past or lasted for a certain period of time, such as *I bought it yesterday*, *It lasted for five years*. The past tense in Spanish is technically called the preterite, and is used in very much the same situations as the English past tense.

Ayer **fui** a la playa.	**I went** to the beach yesterday.
Comimos en un restaurante estupendo.	**We had lunch** in a fantastic restaurant.
La función **empezó** a las ocho en punto.	The performance **began** at eight o'clock sharp.

The imperative

The imperative is the form of the verb you use when giving orders and instructions, for example, *Be quiet!*, *Don't forget your passport!*, *Please fill in this form*.

In Spanish, there are several forms for the imperative. The ones corresponding to **tú** and **vosotros** are shown for all the verbs listed in the verb tables. Pronouns are joined on to the imperative form.

Perdona por llegar tarde.	**Sorry** to be late.
Habladme un poco de vuestro viaje.	**Tell me** a bit about your journey.

The forms of the imperative for **usted** and **ustedes** are the same as the present subjunctive for all types of verb.

¡**Oiga**!	**Excuse me**!
¡**Pase** usted primero!	**After** you!
Espérenme aquí, si son tan amables.	Please **wait** for me here.

In the negative, all imperative forms are taken from the present subjunctive. Object pronouns go before them.

¡**No me hables** así!	**Don't talk to me** like that!
¡**No lo hagas**!	**Don't do it**!

The subjunctive

The subjunctive is a verb form used in certain circumstances to express some sort of feeling, or to show there is doubt about whether something will happen or is true. It is only very rarely used in modern English, for example, *I wish you were here.*

In Spanish the subjunctive is used when two different people or things are involved and when the first verb expresses:

• a wish, for example, **querer que** (*to want*)

Quiero que José **sea** feliz.	I want José **to be** happy.
Quiero que se **vaya**.	I want him **to go** away.

• an emotion, for example, **sentir que** (*to be sorry (that)*)

Siento mucho que no **puedas** venir.	I'm very sorry that you **can't** come.

• **esperar que** (*to hope that*)

Espero que **venga**.	I hope he **comes**.

• doubt or uncertainty of any kind, for example, **no creer que** *or* **no pensar que** (*not to think (that)*)

No creo que lo **sepa**.	I don't think she **knows**.
Es posible que **tengan** razón.	They may **be** right.
Quizás le **venga** mejor.	Perhaps it**'ll suit** him better.

The conditional

The conditional is a verb form used to talk about things that would happen or that would be true under certain conditions, for instance, *I would help you if I could*. It is also used to say what you would like or need, for example, *I'd like to visit the Alhambra.*

Sí, **me gustaría** hacerlo.	Yes, **I'd like** to do that.
Podríamos quedar a las ocho.	**We could** meet at eight.

to speak, to talk

present

(yo)	habl**o**
(tú)	habl**as**
(él/ella/usted)	habl**a**
(nosotros/as)	habl**amos**
(vosotros/as)	habl**áis**
(ellos/ellas/ustedes)	habl**an**

present subjunctive

(yo)	habl**e**
(tú)	habl**es**
(él/ella/usted)	habl**e**
(nosotros/as)	habl**emos**
(vosotros/as)	habl**éis**
(ellos/ellas/ustedes)	habl**en**

preterite

(yo)	habl**é**
(tú)	habl**aste**
(él/ella/usted)	habl**ó**
(nosotros/as)	habl**amos**
(vosotros/as)	habl**asteis**
(ellos/ellas/ustedes)	habl**aron**

imperfect

(yo)	habl**aba**
(tú)	habl**abas**
(él/ella/usted)	habl**aba**
(nosotros/as)	habl**ábamos**
(vosotros/as)	habl**abais**
(ellos/ellas/ustedes)	habl**aban**

future

(yo)	hablar**é**
(tú)	hablar**ás**
(él/ella/usted)	hablar**á**
(nosotros/as)	hablar**emos**
(vosotros/as)	hablar**éis**
(ellos/ellas/ustedes)	hablar**án**

conditional

(yo)	hablar**ía**
(tú)	hablar**ías**
(él/ella/usted)	hablar**ía**
(nosotros/as)	hablar**íamos**
(vosotros/as)	hablar**íais**
(ellos/ellas/ustedes)	hablar**ían**

imperative

habl**a**/habla**d**

past participle

habl**ado**

gerund

habl**ando**

example phrases

Hoy **he hablado** con mi hermana.	I've spoken to my sister today.
No **hables** tan alto.	Don't talk so loud.
No se **hablan**.	They don't talk to each other.

DEBER

to have to, to owe

present

(yo)	deb**o**
(tú)	deb**es**
(él/ella/usted)	deb**e**
(nosotros/as)	deb**emos**
(vosotros/as)	deb**éis**
(ellos/ellas/ustedes)	deb**en**

present subjunctive

(yo)	deb**a**
(tú)	deb**as**
(él/ella/usted)	deb**a**
(nosotros/as)	deb**amos**
(vosotros/as)	deb**áis**
(ellos/ellas/ustedes)	deb**an**

preterite

(yo)	deb**í**
(tú)	deb**iste**
(él/ella/usted)	deb**ió**
(nosotros/as)	deb**imos**
(vosotros/as)	deb**isteis**
(ellos/ellas/ustedes)	deb**ieron**

imperfect

(yo)	deb**ía**
(tú)	deb**ías**
(él/ella/usted)	deb**ía**
(nosotros/as)	deb**íamos**
(vosotros/as)	deb**íais**
(ellos/ellas/ustedes)	deb**ían**

future

(yo)	deber**é**
(tú)	deber**ás**
(él/ella/usted)	deber**á**
(nosotros/as)	deber**emos**
(vosotros/as)	deber**éis**
(ellos/ellas/ustedes)	deber**án**

conditional

(yo)	deber**ía**
(tú)	deber**ías**
(él/ella/usted)	deber**ía**
(nosotros/as)	deber**íamos**
(vosotros/as)	deber**íais**
(ellos/ellas/ustedes)	deber**ían**

imperative

deb**e**/deb**ed**

past participle

deb**ido**

gerund

deb**iendo**

example phrases

No **debes** preocuparte.	You mustn't worry.
¿Qué le **debo**?	What do I owe you?
Debería llamar a Pilar.	I should call Pilar.

to live

present

(yo)	viv**o**
(tú)	viv**es**
(él/ella/usted)	viv**e**
(nosotros/as)	viv**imos**
(vosotros/as)	viv**ís**
(ellos/ellas/ustedes)	viv**en**

present subjunctive

(yo)	viv**a**
(tú)	viv**as**
(él/ella/usted)	viv**a**
(nosotros/as)	viv**amos**
(vosotros/as)	viv**áis**
(ellos/ellas/ustedes)	viv**an**

preterite

(yo)	viv**í**
(tú)	viv**iste**
(él/ella/usted)	viv**ió**
(nosotros/as)	viv**imos**
(vosotros/as)	viv**isteis**
(ellos/ellas/ustedes)	viv**ieron**

imperfect

(yo)	viv**ía**
(tú)	viv**ías**
(él/ella/usted)	viv**ía**
(nosotros/as)	viv**íamos**
(vosotros/as)	viv**íais**
(ellos/ellas/ustedes)	viv**ían**

future

(yo)	vivir**é**
(tú)	vivir**ás**
(él/ella/usted)	vivir**á**
(nosotros/as)	vivir**emos**
(vosotros/as)	vivir**éis**
(ellos/ellas/ustedes)	vivir**án**

conditional

(yo)	vivir**ía**
(tú)	vivir**ías**
(él/ella/usted)	vivir**ía**
(nosotros/as)	vivir**íamos**
(vosotros/as)	vivir**íais**
(ellos/ellas/ustedes)	vivir**ían**

imperative

viv**e**/viv**id**

past participle

viv**ido**

gerund

viv**iendo**

example phrases

Vivo en Valencia.	I live in Valencia.
Vivieron juntos dos años.	They lived together for two years.
Hemos vivido momentos difíciles.	We've been through some difficult times.

LAVARSE

to wash (oneself)

present		present subjunctive	
(yo)	me lav**o**	(yo)	me lav**e**
(tú)	te lav**as**	(tú)	te lav**es**
(él/ella/usted)	se lav**a**	(él/ella/usted)	se lav**e**
(nosotros/as)	nos lav**amos**	(nosotros/as)	nos lav**emos**
(vosotros/as)	os lav**áis**	(vosotros/as)	os lav**éis**
(ellos/ellas/ustedes)	se lav**an**	(ellos/ellas/ustedes)	se lav**en**

preterite		imperfect	
(yo)	me lav**é**	(yo)	me lav**aba**
(tú)	te lav**aste**	(tú)	te lav**abas**
(él/ella/usted)	se lav**ó**	(él/ella/usted)	se lav**aba**
(nosotros/as)	nos lav**amos**	(nosotros/as)	nos lav**ábamos**
(vosotros/as)	os lav**asteis**	(vosotros/as)	os lav**abais**
(ellos/ellas/ustedes)	se lav**aron**	(ellos/ellas/ustedes)	se lav**aban**

future		conditional	
(yo)	me lavar**é**	(yo)	me lavar**ía**
(tú)	te lavar**ás**	(tú)	te lavar**ías**
(él/ella/usted)	se lavar**á**	(él/ella/usted)	se lavar**ía**
(nosotros/as)	nos lavar**emos**	(nosotros/as)	nos lavar**íamos**
(vosotros/as)	os lavar**éis**	(vosotros/as)	os lavar**íais**
(ellos/ellas/ustedes)	se lavar**án**	(ellos/ellas/ustedes)	se lavar**ían**

imperative
lá**vate**
lava**os**

gerund
lav**ándose**

past participle
lav**ado**

example phrases

Se lava todos los días.	He washes every day.
Ayer **me lavé** el pelo.	I washed my hair yesterday.
Nos lavaremos con agua fría.	We'll wash in cold water.

to give

present

(yo)	**doy**
(tú)	**das**
(él/ella/usted)	**da**
(nosotros/as)	**damos**
(vosotros/as)	**dais**
(ellos/ellas/ustedes)	**dan**

present subjunctive

(yo)	**dé**
(tú)	**des**
(él/ella/usted)	**dé**
(nosotros/as)	**demos**
(vosotros/as)	**deis**
(ellos/ellas/ustedes)	**den**

preterite

(yo)	**di**
(tú)	**diste**
(él/ella/usted)	**dio**
(nosotros/as)	**dimos**
(vosotros/as)	**disteis**
(ellos/ellas/ustedes)	**dieron**

imperfect

(yo)	**daba**
(tú)	**dabas**
(él/ella/usted)	**daba**
(nosotros/as)	**dábamos**
(vosotros/as)	**dabais**
(ellos/ellas/ustedes)	**daban**

future

(yo)	dar**é**
(tú)	dar**ás**
(él/ella/usted)	dar**á**
(nosotros/as)	dar**emos**
(vosotros/as)	dar**éis**
(ellos/ellas/ustedes)	dar**án**

conditional

(yo)	dar**ía**
(tú)	dar**ías**
(él/ella/usted)	dar**ía**
(nosotros/as)	dar**íamos**
(vosotros/as)	dar**íais**
(ellos/ellas/ustedes)	dar**ían**

imperative

da/**dad**

past participle

dado

gerund

dando

example phrases

Me **da** miedo la oscuridad.	I'm scared of the dark.
Nos **dieron** un par de entradas gratis.	They gave us a couple of free tickets.
Te **daré** el número de mi móvil.	I'll give you my mobile phone number.

to say, to tell

	present		present subjunctive
(yo)	**digo**	(yo)	**diga**
(tú)	**dices**	(tú)	**digas**
(él/ella/usted)	**dice**	(él/ella/usted)	**diga**
(nosotros/as)	dec**imos**	(nosotros/as)	**digamos**
(vosotros/as)	dec**ís**	(vosotros/as)	**digáis**
(ellos/ellas/ustedes)	**dicen**	(ellos/ellas/ustedes)	**digan**

	preterite		imperfect
(yo)	**dije**	(yo)	dec**ía**
(tú)	**dijiste**	(tú)	dec**ías**
(él/ella/usted)	**dijo**	(él/ella/usted)	dec**ía**
(nosotros/as)	**dijimos**	(nosotros/as)	dec**íamos**
(vosotros/as)	**dijisteis**	(vosotros/as)	dec**íais**
(ellos/ellas/ustedes)	**dijeron**	(ellos/ellas/ustedes)	dec**ían**

	future		conditional
(yo)	**diré**	(yo)	**diría**
(tú)	**dirás**	(tú)	**dirías**
(él/ella/usted)	**dirá**	(él/ella/usted)	**diría**
(nosotros/as)	**diremos**	(nosotros/as)	**diríamos**
(vosotros/as)	**diréis**	(vosotros/as)	**diríais**
(ellos/ellas/ustedes)	**dirán**	(ellos/ellas/ustedes)	**dirían**

imperative	past participle
di/dec**id**	**dicho**

gerund

dic**iendo**

example phrases

Pero ¿qué **dices**?	What are you saying?
Me lo **dijo** ayer.	He told me yesterday.
¿Te **ha dicho** lo de la boda?	Has he told you about the wedding?

to understand

present

(yo)	**entiendo**
(tú)	**entiendes**
(él/ella/usted)	**entiende**
(nosotros/as)	entend**emos**
(vosotros/as)	entend**éis**
(ellos/ellas/ustedes)	**entienden**

present subjunctive

(yo)	**entienda**
(tú)	**entiendas**
(él/ella/usted)	**entienda**
(nosotros/as)	entend**amos**
(vosotros/as)	entend**áis**
(ellos/ellas/ustedes)	**entiendan**

preterite

(yo)	entend**í**
(tú)	entend**iste**
(él/ella/usted)	entend**ió**
(nosotros/as)	entend**imos**
(vosotros/as)	entend**isteis**
(ellos/ellas/ustedes)	entend**ieron**

imperfect

(yo)	entend**ía**
(tú)	entend**ías**
(él/ella/usted)	entend**ía**
(nosotros/as)	entend**íamos**
(vosotros/as)	entend**íais**
(ellos/ellas/ustedes)	entend**ían**

future

(yo)	entender**é**
(tú)	entender**ás**
(él/ella/usted)	entender**á**
(nosotros/as)	entender**emos**
(vosotros/as)	entender**éis**
(ellos/ellas/ustedes)	entender**án**

conditional

(yo)	entender**ía**
(tú)	entender**ías**
(él/ella/usted)	entender**ía**
(nosotros/as)	entender**íamos**
(vosotros/as)	entender**íais**
(ellos/ellas/ustedes)	entender**ían**

imperative

entiende
entend**ed**

gerund

entend**iendo**

past participle

entend**ido**

example phrases

No lo **entiendo**.
¿**Entendiste** lo que dijo?
Con el tiempo lo **entenderás**.

I don't understand.
Did you understand what she said?
You'll understand one day.

ESTAR

to be

present		present subjunctive	
(yo)	**estoy**	(yo)	**esté**
(tú)	**estás**	(tú)	**estés**
(él/ella/usted)	**está**	(él/ella/usted)	**esté**
(nosotros/as)	est**amos**	(nosotros/as)	est**emos**
(vosotros/as)	est**áis**	(vosotros/as)	est**éis**
(ellos/ellas/ustedes)	**están**	(ellos/ellas/ustedes)	**estén**

preterite		imperfect	
(yo)	**estuve**	(yo)	est**aba**
(tú)	**estuviste**	(tú)	est**abas**
(él/ella/usted)	**estuvo**	(él/ella/usted)	est**aba**
(nosotros/as)	**estuvimos**	(nosotros/as)	est**ábamos**
(vosotros/as)	**estuvisteis**	(vosotros/as)	est**abais**
(ellos/ellas/ustedes)	**estuvieron**	(ellos/ellas/ustedes)	est**aban**

future		conditional	
(yo)	estar**é**	(yo)	estar**ía**
(tú)	estar**ás**	(tú)	estar**ías**
(él/ella/usted)	estar**á**	(él/ella/usted)	estar**ía**
(nosotros/as)	estar**emos**	(nosotros/as)	estar**íamos**
(vosotros/as)	estar**éis**	(vosotros/as)	estar**íais**
(ellos/ellas/ustedes)	estar**án**	(ellos/ellas/ustedes)	estar**ían**

imperative	past participle
está/esta**d**	est**ado**

gerund	
	est**ando**

example phrases

Estoy cansado.	I'm tired.
Estamos esperando a Juan.	We're waiting for Juan.
Estuvimos en casa de mis padres.	We went to my parents' house.

to have

present

(yo)	**he**
(tú)	**has**
(él/ella/usted)	**ha**
(nosotros/as)	**hemos**
(vosotros/as)	habéis
(ellos/ellas/ustedes)	**han**

present subjunctive

(yo)	**haya**
(tú)	**hayas**
(él/ella/usted)	**haya**
(nosotros/as)	**hayamos**
(vosotros/as)	**hayáis**
(ellos/ellas/ustedes)	**hayan**

preterite

(yo)	**hube**
(tú)	**hubiste**
(él/ella/usted)	**hubo**
(nosotros/as)	**hubimos**
(vosotros/as)	**hubisteis**
(ellos/ellas/ustedes)	**hubieron**

imperfect

(yo)	había
(tú)	habías
(él/ella/usted)	había
(nosotros/as)	habíamos
(vosotros/as)	habíais
(ellos/ellas/ustedes)	habían

future

(yo)	**habré**
(tú)	**habrás**
(él/ella/usted)	**habrá**
(nosotros/as)	**habremos**
(vosotros/as)	**habréis**
(ellos/ellas/ustedes)	**habrán**

conditional

(yo)	**habría**
(tú)	**habrías**
(él/ella/usted)	**habría**
(nosotros/as)	**habríamos**
(vosotros/as)	**habríais**
(ellos/ellas/ustedes)	**habrían**

imperative

not used

past participle

habido

gerund

habiendo

example phrases

¿**Has visto** eso?
Ya **hemos ido** a ver esa película.
Eso nunca **había pasado** antes.

Did you see that?
We've already been to see that film.
That had never happened before.

to do, to make

present		present subjunctive	
(yo)	**hago**	(yo)	**haga**
(tú)	hac**es**	(tú)	**hagas**
(él/ella/usted)	hac**e**	(él/ella/usted)	**haga**
(nosotros/as)	hac**emos**	(nosotros/as)	**hagamos**
(vosotros/as)	hac**éis**	(vosotros/as)	**hagáis**
(ellos/ellas/ustedes)	hac**en**	(ellos/ellas/ustedes)	**hagan**

preterite		imperfect	
(yo)	**hice**	(yo)	hac**ía**
(tú)	**hiciste**	(tú)	hac**ías**
(él/ella/usted)	**hizo**	(él/ella/usted)	hac**ía**
(nosotros/as)	**hicimos**	(nosotros/as)	hac**íamos**
(vosotros/as)	**hicisteis**	(vosotros/as)	hac**íais**
(ellos/ellas/ustedes)	**hicieron**	(ellos/ellas/ustedes)	hac**ían**

future		conditional	
(yo)	**haré**	(yo)	**haría**
(tú)	**harás**	(tú)	**harías**
(él/ella/usted)	**hará**	(él/ella/usted)	**haría**
(nosotros/as)	**haremos**	(nosotros/as)	**haríamos**
(vosotros/as)	**haréis**	(vosotros/as)	**haríais**
(ellos/ellas/ustedes)	**harán**	(ellos/ellas/ustedes)	**harían**

imperative	past participle
haz/hac**ed**	**hecho**

gerund

hac**iendo**

example phrases

Lo **haré** yo mismo.	I'll do it myself.
¿Quién **hizo** eso?	Who did that?
¿Quieres que **haga** las camas?	Do you want me to make the beds?

to go

present		present subjunctive	
(yo)	**voy**	(yo)	**vaya**
(tú)	**vas**	(tú)	**vayas**
(él/ella/usted)	**va**	(él/ella/usted)	**vaya**
(nosotros/as)	**vamos**	(nosotros/as)	**vayamos**
(vosotros/as)	**vais**	(vosotros/as)	**vayáis**
(ellos/ellas/ustedes)	**van**	(ellos/ellas/ustedes)	**vayan**

preterite		imperfect	
(yo)	**fui**	(yo)	**iba**
(tú)	**fuiste**	(tú)	**ibas**
(él/ella/usted)	**fue**	(él/ella/usted)	**iba**
(nosotros/as)	**fuimos**	(nosotros/as)	**íbamos**
(vosotros/as)	**fuisteis**	(vosotros/as)	**ibais**
(ellos/ellas/ustedes)	**fueron**	(ellos/ellas/ustedes)	**iban**

future		conditional	
(yo)	ir**é**	(yo)	ir**ía**
(tú)	ir**ás**	(tú)	ir**ías**
(él/ella/usted)	ir**á**	(él/ella/usted)	ir**ía**
(nosotros/as)	ir**emos**	(nosotros/as)	ir**íamos**
(vosotros/as)	ir**éis**	(vosotros/as)	ir**íais**
(ellos/ellas/ustedes)	ir**án**	(ellos/ellas/ustedes)	ir**ían**

imperative	past participle
ve/**id**	**ido**

gerund

yendo

example phrases

¿**Vamos** a comer al campo?	Shall we have a picnic in the country?
El domingo **iré** a León.	I'm going to León on Sunday.
Yo no **voy** con ellos.	I'm not going with them.

OÍR

to hear

present		present subjunctive	
(yo)	oigo	(yo)	oiga
(tú)	oyes	(tú)	oigas
(él/ella/usted)	oye	(él/ella/usted)	oiga
(nosotros/as)	oímos	(nosotros/as)	oigamos
(vosotros/as)	oís	(vosotros/as)	oigáis
(ellos/ellas/ustedes)	oyen	(ellos/ellas/ustedes)	oigan

preterite		imperfect	
(yo)	oí	(yo)	oía
(tú)	oíste	(tú)	oías
(él/ella/usted)	oyó	(él/ella/usted)	oía
(nosotros/as)	oímos	(nosotros/as)	oíamos
(vosotros/as)	oísteis	(vosotros/as)	oíais
(ellos/ellas/ustedes)	oyeron	(ellos/ellas/ustedes)	oían

future		conditional	
(yo)	oiré	(yo)	oiría
(tú)	oirás	(tú)	oirías
(él/ella/usted)	oirá	(él/ella/usted)	oiría
(nosotros/as)	oiremos	(nosotros/as)	oiríamos
(vosotros/as)	oiréis	(vosotros/as)	oiríais
(ellos/ellas/ustedes)	oirán	(ellos/ellas/ustedes)	oirían

imperative
oye/oíd

past participle
oído

gerund
oyendo

example phrases

No **oigo** nada.	I can't hear anything.
Si no **oyes** bien, ve al médico.	If you can't hear properly, go and see the doctor.
¿**Has oído** eso?	Did you hear that?

to think

present

(yo)	**pienso**
(tú)	**piensas**
(él/ella/usted)	**piensa**
(nosotros/as)	pens**amos**
(vosotros/as)	pens**áis**
(ellos/ellas/ustedes)	**piensan**

present subjunctive

(yo)	**piense**
(tú)	**pienses**
(él/ella/usted)	**piense**
(nosotros/as)	pens**emos**
(vosotros/as)	pens**éis**
(ellos/ellas/ustedes)	**piensen**

preterite

(yo)	pens**é**
(tú)	pens**aste**
(él/ella/usted)	pens**ó**
(nosotros/as)	pens**amos**
(vosotros/as)	pens**asteis**
(ellos/ellas/ustedes)	pens**aron**

imperfect

(yo)	pens**aba**
(tú)	pens**abas**
(él/ella/usted)	pens**aba**
(nosotros/as)	pens**ábamos**
(vosotros/as)	pens**abais**
(ellos/ellas/ustedes)	pens**aban**

future

(yo)	pensar**é**
(tú)	pensar**ás**
(él/ella/usted)	pensar**á**
(nosotros/as)	pensar**emos**
(vosotros/as)	pensar**éis**
(ellos/ellas/ustedes)	pensar**án**

conditional

(yo)	pensar**ía**
(tú)	pensar**ías**
(él/ella/usted)	pensar**ía**
(nosotros/as)	pensar**íamos**
(vosotros/as)	pensar**íais**
(ellos/ellas/ustedes)	pensar**ían**

imperative

piensa
pensa**d**

gerund

pens**ando**

past participle

pens**ado**

example phrases

¿**Piensas** que vale la pena?	Do you think it's worth it?
No lo **pienses** más.	Don't think any more about it.
Pensaba que vendrías.	I thought you'd come.

PODER

to be able (to)

present		present subjunctive	
(yo)	**puedo**	(yo)	**pueda**
(tú)	**puedes**	(tú)	**puedas**
(él/ella/usted)	**puede**	(él/ella/usted)	**pueda**
(nosotros/as)	pod**emos**	(nosotros/as)	pod**amos**
(vosotros/as)	pod**éis**	(vosotros/as)	pod**áis**
(ellos/ellas/ustedes)	**pueden**	(ellos/ellas/ustedes)	**puedan**

preterite		imperfect	
(yo)	**pude**	(yo)	pod**ía**
(tú)	**pudiste**	(tú)	pod**ías**
(él/ella/usted)	**pudo**	(él/ella/usted)	pod**ía**
(nosotros/as)	**pudimos**	(nosotros/as)	pod**íamos**
(vosotros/as)	**pudisteis**	(vosotros/as)	pod**íais**
(ellos/ellas/ustedes)	**pudieron**	(ellos/ellas/ustedes)	pod**ían**

future		conditional	
(yo)	**podré**	(yo)	**podría**
(tú)	**podrás**	(tú)	**podrías**
(él/ella/usted)	**podrá**	(él/ella/usted)	**podría**
(nosotros/as)	**podremos**	(nosotros/as)	**podríamos**
(vosotros/as)	**podréis**	(vosotros/as)	**podríais**
(ellos/ellas/ustedes)	**podrán**	(ellos/ellas/ustedes)	**podrían**

imperative

puede
pode**d**

gerund

pudiendo

past participle

pod**ido**

example phrases

¿**Puedo** entrar?	Can I come in?
Puedes venir cuando quieras.	You can come when you like.
¿**Podrías** ayudarme?	Could you help me?

to put

present		present subjunctive	
(yo)	pongo	(yo)	ponga
(tú)	pones	(tú)	pongas
(él/ella/usted)	pone	(él/ella/usted)	ponga
(nosotros/as)	ponemos	(nosotros/as)	pongamos
(vosotros/as)	ponéis	(vosotros/as)	pongáis
(ellos/ellas/ustedes)	ponen	(ellos/ellas/ustedes)	pongan

preterite		imperfect	
(yo)	puse	(yo)	ponía
(tú)	pusiste	(tú)	ponías
(él/ella/usted)	puso	(él/ella/usted)	ponía
(nosotros/as)	pusimos	(nosotros/as)	poníamos
(vosotros/as)	pusisteis	(vosotros/as)	poníais
(ellos/ellas/ustedes)	pusieron	(ellos/ellas/ustedes)	ponían

future		conditional	
(yo)	pondré	(yo)	pondría
(tú)	pondrás	(tú)	pondrías
(él/ella/usted)	pondrá	(él/ella/usted)	pondría
(nosotros/as)	pondremos	(nosotros/as)	pondríamos
(vosotros/as)	pondréis	(vosotros/as)	pondríais
(ellos/ellas/ustedes)	pondrán	(ellos/ellas/ustedes)	pondrían

imperative

pon/poned

past participle

puesto

gerund

poniendo

example phrases

Ponlo ahí encima.	Put it on there.
Lo **pondré** aquí.	I'll put it here.
Todos nos **pusimos** de acuerdo.	We all agreed.

QUERER

to want, to love

	present		present subjunctive
(yo)	**quiero**	*(yo)*	**quiera**
(tú)	**quieres**	*(tú)*	**quieras**
(él/ella/usted)	**quiere**	*(él/ella/usted)*	**quiera**
(nosotros/as)	quer**emos**	*(nosotros/as)*	quer**amos**
(vosotros/as)	quer**éis**	*(vosotros/as)*	quer**áis**
(ellos/ellas/ustedes)	**quieren**	*(ellos/ellas/ustedes)*	**quieran**

	preterite		imperfect
(yo)	**quise**	*(yo)*	quer**ía**
(tú)	**quisiste**	*(tú)*	quer**ías**
(él/ella/usted)	**quiso**	*(él/ella/usted)*	quer**ía**
(nosotros/as)	**quisimos**	*(nosotros/as)*	quer**íamos**
(vosotros/as)	**quisisteis**	*(vosotros/as)*	quer**íais**
(ellos/ellas/ustedes)	**quisieron**	*(ellos/ellas/ustedes)*	quer**ían**

	future		conditional
(yo)	**querré**	*(yo)*	**querría**
(tú)	**querrás**	*(tú)*	**querrías**
(él/ella/usted)	**querrá**	*(él/ella/usted)*	**querría**
(nosotros/as)	**querremos**	*(nosotros/as)*	**querríamos**
(vosotros/as)	**querréis**	*(vosotros/as)*	**querríais**
(ellos/ellas/ustedes)	**querrán**	*(ellos/ellas/ustedes)*	**querrían**

imperative	past participle
quiere	quer**ido**
quer**ed**	

gerund

quer**iendo**

Another form, **quisiera**, is commonly used to mean *I'd like*.

example phrases

Te **quiero**.	I love you.
Quisiera preguntar una cosa.	I'd like to ask something.
No **quería** decírmelo.	She didn't want to tell me.

to know

present

(yo)	**sé**
(tú)	sab**es**
(él/ella/usted)	sab**e**
(nosotros/as)	sab**emos**
(vosotros/as)	sab**éis**
(ellos/ellas/ustedes)	sab**en**

present subjunctive

(yo)	**sepa**
(tú)	**sepas**
(él/ella/usted)	**sepa**
(nosotros/as)	**sepamos**
(vosotros/as)	**sepáis**
(ellos/ellas/ustedes)	**sepan**

preterite

(yo)	**supe**
(tú)	**supiste**
(él/ella/usted)	**supo**
(nosotros/as)	**supimos**
(vosotros/as)	**supisteis**
(ellos/ellas/ustedes)	**supieron**

imperfect

(yo)	sab**ía**
(tú)	sab**ías**
(él/ella/usted)	sab**ía**
(nosotros/as)	sab**íamos**
(vosotros/as)	sab**íais**
(ellos/ellas/ustedes)	sab**ían**

future

(yo)	**sabré**
(tú)	**sabrás**
(él/ella/usted)	**sabrá**
(nosotros/as)	**sabremos**
(vosotros/as)	**sabréis**
(ellos/ellas/ustedes)	**sabrán**

conditional

(yo)	**sabría**
(tú)	**sabrías**
(él/ella/usted)	**sabría**
(nosotros/as)	**sabríamos**
(vosotros/as)	**sabríais**
(ellos/ellas/ustedes)	**sabrían**

imperative

sab**e**/sab**ed**

past participle

sab**ido**

gerund

sab**iendo**

example phrases

No lo **sé**.	I don't know.
¿**Sabes** una cosa?	Do you know what?
Pensaba que lo **sabías**.	I thought you knew.

to feel, to be sorry about

present		present subjunctive	
(yo)	**siento**	(yo)	**sienta**
(tú)	**sientes**	(tú)	**sientas**
(él/ella/usted)	**siente**	(él/ella/usted)	**sienta**
(nosotros/as)	sent**imos**	(nosotros/as)	**sintamos**
(vosotros/as)	sent**ís**	(vosotros/as)	**sintáis**
(ellos/ellas/ustedes)	**sienten**	(ellos/ellas/ustedes)	**sientan**

preterite		imperfect	
(yo)	sent**í**	(yo)	sent**ía**
(tú)	sent**iste**	(tú)	sent**ías**
(él/ella/usted)	**sintió**	(él/ella/usted)	sent**ía**
(nosotros/as)	sent**imos**	(nosotros/as)	sent**íamos**
(vosotros/as)	sent**isteis**	(vosotros/as)	sent**íais**
(ellos/ellas/ustedes)	**sintieron**	(ellos/ellas/ustedes)	sent**ían**

future		conditional	
(yo)	sentir**é**	(yo)	sentir**ía**
(tú)	sentir**ás**	(tú)	sentir**ías**
(él/ella/usted)	sentir**á**	(él/ella/usted)	sentir**ía**
(nosotros/as)	sentir**emos**	(nosotros/as)	sentir**íamos**
(vosotros/as)	sentir**éis**	(vosotros/as)	sentir**íais**
(ellos/ellas/ustedes)	sentir**án**	(ellos/ellas/ustedes)	sentir**ían**

imperative		past participle	
	siente/sent**id**		sent**ido**

gerund	
	sintiendo

example phrases

Siento mucho lo que pasó.	I'm really sorry about what happened.
Sentí un pinchazo en la pierna.	I felt a sharp pain in my leg.
No creo que lo **sienta**.	I don't think she's sorry.

to be

present

(yo)	**soy**
(tú)	**eres**
(él/ella/usted)	**es**
(nosotros/as)	**somos**
(vosotros/as)	**sois**
(ellos/ellas/ustedes)	**son**

present subjunctive

(yo)	**sea**
(tú)	**seas**
(él/ella/usted)	**sea**
(nosotros/as)	**seamos**
(vosotros/as)	**seáis**
(ellos/ellas/ustedes)	**sean**

preterite

(yo)	**fui**
(tú)	**fuiste**
(él/ella/usted)	**fue**
(nosotros/as)	**fuimos**
(vosotros/as)	**fuisteis**
(ellos/ellas/ustedes)	**fueron**

imperfect

(yo)	**era**
(tú)	**eras**
(él/ella/usted)	**era**
(nosotros/as)	**éramos**
(vosotros/as)	**erais**
(ellos/ellas/ustedes)	**eran**

future

(yo)	ser**é**
(tú)	ser**ás**
(él/ella/usted)	ser**á**
(nosotros/as)	ser**emos**
(vosotros/as)	ser**éis**
(ellos/ellas/ustedes)	ser**án**

conditional

(yo)	ser**ía**
(tú)	ser**ías**
(él/ella/usted)	ser**ía**
(nosotros/as)	ser**íamos**
(vosotros/as)	ser**íais**
(ellos/ellas/ustedes)	ser**ían**

imperative

sé/sed

past participle

sido

gerund

siendo

example phrases

Soy español.	I'm Spanish.
¿**Fuiste** tú el que llamó?	Was it you who phoned?
Era de noche.	It was dark.

TENER

to have

present		
(yo)	**tengo**	
(tú)	**tienes**	
(él/ella/usted)	**tiene**	
(nosotros/as)	ten**emos**	
(vosotros/as)	ten**éis**	
(ellos/ellas/ustedes)	**tienen**	

present subjunctive		
(yo)	**tenga**	
(tú)	**tengas**	
(él/ella/usted)	**tenga**	
(nosotros/as)	**tengamos**	
(vosotros/as)	**tengáis**	
(ellos/ellas/ustedes)	**tengan**	

preterite		
(yo)	**tuve**	
(tú)	**tuviste**	
(él/ella/usted)	**tuvo**	
(nosotros/as)	**tuvimos**	
(vosotros/as)	**tuvisteis**	
(ellos/ellas/ustedes)	**tuvieron**	

imperfect		
(yo)	ten**ía**	
(tú)	ten**ías**	
(él/ella/usted)	ten**ía**	
(nosotros/as)	ten**íamos**	
(vosotros/as)	ten**íais**	
(ellos/ellas/ustedes)	ten**ían**	

future		
(yo)	**tendré**	
(tú)	**tendrás**	
(él/ella/usted)	**tendrá**	
(nosotros/as)	**tendremos**	
(vosotros/as)	**tendréis**	
(ellos/ellas/ustedes)	**tendrán**	

conditional		
(yo)	**tendría**	
(tú)	**tendrías**	
(él/ella/usted)	**tendría**	
(nosotros/as)	**tendríamos**	
(vosotros/as)	**tendríais**	
(ellos/ellas/ustedes)	**tendrían**	

imperative

ten/ten**ed**

past participle

ten**ido**

gerund

ten**iendo**

example phrases

Tengo sed.	I'm thirsty.
No **tenía** suficiente dinero.	She didn't have enough money.
Tuvimos que irnos.	We had to leave.

to bring

present

(yo)	**traigo**
(tú)	tra**es**
(él/ella/usted)	tra**e**
(nosotros/as)	tra**emos**
(vosotros/as)	tra**éis**
(ellos/ellas/ustedes)	tra**en**

present subjunctive

(yo)	**traiga**
(tú)	**traigas**
(él/ella/usted)	**traiga**
(nosotros/as)	**traigamos**
(vosotros/as)	**traigáis**
(ellos/ellas/ustedes)	**traigan**

preterite

(yo)	**traje**
(tú)	**trajiste**
(él/ella/usted)	**trajo**
(nosotros/as)	**trajimos**
(vosotros/as)	**trajisteis**
(ellos/ellas/ustedes)	**trajeron**

imperfect

(yo)	tra**ía**
(tú)	tra**ías**
(él/ella/usted)	tra**ía**
(nosotros/as)	tra**íamos**
(vosotros/as)	tra**íais**
(ellos/ellas/ustedes)	tra**ían**

future

(yo)	traer**é**
(tú)	traer**ás**
(él/ella/usted)	traer**á**
(nosotros/as)	traer**emos**
(vosotros/as)	traer**éis**
(ellos/ellas/ustedes)	traer**án**

conditional

(yo)	traer**ía**
(tú)	traer**ías**
(él/ella/usted)	traer**ía**
(nosotros/as)	traer**íamos**
(vosotros/as)	traer**íais**
(ellos/ellas/ustedes)	traer**ían**

imperative

tra**e**/trae**d**

past participle

traído

gerund

trayendo

example phrases

¿Has **traído** lo que te pedí?	Did you bring what I asked you for?
No **trajo** el dinero.	He didn't bring the money.
Trae eso.	Can you bring that over here?

VER

to see

present		**present subjunctive**	
(yo)	**veo**	(yo)	**vea**
(tú)	**ves**	(tú)	**veas**
(él/ella/usted)	**ve**	(él/ella/usted)	**vea**
(nosotros/as)	**vemos**	(nosotros/as)	**veamos**
(vosotros/as)	**veis**	(vosotros/as)	**veáis**
(ellos/ellas/ustedes)	**ven**	(ellos/ellas/ustedes)	**vean**

preterite		**imperfect**	
(yo)	**vi**	(yo)	**veía**
(tú)	**viste**	(tú)	**veías**
(él/ella/usted)	**vio**	(él/ella/usted)	**veía**
(nosotros/as)	**vimos**	(nosotros/as)	**veíamos**
(vosotros/as)	**visteis**	(vosotros/as)	**veíais**
(ellos/ellas/ustedes)	**vieron**	(ellos/ellas/ustedes)	**veían**

future		**conditional**	
(yo)	ver**é**	(yo)	ver**ía**
(tú)	ver**ás**	(tú)	ver**ías**
(él/ella/usted)	ver**á**	(él/ella/usted)	ver**ía**
(nosotros/as)	ver**emos**	(nosotros/as)	ver**íamos**
(vosotros/as)	ver**éis**	(vosotros/as)	ver**íais**
(ellos/ellas/ustedes)	ver**án**	(ellos/ellas/ustedes)	ver**ían**

imperative	**past participle**
ve/**ved**	**visto**

gerund
viendo

example phrases

No **veo** muy bien.	I can't see very well.
Los **veía** a todos desde la ventana.	I could see them all from the window.
¿**Viste** lo que pasó?	Did you see what happened?

A

A, an un, una
A&E las urgencias
able to be able poder
about (*relating to*) sobre; **I don't know anything about it** No sé nada sobre eso; **at about 11 o'clock** sobre las 11.
above above 40 degrees más de 40 grados
abroad en el extranjero
abscess el absceso
accelerator el acelerador
to accept aceptar; **Do you accept this card?** ¿Acepta esta tarjeta?
access el acceso; **wheelchair access** el acceso para sillas de ruedas
accident el accidente
accident & emergency department las urgencias
accommodation el alojamiento
according to según; **according to him** según él
account (*bank, internet*) la cuenta
account number el número de cuenta
to ache doler; **My head aches** Me duele la cabeza; **It aches** Duele
actor el actor, la actriz
address la dirección (*pl* direcciones); **What's the address?** ¿Cuál es la dirección?
admission charge, admission fee el precio de entrada
to admit (*to hospital*) ingresar
adult el adulto; **for adults** para adultos
advance in advance por adelantado
to advise aconsejar
aeroplane el avión (*pl* aviones)
afraid to be afraid of tener miedo de
after después; **after the match** después del partido

afternoon la tarde; **this afternoon** esta tarde; **in the afternoon** por la tarde; **tomorrow afternoon** mañana por la tarde
afterwards después
again otra vez
against contra; **I'm against the idea** Estoy en contra de la idea
age la edad
agency la agencia
ago a week ago hace una semana; **a month ago** hace un mes
to agree estar de acuerdo
air el aire; **by air** en avión
air bed el colchón inflable (*pl* colchones)
air conditioning el aire acondicionado
air-conditioning unit el aparato de aire acondicionado
airline la linea aérea
airmail by airmail por avión
airplane el avión (*pl* aviones)
airport el aeropuerto
aisle (*in plane*) el pasillo
alarm la alarma
alarm clock el despertador
alcoholic alcohólico; **Is it alcoholic?** ¿Tiene alcohol?
all todo; **all day** todo el día; **all the apples** todas las manzanas
allergic to alérgico a; **I'm allergic to...** Soy alérgico a...
to allow permitir; **It's not allowed** No está permitido
all right (*agreed*) de acuerdo; (*OK*) vale; **Are you all right?** ¿Estás bien?
almost casi
alone solo
along por
alphabet el alfabeto
already ya
also también
altogether 20 euros
altogether 20 euros en total
always siempre

am de la mañana; **at 4 am** a las cuatro de la mañana
ambulance la ambulancia
America Norteamérica
American norteamericano
amount el total
anchovies (*fresh*) los boquerones; (*tinned*) las anchoas
and y
angry enfadado
animal el animal
ankle el tobillo
annoying molesto; **I find it very annoying** Me molesta mucho
another otro; **another beer** otra cerveza; **another two salads** dos ensaladas más
answer la respuesta
to answer responder
answering machine el contestador automático
answerphone el contestador automático
antibiotic el antibiótico
antifreeze el anticongelante
antihistamine el antihistamínico
antique shop el anticuario
antiseptic el antiséptico
any Have you any pears? ¿Tienen peras?; **She doesn't have any friends** No tiene amigos; **I don't smoke any more** No fumo más; **Have you any more brochures?** ¿Tienen más folletos?
anyone (*in questions*) alguien; (*in negative sentences*) nadie
anything (*in questions*) algo; (*in negative sentences*) nada
anyway de todas maneras
anywhere en cualquier sitio; **You can buy them almost anywhere** Se pueden comprar casi en cualquier sitio
apartment el apartamento
apart from aparte de; **apart from that...** aparte de eso...

apple la manzana
application form el impreso de solicitud
appointment (*at doctor, dentist*) la cita; (*at hairdresser*) la hora
approximately aproximadamente
apricot el albaricoque (*LAm* el damasco)
April abril
arm el brazo
to arrange organizar
to arrive llegar
art el arte
art gallery la galería de arte
arthritis la artritis
ashtray el cenicero
to ask to ask for something pedir algo; **I'd like to ask you a question** Quiero hacerte una pregunta
aspirin la aspirina
asthma el asma; **I have asthma** Tengo asma
at a; en; **at home** en casa; **at 8 o'clock** a las ocho; **at once** ahora mismo; **at night** por la noche
attractive atractivo
aubergine la berenjena
August agosto
aunt la tía
Australia Australia
Australian australiano
automatic car el coche automático
autumn el otoño
avocado el aguacate
available disponible
awake to be awake estar despierto
away far away lejos; **He's away** Está fuera
awful espantoso

B
baby el bebé
baby milk la leche infantil
babysitter el/la canguro
back (*of body*) la espalda; **the back seat** (*of car*) el asiento trasero
backpack la mochila
backpacker el mochilero, la mochilera
bad (*weather, news*) malo; (*fruit and vegetables*) pasado

bag la bolsa
baggage el equipaje
baggage allowance el equipaje permitido
baggage reclaim la recogida de equipajes
baker's la panadería
ball (*football*) el balón (*pl* balones); (*for golf, tennis*) la pelota
banana el plátano (*LAm* la banana)
band (*rock*) el grupo
bandage la venda
bank el banco
banknote el billete
bar (*pub*) el bar; (*counter*) la barra; **a bar of chocolate** una tableta de chocolate
barbecue la barbacoa; **to have a barbecue** hacer una barbacoa
barber's la barbería
bath el baño; **to have a bath** bañarse
bathroom el cuarto de baño; **with bathroom** con baño
battery (*in radio, camera, etc*) la pila; (*in car*) la batería
to be estar; ser
beach la playa; **on the beach** en la playa
bean la alubia
beautiful hermoso
because porque
to become to become ill; ponerse enfermo
bed la cama; **double bed** la cama de matrimonio; **single bed** la cama individual; **twin beds** las camas individuales
bed and breakfast (*place*) la pensión; **How much is it for bed and breakfast?** ¿Cuánto es la habitación con desayuno?
bedroom (*in house, flat*) el dormitorio; (*in hotel*) la habitación
beef la ternera
beer la cerveza
before antes de; **before 11** antes de las 11; **I've seen this film before** Esta película ya la he visto

to begin empezar; **to begin doing** empezar a hacer
behind detrás de; **behind the house** detrás de la casa
beige beis
to believe creer
to belong to (*club*) ser miembro de; **That belongs to me** Eso es mío
below debajo de; **below our apartment** debajo de nuestro apartamento
belt el cinturón (*pl* cinturones)
beside al lado de; **beside the bank** al lado del banco
best el mejor
better mejor; **better than** mejor que
between entre
bib el babero
bicycle la bicicleta; **by bicycle** en bicicleta
bicycle pump la bomba de bicicleta
big grande; **a big house** una casa grande
bike (*pushbike*) la bici; (*motorbike*) la moto
bikini el bikini
bill la factura; (*in restaurant*) la cuenta
bin (*in kitchen*) el cubo (*LAm* el tarro)
Biro® el bolígrafo
birthday el cumpleaños; **Happy birthday!** ¡Feliz cumpleaños!; **My birthday is on 15th May** Mi cumpleaños es el quince de mayo
birthday card la tarjeta de cumpleaños
biscuits las galletas
bit a bit of salad un poco de ensalada
bitter (*taste*) amargo
black negro
blanket la manta
to bleed sangrar; **My nose is bleeding** Me sangra la nariz
blind (*person*) invidente; (*for window*) la persiana
blister la ampolla
blocked (*road*) cortado; (*pipe*) obstruido
blog el blog
to blog tener un blog

blond rubio
blood la sangre
blood group el grupo
sanguíneo
blood pressure la presión
sanguínea
blouse la blusa
blow-dry el secado a mano
blue azul; **dark blue** azul
marino; **light blue** azul
claro
to board (*train, bus*) subir a;
(*plane*) subir a bordo de
boarding card la tarjeta de
embarque
boat (*large*) el barco; (*small*)
la barca; **by boat** en barco
body el cuerpo
boiler la caldera
bone el hueso; (*fish bone*)
la espina
bonnet (*of car*) el capó
book el libro
to book reservar
booking la reserva
bookshop la librería
boot (*of car*) el maletero
(*LAm* el baúl (*pl* baules)),
(*Mexico* la cajuela))
boots las botas
bored **I'm bored** Estoy
aburrido
boring **It's boring** Es
aburrido
born **I was born in...** Nací
en...
to borrow **Can I borrow
your map?** ¿Me prestas el
plano?
boss el jefe, la jefa
both los dos, las dos; **We
both went** Fuimos los dos
bottle la botella; **a bottle
of wine** una botella de vino;
a half-bottle of... media
botella de...
bottle opener el
abrebotellas
box office la taquilla
boy el chico
boyfriend el novio
bra el sujetador
bracelet la pulsera
brake el freno
brake fluid el líquido de
frenos
brake light la luz de freno
(*pl* luces)

brake pads las pastillas de
freno
branch (*of bank, shop*) la
sucursal
brand (*make*) la marca
bread el pan; **wholemeal
bread** el pan integral;
French bread la barra de
pan; **sliced bread** el pan
de molde
to break romper
to break down (*car*)
averiarse
breakfast el desayuno
to breathe respirar
bride la novia
bridegroom el novio
briefcase la cartera
bridge el puente
to bring traer
Britain Gran Bretaña
British británico
broadband la banda ancha
broccoli el brécol
brochure el folleto
broken roto; **My leg is
broken** Me he roto la pierna
broken down (*car*) averiado
brooch el broche
brother el hermano
brother-in-law el cuñado
brown marrón (*pl* marrones)
bucket el cubo
buffet car el coche comedor
building el edificio
bulb (*electric*) la bombilla
bullfight la corrida de toros
bumper (*on car*) el
parachoques
bunch (*of flowers*) el ramo;
(*grapes*) el racimo
burger la hamburguesa
burglar el ladrón (*pl* los
ladrones)
burglar alarm la alarma
antirrobo
burnt quemado
bus el autobús; **by bus** en
autobús
business el negocio; **He's
got his own business** Tiene
su propio negocio
business card la tarjeta de
visita
business class **in business
class** en clase preferente
businessman el hombre de
negocios

business trip el viaje de
negocios
businesswoman la mujer de
negocios
bus station la estación de
autobuses
bus stop la parada de
autobús
busy (*person, telephone line*)
ocupado; **He's very busy**
Está muy ocupado
but pero
butcher's la carnicería
butter la mantequilla
button el botón (*pl* los
botones)
to buy comprar
by (*beside*) al lado de; **by
the church** al lado de la
iglesia; **a painting by
Picasso** un cuadro de
Picasso; **They were caught
by the police** Fueron
capturados por la policía;
**I have to be there by three
o'clock** Tengo que estar allí
para las tres

C

cablecar el teleférico
café el café
cake (*big*) la tarta; (*little*)
el pastel
cake shop la pastelería
call (*telephone*) la llamada;
a long distance call una
conferencia
to call (*phone*) llamar por
teléfono
camera la cámara
camera shop la tienda de
fotografía
to camp acampar
camping gas el camping gas
camping stove el hornillo
de gas
campsite el camping
can (*to be able*) poder; (*know
how to*) saber; **I can't do
that** No puedo hacer eso;
I can swim Sé nadar
can la lata
Canada el Canadá
Canadian canadiense
to cancel (*flight, trip,
appointment*) cancelar
canoeing **to go canoeing**
hacer piragüismo

can opener el abrelatas
cappuccino el capuchino
car el coche; **to go by car** ir en coche
carafe la jarra
car alarm la alarma de coche
caravan la caravana
carburettor el carburador
card (*greetings, business*) la tarjeta; **playing cards** las cartas
cardigan la chaqueta de punto
careful Be careful! ¡Cuidado!
car hire el alquiler de coches
car insurance el seguro del coche
car park el aparcamiento
carriage (*on train*) el vagón (*pl* los vagones)
carrot la zanahoria
to carry llevar
case (*suitcase*) la maleta; **in any case** en todo caso
cash el dinero en efectivo
to cash (*cheque*) cobrar
cash desk la caja
cash dispenser el cajero automático
cashpoint el cajero automático
castle el castillo
casualty department las urgencias
cat el gato
to catch (*bus, train, plane*) coger (*LAm* tomar)
cathedral la catedral
cauliflower la coliflor
CD el CD
CD player el lector de CD
CD ROM CD-ROM
ceiling el techo
cent (*of euro*) el céntimo
centimetre el centímetro
central The hotel is very central El hotel está muy céntrico
central heating la calefacción central
central locking (*for car*) el cierre centralizado
centre el centro
century el siglo
cereal los cereales
certificate el certificado

chair la silla
chairlift el telesilla
chalet el chalet
chambermaid la camarera
change I haven't got any change No tengo dinero suelto; **Can you give me change for 10 euros?** ¿Me puede cambiar 10 euros?; Keep the change Quédese con la vuelta
to change to change 50 euros cambiar 50 euros; **to change money** cambiar dinero; **I'm going to change my shoes** Voy a cambiarme de zapatos; **to change trains in Madrid** hacer transbordo en Madrid
changing room el probador
charge (*fee*) el precio; **to be in charge** ser el responsable
to charge (*money*) cobrar; (*battery*) cargar; **Please charge it to my account** Cárguelo a mi cuenta, por favor; **I need to charge my phone** Necesito recargar el móvil
charter flight el vuelo chárter
chatroom la sala de chat
cheap barato
to check (*oil level, amount*) comprobar
to check in (*at airport*) facturar el equipaje; (*at hotel*) registrarse
check-in la facturación de equipajes
Cheers! ¡Salud!
cheese el queso
chemist's la farmacia
cheque el cheque
cheque card la tarjeta bancaria
cherry la cereza
chewing gum el chicle
chicken el pollo
child (*boy*) el niño; (*girl*) la niña
children (*infants*) los niños; **for children** para niños
chilli el chile
chips las patatas fritas
chiropodist el podólogo, la podóloga
chiropractor el quiropráctico

chocolate el chocolate
chocolates los bombones
to choose escoger
chop (*meat*) la chuleta
Christian name el nombre de pila
Christmas la Navidad; **Merry Christmas!** ¡Feliz Navidad!
Christmas card la tarjeta de Navidad
Christmas Eve la Nochebuena
church la iglesia
cigar el puro
cigarette el cigarrillo
cigarette lighter el mechero (*LAm* el encendedor)
cinema el cine
circle (*in theatre*) el anfiteatro
city la ciudad
city centre el centro de la ciudad
class first class primera clase; **second class** segunda clase
clean limpio
to clean limpiar
cleaner (*person*) la encargada de la limpieza
clear (*explanation*) claro
clever inteligente
client el/la cliente
climate el clima
to climb (*mountains*) escalar
to go climbing hacer montañismo
clinic la clínica
cloakroom el guardarropa
clock el reloj
to close cerrar
close by muy cerca
closed (*shop, museum, restaurant, etc*) cerrado
clothes la ropa
clothes shop la tienda de ropa
club el club
clutch (*in car*) el embrague
coach (*bus*) el autocar
coach trip la excursión en autocar
coast la costa
coat el abrigo
coat hanger la percha
cockroach la cucaracha
cocktail el cóctel

code dialling code el prefijo
coffee el café; **black coffee** el café solo; **white coffee** el café con leche; **decaffeinated coffee** el café descafeinado
Coke® la Coca Cola®
cold frío; **I'm cold** Tengo frío; **It's cold** Hace frío; **cold water** el agua fría
cold (*illness*) el resfriado; **I have a cold** Estoy resfriado
collar el cuello
colleague el compañero de trabajo, la compañera de trabajo
to collect recoger
colour el color
colour film (*for camera*) el carrete en color
comb el peine
to come venir; (*to arrive*) llegar
to come back volver
to come in entrar; **Come in!** ¡Pase!
comfortable cómodo
company (*firm*) la empresa
compartment (*on train*) el compartimiento
to complain reclamar; **We're going to complain to the manager** Vamos a reclamar al director
complaint (*in shop, hotel*) la reclamación
complete completo
compulsory obligatorio
computer el ordenador (*LAm* la computadora)
concert el concierto
concert hall la sala de conciertos
concession el descuento
conditioner el suavizante
condom el condón (*pl* condones)
conductor (*on train*) el revisor, la revisora
conference el congreso
to confirm confirmar
confirmation (*flight, booking*) la confirmación
Congratulations! ¡Enhorabuena!
connection (*train, plane*) el enlace
consulate el consulado

to consult consultar; **I need to consult my boss** Tengo que consultarlo con mi jefe
to contact ponerse en contacto con; **Where can we contact you?** ¿Dónde podemos ponernos en contacto contigo?
contact lens la lentilla
contact lens cleaner la solución limpiadora para lentillas
to continue continuar
contraceptive el anticonceptivo
contract el contrato
convenient Is it convenient? ¿Le viene bien?
to cook cocinar
cooker la cocina
cookies las galletas
cool fresco
copy (*duplicate*) la copia
to copy (*photocopy*) hacer una fotocopia de
cork el corcho
corkscrew el sacacorchos
corner (*of street*) la esquina; (*of room*) el rincón (*pl* rincones); **the shop on the corner** la tienda de la esquina
cornflakes los copos de maíz
corridor el pasillo
cost (*price*) el precio
to cost costar; **How much does it cost?** ¿Cuánto cuesta?
cot la cuna
cotton el algodón
cotton wool el algodón hidrófilo
cough la tos
to cough toser
cough mixture el jarabe para la tos
counter (*in shop*) el mostrador; (*in bar*) la barra
country (*not town*) el campo; (*nation*) el país **I live in the country** Vivo en el campo
couple (*2 people*) la pareja; **a couple of hours** un par de horas
courgette el calabacín (*pl* los calabacines)

course (*of meal*) el plato; **first course** el primer plato; **main course** el segundo plato
cousin el primo, la prima
cover charge (*in restaurant*) el cubierto
crab el cangrejo
crash (*car*) el accidente
to crash (*car*) chocar
crash helmet el casco protector
cream (*lotion*) la crema; (*on milk*) la nata
crèche la guardería infantil
credit (*on mobile phone*) el saldo
credit card la tarjeta de crédito
crisps las patatas fritas
to cross (*road*) cruzar
crowded concurrido
cruise el crucero
cucumber el pepino
cufflinks los gemelos
cup la taza
cupboard el armario
current la corriente
customs (*at border*) la aduana
cut el corte
to cut cortar
to cycle ir en bicicleta
cycle track el carril bici
cycling el ciclismo

D

daily (*each day*) todos los días
dairy products los productos lácteos
damage los daños
damp húmedo
to dance bailar
dangerous peligroso
dark oscuro; **dark green** verde oscuro
date la fecha
date of birth la fecha de nacimiento
daughter la hija
daughter-in-law la nuera
day el día; **every day** todos los días; **It costs 50 euros per day** Cuesta 50 euros por día
dead muerto

deaf sordo
dear (*on letter*) querido;
  (*expensive*) caro
decaffeinated descafeinado
December diciembre
deck chair la tumbona
deep profundo
deep freeze el
  ultracongelador
delay el retraso; **How long
  is the delay?** ¿Cuánto lleva
  de retraso?
delayed retrasado
delicatessen la charcutería
delicious delicioso
dental floss el hilo dental
dentist el/la dentista
dentures la dentadura
  postiza
deodorant el desodorante
department (*in shop*) la
  sección
department store los
  grandes almacenes
departure lounge la sala de
  embarque
departures las salidas
desk (*in hotel, airport*) el
  mostrador
desktop el ordenador de
  sobremesa
dessert el postre
details personal details
  los datos personales
detergent el detergente
to develop (*photos*) revelar
diabetic diabético; **I'm
  diabetic** Soy diabético
to dial marcar
dialling code el prefijo
dialling tone la señal de
  llamada
diarrhoea la diarrea
dictionary el diccionario
diesel (*fuel*) el gasoil
diet I'm on a diet Estoy a
  régimen; **special diet** la
  dieta especial
different distinto
difficult difícil (*pl* difíciles)
digital camera la cámara
  digital
dining room (*in hotel*)
  el restaurante; (*in house*)
  el comedor
dinner (*evening meal*) la
  cena; **to have dinner**
  cenar

direct (*train*) directo;
  direct flight el vuelo directo
**directions to ask for
  directions** preguntar el
  camino
directory phone directory
  la guía telefónica
directory enquiries la
  información telefónica
dirty sucio
disabled discapacitado
to disagree no estar de
  acuerdo
discount el descuento
dish el plato
dishwasher el lavavajillas
disinfectant el desinfectante
disk hard disk el disco
  duro
to dislocate (*joint*)
  dislocarse
disposable desechable
distilled water el agua
  destilada
district el barrio
divorced divorciado
dizzy mareado
to do hacer
doctor el médico, la médica
documents los documentos
dog el perro
dollar el dólar
domestic domestic flight
  el vuelo nacional
door la puerta
double doble; **double bed**
  la cama de matrimonio;
  double room la habitación
  doble
down to go down the stairs
  bajar la escalera
to download descargar
downstairs abajo; **He's
  downstairs** Está abajo; **the
  flat downstairs** el piso de
  abajo
draught There's a draught
  Hay corriente
draught lager la cerveza
  de barril
drawing el dibujo
dress el vestido
dressed to get dressed
  vestirse
drink la bebida
to drink beber
drinking water el agua
  potable

to drive conducir (*LAm*
  manejar)
driver el conductor, la
  conductora
driving licence el carné de
  conducir
dry seco
to dry secar
dry-cleaner's la tintorería
due When is it due? ¿Para
  cuándo está previsto?
during durante
dust el polvo
duster la bayeta
duty-free libre de
  impuestos
duvet el edredón nórdico
DVD el DVD
DVD player el reproductor
  de DVD

E

each cada; **each week**
  cada semana
ear el oído
earache I have earache
  Me duele el oído
earlier antes; **I saw him
  earlier** Lo vi antes; **an
  earlier flight** un vuelo que
  sale antes
early temprano
earphones los auriculares
earrings los pendientes
east el este
Easter la Pascua
easy fácil (*pl* fáciles)
to eat comer
e-book el libro electrónico
e-commerce el comercio
  electrónico
ecological ecológico
egg el huevo; **fried egg**
  el huevo frito; **hard-
  boiled egg** el huevo duro;
  scrambled eggs los huevos
  revueltos; **soft-boiled egg**
  el huevo pasado por agua
eggplant la berenjena
either tampoco; **I've never
  been to Salamanca – I
  haven't either** Nunca he
  estado en Salamanca – Yo
  tampoco
Elastoplast® la tirita (*LAm*
  la curita®)
electric eléctrico
electrician el electricista

electric razor la maquinilla de afeitar
electronic electrónico
elevator el ascensor
email el e-mail; **to email somebody** mandar un e-mail a alguien
email address la dirección de e-mail
embassy la embajada
emergency la emergencia
empty vacío
end el fin
engaged (*toilet, phone*) ocupado; (*to marry*) prometido
engine el motor
England Inglaterra
English inglés, inglesa; (*language*) el inglés
Englishman el inglés (*pl* los ingleses)
Englishwoman la inglesa
to enjoy gustar; **I enjoy swimming** Me gusta nadar; **I enjoy dancing** Me gusta bailar; **to enjoy oneself** divertirse
enough bastante; **I haven't got enough money** No tengo bastante dinero; **That's enough, thanks** Con eso ya es suficiente, gracias
enquiry desk la información
to enter entrar en
entrance la entrada
entrance fee el precio de entrada
envelope el sobre
equipment el equipo
escalator la escalera mecánica
essential imprescindible
estate agent's la agencia inmobiliaria
euro el euro
Europe Europa
European europeo
even **even on Sundays** incluso los domingos; **even though, even if** aunque; **even if it rains** aunque llueva
evening la tarde; **this evening** esta tarde; **tomorrow evening** mañana por la tarde; **in the evening** por la tarde

evening meal la cena
every cada; **every time** cada vez
everyone todo el mundo
everything todo
everywhere en todas partes
examination (*school, medical*) el examen (*pl* los exámenes)
example **for example** por ejemplo
excellent excelente
except for excepto; **except for me** excepto yo
exchange **in exchange for** a cambio de; **exchange rate** el tipo de cambio
to exchange cambiar
excursion la excursión (*pl* excursiones)
excuse **Excuse me!** ¡Perdón!
exhaust pipe el tubo de escape
exhibition la exposición (*pl* exposiciones)
exit la salida
expensive caro
to expire (*ticket, passport*) caducar
to explain explicar
express **express train** el expreso
express **to send a letter express** enviar una carta por correo urgente
extra **Can you give me an extra blanket?** ¿Me da una manta más?; **There's an extra charge** Hay que pagar un suplemento
eye el ojo
eyeliner el lápiz de ojos
eye shadow la sombra de ojos

F

fabric la tela
face la cara
fact **in fact** de hecho
fair (*hair, complexion*) rubio; **That's not fair** Eso no es justo
fair (*funfair, trade fair*) la feria
fake falso
fall (*autumn*) el otoño
to fall over caerse; **He fell over** Se ha caído

family la familia
famous famoso
fan (*electric*) el ventilador; (*cloth*) el abanico; **I'm a jazz fan** Soy muy aficionado al jazz; **He's a Liverpool fan** Es del Liverpool
far lejos; **Is it far?** ¿Está lejos?
farm la granja
farmhouse la granja
fashionable de moda
fast rápido; **too fast** demasiado rápido
fat (*plump*) gordo; (*in food, on person*) la grasa
father el padre
father-in-law el suegro
fault (*mechanical defect*) el defecto; **It's not my fault** No tengo la culpa
favourite favorito
fax el fax; **by fax** por fax
to fax mandar por fax
February febrero
to feed dar de comer a
to feel sentir; **I don't feel well** No me siento bien; **I feel sick** Estoy mareado
ferry el ferry
festival el festival
to fetch ir a buscar
few pocos, pocas; **with a few friends** con algunos amigos; **few tourists** pocos turistas
fiancé el novio
fiancée la novia
fig el higo
file (*computer*) el fichero
to fill llenar; **Fill it up, please!** (*car*) Lleno, por favor
to fill in (*form*) rellenar
fillet el filete
filling (*in tooth*) el empaste
film (*at cinema*) la película; (*for camera*) el carrete
to find encontrar
fine (*to be paid*) la multa; **How are you? – I'm fine** ¿Qué tal estás? – Bien
finger el dedo
to finish acabar
finished terminado
fire (*electric, gas*) la estufa; (*open fire*) la chimenea; (*accidental, disaster*) el incendio

fire alarm la alarma de
incendios
firm (*company*) la empresa
first primero
first aid los primeros auxilios
first class de primera clase;
to travel **first class** viajar
en primera
first name el nombre de pila
fish (*as food*) el pescado
to fish pescar
fishing la pesca
fishmonger's la pescadería
to fit (*clothes*) quedar bien;
It doesn't **fit** No queda bien
fitting room el probador
to fix arreglar
fizzy con gas; **fizzy water**
el agua con gas
flash (*for camera*) el flash
flask (*thermos*) el termo
flat (*apartment*) el piso
flat (*battery*) descargado;
It's **flat** (*beer*) Ya no tiene
gas
flat tyre la rueda pinchada
flavour el sabor; **Which**
flavour? ¿Qué sabor?
flight el vuelo
flippers las aletas
floor (*of building*) el piso;
(*of room*) el suelo; **Which**
floor? ¿Qué piso?; on the
ground floor en la planta
baja; on the **first floor**
en el primer piso; on the
second floor en el segundo
piso
floppy disk el disquete
flour la harina
flower la flor
flu la gripe
fly la mosca
to fly volar
fly sheet el toldo
impermeable
fog la niebla
foggy It's **foggy** Hay niebla
food la comida
foot el pie; on **foot** a pie
football el fútbol
football match el partido
de fútbol
for para; **for me** para
mí; **for you** para ti, para
usted; **for five euros** por
cinco euros; **I've been here**
for two weeks Hace dos

semanas que estoy aquí;
She'll be away for a month
Estará fuera un mes
foreign extranjero
foreigner el extranjero,
la extranjera
forever para siempre
to forget olvidar; **I've**
forgotten his name He
olvidado su nombre; **to**
forget to do olvidarse de
hacer
fork (*for eating*) el tenedor
form (*document*) el impreso
fortnight quince días
forward hacia adelante
four-wheel drive la tracción
a cuatro ruedas
France Francia
free (*not occupied*) libre;
(*costing nothing*) gratis;
Is this seat free? ¿Está
ocupado este asiento?
freezer el congelador
French francés, francesa;
(*language*) el francés
French fries las patatas
fritas
frequent frecuente
fresh fresco
Friday el viernes (*pl* los
viernes)
fridge el refrigerador (*Spain*
la nevera)
fried frito
friend el amigo, la amiga
friendly simpático
from de; desde; **Where are**
you from? ¿De dónde eres?;
from nine o'clock desde las
nueve
front la parte delantera;
in front of delante de
frozen congelado
fruit la fruta; **fruit juice** el
zumo de fruta (*LAm* el jugo
de fruta)
fruit salad la macedonia
(*LAm* la ensalada de fruta)
frying pan la sartén (*pl* las
sartenes)
fuel (*petrol*) la gasolina
fuel tank el depósito de
gasolina
full (*tank, glass*) lleno;
(*restaurant, hotel*) completo
full board la pensión
completa

funfair la feria
funny divertido
furnished amueblado
furniture los muebles

G

gallery la galería
game el juego
garage (*to keep car*) el
garaje; (*for repairs*) el taller;
(*for petrol*) la gasolinera
garden el jardín (*pl* los
jardines)
garlic el ajo
gas el gas
gas cooker la cocina de gas
gas cylinder la bombona
de gas
gate (*airport*) la puerta
gay gay
gear la marcha; **first gear**
la primera; **second gear**
la segunda; **third gear** la
tercera; **fourth gear** la
cuarta; **neutral** el punto
muerto; **reverse gear** la
marcha atrás
gearbox la caja de cambios
gents (*toilet*) los servicios de
caballeros
genuine auténtico
to get (*to obtain*) conseguir;
(*to receive*) recibir; (*to bring*)
traer
to get in (*vehicle*) subir a
to get out (*of vehicle*)
bajarse de
gift el regalo
gift shop la tienda de
regalos
girl la chica
girlfriend la novia
to give dar
to give back devolver
glass (*for drinking*) el
vaso; (*with stem*) la copa;
(*material*) el vidrio; **a glass**
of water un vaso de agua;
a glass of wine una copa
de vino
glasses (*spectacles*) las
gafas (*LAm* los anteojos)
gloves los guantes
to go ir; **to go home** irse
a casa
to go back volver
to go in entrar
to go out salir

God Dios

goggles (for swimming) las gafas de natación; (for skiing) las gafas de esquí

golf el golf

golf ball la pelota de golf

golf clubs los palos de golf

golf course el campo de golf

good bueno; **very good** muy bueno; **good afternoon** buenas tardes; **good evening** buenas tardes; (when dark) buenas noches; **good morning** buenos días; **good night** buenas noches

goodbye adiós

good-looking guapo

gram(me) el gramo

grandchildren los nietos

granddaughter la nieta

grandfather el abuelo

grandmother la abuela

grandparents los abuelos

grandson el nieto

grapefruit el pomelo (LAm la toronja)

grapes las uvas

grated (cheese) rallado

greasy grasiento

great (wonderful) estupendo

Great Britain Gran Bretaña

green verde

grey gris (pl grises)

grill el grill

grilled (on barbecue) a la parrilla

grocer's la tienda de alimentación

ground floor la planta baja; **on the ground floor** en la planta baja

groundsheet el aislante

group el grupo

guarantee la garantía

guesthouse la pensión (pl pensiones)

guide (person) el guía, la guía

guidebook la guía turística

guided tour la visita con guía

guitar la guitarra

gums (in mouth) las encías

gym el gimnasio

gynaecologist el ginecólogo, la ginecóloga

H

hair el pelo

haircut el corte de pelo

hairdresser el peluquero, la peluquera

hairdryer el secador de pelo

half medio; **half of the cake** la mitad de la tarta; **half an hour** media hora

half board media pensión

ham el jamón; (cooked) el jamón de York; (cured) el jamón serrano

hamburger la hamburguesa

hand la mano

handbag el bolso

handlebars el manillar

hand luggage el equipaje de mano

handsome guapo

hangover la resaca

to hang up (phone) colgar

to happen pasar; **What happened?** ¿Qué ha pasado?

happy feliz; **Happy birthday!** ¡Feliz cumpleaños!; **I'm very happy to be here** Estoy muy contento de estar aquí

harbour el puerto

hard duro; (difficult) difícil (pl difíciles)

hardly apenas; **I hardly know him** Apenas lo conozco; **I've got hardly any money** Casi no tengo dinero

hardware shop la ferretería

hat el sombrero

to have tener; **I have...** tengo...; **I don't have...** no tengo...; **to have to** tener que; **I've done it** Lo he hecho; **I'll have a coffee** Tomaré un café

hay fever la alergia al polen

he él

head la cabeza

headache el dolor de cabeza; **I have a headache** Me duele la cabeza

headlights los faros

headphones los auriculares

to hear oír

heart el corazón

heart attack el infarto

heartburn el ardor de estómago

heater el calentador

heating la calefacción

heavy pesado

heel (of foot) el talón (pl talones); (of shoe) el tacón (pl tacones)

hello hola; (on phone) ¿Diga?

helmet (for bike, motor bike) el casco

to help ayudar; **Can you help me?** ¿Puede ayudarme?; **Help!** ¡Socorro!

her la; le; ella; su; **I saw her yesterday** La vi ayer; **I gave her the book** Le di el libro; **with her** con ella; **her friend** su amigo; **her friends** sus amigos

here aquí; **here is...** aquí tiene...; **Here's my passport** Aquí tiene mi pasaporte

hers suyo; **It's hers** Es suyo

Hi! ¡Hola!

high alto

hill la colina

him lo; le; él; **I saw him last night** Lo vi anoche; **I gave him the letter** Le di la carta; **with him** con él

hip la cadera

hire car hire el alquiler de coches; **bike hire** el alquiler de bicicletas; **boat hire** el alquiler de barcas

to hire alquilar

hire car el coche de alquiler

his su; **his friend** su amigo; **his friends** sus amigos; **It's his** Es suyo

historic histórico

hobby la afición (pl aficiones); **What hobbies do you have?** ¿Qué aficiones tienes?

to hold tener; (to contain) contener

hole el agujero

holiday las vacaciones; (public) la fiesta; **We're here on holiday** Estamos aquí de vacaciones

home la casa; **at home** en casa

homeopathic homeopático

honey la miel

honeymoon la luna de miel

to hope esperar; **I hope so** Espero que sí; **I hope not** Espero que no

hors d'oeuvre los entremeses

horse racing la hípica

horse riding la equitación

hospital el hospital

hostel el hostal

hot caliente; **hot water** el agua caliente; **I'm hot** Tengo calor; **It's hot** (*weather*) Hace calor

hotel el hotel

hour la hora; **half an hour** media hora

house la casa

house wine el vino de la casa

how (*in what way*) cómo; **How much?** ¿Cuánto?; **How many?** ¿Cuántos?; **How are you?** ¿Cómo está?

hungry to be hungry tener hambre

hurry I'm in a hurry Tengo prisa

to hurt Have you hurt yourself? ¿Te has hecho daño?; **My back hurts** Me duele la espalda; **That hurts** Eso duele

husband el marido

I

I yo

ice el hielo; **ice cube** el cubito; **with/without ice** con/sin hielo

ice box la nevera

ice cream el helado

ice lolly el polo

idea la idea

if si

ignition el encendido

ignition key la llave de contacto

ill enfermo

illness la enfermedad

immediately en seguida

immersion heater el calentador eléctrico

immobilizer (*on car*) el inmovilizador

to import importar

important importante

impossible imposible

to improve mejorar

in en; dentro de; **in London** en Londres; **in the hotel** en el hotel; **in 10 minutes** dentro de diez minutos; **in front of** delante de

inch la pulgada

included incluido

indicator (*in car*) el intermitente

indigestion la indigestión

infection la infección

information la información

information desk la información

inhaler (*for medication*) el inhalador

injection la inyección (*pl* inyecciones)

injured herido

injury la herida

inn la pensión (*pl* pensiones)

inquiry desk la información

insect el insecto

insect repellent el repelente contra insectos

inside dentro de

in spite of a pesar de

instant instant coffee el café instantáneo

instead of en lugar de

insulin la insulina

insurance el seguro

insurance certificate la póliza de seguros

to insure asegurar

insured asegurado

to intend to pensar

interesting interesante

international internacional

internet Internet; **on the internet** en Internet; **Do you have internet access?** ¿Tiene acceso a Internet?

interpreter el intérprete, la intérprete

interval (*in theatre*) el descanso

into en; a; **to go into town** ir al centro; **to get into a car** subir a un coche; **to go into the cinema** entrar en el cine

to introduce presentar a

invitation la invitación (*pl* invitaciones)

to invite invitar

invoice la factura

Ireland Irlanda; **in Ireland** en Irlanda

Irish irlandés, irlandesa; (*language*) el irlandés

iron (*for clothes*) la plancha

to iron planchar

ironing board la tabla de planchar

ironmonger's la ferretería

island la isla

it lo; la; **It's new** Es nuevo; **I've lost it** Lo he perdido

to itch picar; **My leg is itching** Me pica la pierna

J

jack (*for car*) el gato

jacket la chaqueta

jam (*food*) la mermelada

jammed atascado

January enero

jar (*of honey, jam, etc*) el tarro

jeans los vaqueros

jelly (*dessert*) la gelatina

Jewish judío

jeweller's la joyería

jewellery las joyas

job el empleo

to jog hacer footing

to join (*club*) hacerse socio de

journey el viaje

juice el zumo (*LAm* el jugo)

July julio

jumper el jersey

jump leads (*for car*) los cables de arranque

June junio

just just two sólo dos; **I've just arrived** Acabo de llegar

K

to keep (*to retain*) guardar

kettle el hervidor (de agua)

key la llave

kid (*child*) el crío, la cría

kidneys los riñones

kilo(gram) el kilo(gramo)

kilometre el kilómetro

kind (*person*) amable

kind (*sort*) el tipo; **What kind?** ¿Qué tipo?

to kiss besar

kitchen la cocina

knee la rodilla

knickers las bragas (*LAm* los calzoncillos)

knife el cuchillo
to know (*facts*) saber; (*person, place*) conocer; **I don't know** No sé; **to know how to...** saber...; **to know how to swim** saber nadar

L

label la etiqueta
lace (*fabric*) el encaje
ladies (*toilet*) los servicios de señoras
lady la señora
lager la cerveza rubia
lake el lago
lamb el cordero
lamp la lámpara
to land aterrizar
landlady la dueña (de la casa)
landline el teléfono fijo
landlord el dueño (de la casa)
language el idioma
language school la escuela de idiomas
laptop el ordenador portátil
large grande
last último; **the last bus** el último autobús; **the last train** el último tren; **last night** anoche; **last week** la semana pasada; **last year** el año pasado; **last time** la última vez
late tarde; **The train is late** El tren viene con retraso; **Sorry I'm late** Siento llegar tarde
later más tarde
to laugh reírse
launderette la lavandería automática
laundry service el servicio de lavandería
lavatory (*in house*) el wáter; (*in public place*) los servicios
lawyer el abogado, la abogada
lead (*electric*) el cable
leak (*of gas, liquid*) la fuga; (*in roof*) la gotera
to learn aprender
lease (*rental*) el alquiler
least at least por lo menos; **It'll cost at least 50 euros**

Costará por lo menos 50 euros
leather el cuero
to leave (*a place*) irse de; (*leave behind*) dejar; **I left it at home** Lo dejé en casa; **When does the train leave?** ¿A qué hora sale el tren?
leek el puerro
left on/to the left a la izquierda
left-luggage locker la consigna automática
left-luggage office la consigna
leg la pierna
legal legal
leisure centre el polideportivo
lemon el limón (*pl* limones)
lemonade la gaseosa
to lend prestar; **Can you lend me your pen?** ¿Me prestas el bolígrafo?
lens (*phototgraphic*) el objetivo; (*contact lens*) la lentilla
less menos; **less than me** menos que yo; **A bit less, please** Un poco menos, por favor
lesson la clase
to let (*to allow*) permitir; (*to hire out*) alquilar
letter la carta; (*of alphabet*) la letra
letterbox el buzón (*pl* buzones)
lettuce la lechuga
licence (*driving*) el carné de conducir
to lie down acostarse
lift (*elevator*) el ascensor; **Can you give me a lift to the party?** ¿Me llevas a la fiesta?
to lift levantar
lift pass (*skiing*) el forfait
light (*not heavy*) ligero
light la luz (*pl* luces); **Have you got a light?** ¿Tiene fuego?; **light blue** azul claro; **light green** verde claro
light bulb la bombilla
lighter el mechero (*LAm* el encendedor)

like (*similar to*) como; **a city like Madrid** una ciudad como Madrid
to like gustar; **I like coffee** me gusta el café; **I don't like...** no me gusta...; **I'd like to...** me gustaría...; **we'd like to...** nos gustaría...
lime (*fruit*) la lima
line (*row, queue*) la fila; (*telephone*) la línea
linen el lino
lingerie la lencería
lips los labios
lipstick la barra de labios
to listen to escuchar
litre el litro
little pequeño; **a little...** un poco...
to live vivir; **I live in Cheltenham** vivo en Cheltenham
liver el hígado
living room el salón (*pl* salones)
loaf el pan de molde
lobster la langosta
local de la región
lock (*on door, box*) la cerradura
to lock cerrar con llave
locker (*for luggage*) la consigna
locksmith el cerrajero
log (*for fire*) el leño
lollipop la piruleta
London Londres; **in London** en Londres; **to London** a Londres
long largo; **for a long time** por mucho tiempo
long-sighted hipermétrope
to look after cuidar
to look at mirar
to look for buscar
loose (*not tight*) holgado; (*disconnected*) suelto; **It's come loose** Se ha soltado
lorry el camión (*pl* camiones)
to lose perder
lost perdido; **I've lost...** he perdido...; **I'm lost** Me he perdido
lost property office la oficina de objetos perdidos
lot a lot of, lots of mucho;

lots of time mucho tiempo;
a lot of fruit mucha fruta;
a lot of people mucha
gente; **lots of restaurants**
muchos restaurantes
lotion la loción (*pl* lociones)
loud (*sound, voice*) fuerte;
(*volume*) alto
loudspeaker el altavoz (*pl*
altavoces)
lounge el salón (*pl* salones)
love el amor
to love (*person*) querer;
I love swimming Me
encanta nadar; **I love you**
Te quiero
lovely precioso
low bajo
lucky to be lucky tener
suerte
luggage el equipaje
luggage allowance el
equipaje permitido
luggage rack el
portaequipajes
luggage tag la etiqueta
luggage trolley el carrito
lump (*swelling*) el bulto;
(*on head*) el chichón
lunch la comida
lung el pulmón (*pl*
pulmones)
luxury de lujo

M
mad loco
magazine la revista
maid (*in hotel*) la
camarera
maiden name el apellido de
soltera
mail el correo; **by mail**
por correo
main principal
main course (*of meal*) el
plato principal
main road la carretera
principal
make (*brand*) la marca
to make hacer; **made of
wood** de madera
make-up el maquillaje
man el hombre
to manage (*be in charge of*)
dirigir
manager el gerente, la
gerente
manageress la gerente

manicure la manicura
manual (*gear change*)
manual
many muchos, muchas;
too many demasiados,
demasiadas
map (*of region, country*) el
mapa; (*of town*) el plano
March marzo
margarine la margarina
marina el puerto deportivo
mark (*stain*) la mancha
market el mercado;
Where's the market?
¿Dónde está el mercado?;
When is the market?
¿Cuándo hay mercado?
marmalade la mermelada
de naranja
married casado; **I'm
married** Estoy casado; **Are
you married?** ¿Está casado?
mass (*in church*) la misa
massage el masaje
match (*game*) el partido
matches las cerillas
material (*cloth*) la tela
to matter importar;
It doesn't matter No
importa; **What's the
matter?** ¿Qué pasa?
mattress el colchón
(*pl* colchones)
May mayo
mayonnaise la mayonesa
maximum máximo
me me; mí; **Can you hear
me?** ¿Me oyes?; **He gave
me a bottle of wine** Me dio
una botella de vino; **It's me**
Soy yo; **without me** sin mí;
with me conmigo
meal la comida
to mean querer decir;
What does this mean?
¿Qué quiere decir esto?
meat la carne
medicine la medicina
Mediterranean el
Mediterráneo
medium (*size*) mediano
medium dry semi-seco
medium rare (*meat*) medio
hecho
to meet (*by chance*)
encontrarse con; (*by
arrangement*) ver; **I'm
meeting her tomorrow** He

quedado con ella mañana
meeting la reunión (*pl*
reuniones)
melon el melón (*pl* melones)
member (*of club*) el socio,
la socia
to mend arreglar
menu la carta; **set menu**
el menú del día
message el mensaje
to message enviar un
mensaje
metal el metal
meter el contador
metre el metro
microwave oven el
microondas
midday las doce del
mediodía
middle el medio; **in the
middle of the street** en
medio de la calle; **in the
middle of May** a mediados
de mayo
middle-aged de mediana
edad
midge el mosquito enano
midnight la medianoche;
at midnight a medianoche
migraine la jaqueca; **I've
got a migraine** Tengo
jaqueca
mile la milla
milk la leche; **with milk**
con leche; **without milk**
sin leche; **long-life milk**
la leche de larga duración;
soya milk la leche de soja
milkshake el batido
millimetre el milímetro
mince (*meat*) la carne
picada
mind Do you mind if...?
¿Le importa que...?; **I don't
mind** No me importa
mine mío; **It's mine** Es mío
mineral water el agua
mineral
minidisc el minidisc
minimum el mínimo
minute el minuto
mirror el espejo
to miss (*train, plane, etc*)
perder
Miss la señorita
missing (*lost*) perdido;
My son is missing Se ha
perdido mi hijo

mistake el error
to mix mezclar
mobile number el número de móvil
mobile phone el teléfono móvil
modem el módem
modern moderno
moisturizer la leche hidratante
moment el momento; **just a moment** un momento
monastery el monasterio
Monday el lunes (pl lunes)
money el dinero
month el mes; **this month** este mes; **last month** el mes pasado; **next month** el mes que viene
moped el ciclomotor
more más; **more expensive** más caro; **more than before** más que antes; **more than 20** más de 20; **more wine** más vino; **There isn't any more** Ya no hay más; **Do you have any more** ¿Tienen más?
morning la mañana; **in the morning** por la mañana; **this morning** esta mañana; **tomorrow morning** mañana por la mañana
mosque la mezquita
mosquito el mosquito
mosquito repellent el repelente contra mosquitos
most más; **the most interesting** el más interesante; **most of the time** la mayor parte del tiempo; **most people** la mayoría de la gente
mother la madre
mother-in-law la suegra
motor el motor
motorbike la moto
motorboat la lancha motora
motorway la autopista
mountain la montaña
mountain bike la bicicleta de montaña
mountaineering el montañismo
mouse (animal, on computer) el ratón (pl ratones)
mouth la boca

to move mover
movie la película
MP3 player el reproductor (de) MP3
Mr el señor; **Mr Moreno** el señor Moreno
Mrs la señora; **Mrs Mantolan** la señora Mantolan
Ms la señora
much mucho; **too much** demasiado; **too much money** demasiado dinero; **I feel much better** Me siento mucho mejor
mugging el atraco
museum el museo
mushrooms los champiñones
music la música
mussels los mejillones
must deber
mustard la mostaza
my mi; **my mother** mi madre; **my son** mi hijo; **my parents** mis padres

N

nail (fingernail) la uña; (metal) el clavo
nailfile la lima
name el nombre; **My name is...** Me llamo...; **What's your name?** ¿Cómo te llamas?
nanny la niñera
napkin la servilleta
nappies los pañales
narrow estrecho
nationality la nacionalidad
natural natural
nature la naturaleza
navy blue azul marino
near to cerca de; **near to the bank** cerca del banco; **Is it near?** ¿Está cerca?
necessary necesario
neck el cuello
necklace el collar
need **I need...** necesito...; **I need to go** Tengo que ir
needle **a needle and thread** una aguja e hilo
negative (photo) el negativo
neighbours los vecinos
nephew el sobrino
net **the Net** la Red

never nunca; **I never drink wine** Nunca bebo vino
new nuevo
news las noticias
newsagent's la tienda de prensa
newspaper el periódico
newsstand el quiosco de prensa
New Year el Año Nuevo; **Happy New Year!** ¡Feliz Año Nuevo!
New Year's Eve la Nochevieja
New Zealand Nueva Zelanda
next próximo; luego **next to** al lado de; **next week** la próxima semana; **the next stop** la próxima parada; **the next train** el próximo tren; **What did you do next?** ¿Qué hiciste luego?
nice (person) simpático; (place, holiday) bonito
niece la sobrina
night la noche; **at night** por la noche; **last night** anoche; **per night** por noche; **tomorrow night** mañana por la noche; **tonight** esta noche
night club el club nocturno
no no; **Do you like it?** – **No** ¿Te gusta? – No; **no smoking** prohibido fumar; **No problem!** ¡Por supuesto!; **I've got no time** No tengo tiempo; **There's no hot water** No hay agua caliente
nobody nadie; **Nobody came** No vino nadie
noise el ruido
noisy **It's very noisy** Hay mucho ruido
non-alcoholic sin alcohol
none **There's none left** No queda nada
non-smoking no fumador
normally normalmente
north el norte
Northern Ireland Irlanda del Norte
nose la nariz (pl narices)
nosebleed la hemorragia nasal

not no; **I'm not going** No voy

note (*banknote*) el billete; (*written*) la nota

note pad el bloc

nothing nada; **nothing else** nada más

notice (*sign*) el anuncio; (*warning*) el aviso

November noviembre

now ahora; **now and then** de vez en cuando

nudist beach la playa nudista

number el número

numberplate (*of car*) la matrícula

nurse el enfermero, la enfermera

nursery slope la pista para principiantes

nuts (*to eat*) los frutos secos

O

to obtain obtener

occasionally de vez en cuando

occupation (*work*) la profesión (*pl* profesiones)

October octubre

of de; **a glass of wine** un vaso de vino; **made of cotton** de algodón

off (*light, heater*) apagado; (*tap, gas*) cerrado; (*milk*) cortado; **I'm off** Me voy

office la oficina

often a menudo; **How often?** ¿Cada cuánto?

oil el aceite

oil gauge el indicador del aceite

OK ! ¡Vale!

old viejo; **How old are you?** ¿Cuántos años tienes?; **I'm ... years old** Tengo ... años

olive la aceituna

olive oil el aceite de oliva

on (*light, TV, engine*) encendido; (*tap, gas*) abierto

on en; sobre **on the TV** en la tele; **on the 2nd floor** en el segundo piso; **on the table** en or sobre la mesa; **on Friday** el viernes; **on Fridays** los viernes

once una vez; **once a week** una vez a la semana; **at once** en seguida

onion la cebolla

only sólo; único; **We only want to stay for one night** Sólo queremos quedarnos una noche; **the only day I'm free** el único día que tengo libre

open abierto

to open abrir

opening hours el horario

opera la ópera

operation la operación (*pl* operaciones)

operator telephone operator el/la telefonista

opposite enfrente de; **opposite the bank** enfrente del banco; **Quite the opposite!** ¡Todo lo contrario!

optician's la óptica

or o; **ni Tea or coffee?** ¿Té o café?; **I don't eat meat or fish** No como carne ni pescado

orange (*fruit*) la naranja; (*colour*) naranja

orange juice el zumo de naranja (*LAm* el jugo de naranja)

order out of order averiado

to order (*in restaurant*) pedir; **I'd like to order** Quiero pedir

organic biológico

to organize organizar

other otro; **the other car** el otro coche; **the other one** el otro, la otra; **Have you got any others?** ¿Tiene otros?

ought I ought to call my parents Debería llamar a mis padres

our nuestro

ours nuestro; **a friend of ours** un amigo nuestro

out (*light*) apagado; fuera; **He's out** Ha salido; **He lives out of town** Vive fuera de la ciudad

outdoor (*pool*) al aire libre

outside fuera; **It's outside** Está fuera; **outside the house** fuera de la casa

oven el horno

over (*on top of*) encima de; (*finished*) terminado; **over the window** encima de la ventana; **over here** por aquí; **It's over there** Está por allí; **over the holidays** durante las vacaciones

to overcharge cobrar de más

overdone (*food*) demasiado hecho

to owe deber; **I owe you...** le debo...

own propio; **in my own house** en mi propia casa; **on my own** solo

to own (*land, house, company*) ser dueño de

owner el propietario, la propietaria

oxygen el oxígeno

P

pacemaker el marcapasos

to pack (*luggage*) hacer las maletas

package tour el viaje organizado

packet el paquete

paid pagado

pain el dolor

painful doloroso

painkiller el analgésico

to paint pintar

painting (*picture*) el cuadro

pair el par

palace el palacio

pale pale blue celeste; **pale green/yellow** verde/amarillo claro; **pale pink** rosa pálido

pan (*saucepan*) la cacerola; (*frying pan*) la sartén (*pl* las sartenes)

panniers (*on bike*) las alforjas

panties las bragas (*LAm* los calzones)

pants (*men's underwear*) los calzoncillos

panty liner el salvaslip

paper el papel

paragliding el parapente

parcel el paquete

Pardon? ¿Cómo?; **I beg your pardon!** ¡Perdón!

parents los padres

park el parque
to park aparcar
parking meter el parquímetro
partner (*business*) el socio, la socia; (*boyfriend/girlfriend*) el compañero, la compañera
party (*group*) el grupo; (*celebration*) la fiesta
pass (*mountain*) el puerto; (*on train*) el abono; (*on bus*) el bonobús
to pass Can you pass me the salt, please? ¿Me pasas la sal?
passenger el pasajero
passport el pasaporte
password la contraseña
pasta la pasta
pastry (*cake*) el pastel
path el camino
patient (*in hospital*) el/la paciente
to pay pagar; I'd like to pay Quisiera pagar; Where do I pay? ¿Dónde se paga?
payment el pago
payphone el teléfono público
peach el melocotón (*pl* melocotones) (*LAm* el durazno)
peanut el cacahuete (*LAm* el maní (*pl* maníes))
pear la pera
peas los guisantes (*LAm* las arvejas)
pedalo el hidropedal
pedestrian el peatón (*pl* peatones)
to peel mondar
peg (*for clothes*) la pinza; (*for tent*) la estaca
pen el bolígrafo
pencil el lápiz (*pl* lápices)
pensioner el jubilado, la jubilada
people la gente
pepper (*spice*) la pimienta; (*vegetable*) el pimiento
per por; **per day** al día; **per person** por persona
performance (*in theatre, cinema*) la función (*pl* funciones)
perfume el perfume
perhaps quizás
perm la permanente

permit el permiso
person la persona
petrol la gasolina; **unleaded petrol** la gasolina sin plomo
petrol pump el surtidor
petrol station la gasolinera
petrol tank el depósito
pharmacy la farmacia
phone el teléfono; **by phone** por teléfono
to phone llamar por teléfono
phonebook la guía telefónica
phone call la llamada telefónica
photo la foto; **to take a photo** hacer una foto
photocopy la fotocopia
to photocopy fotocopiar
photograph la foto
to pick (*choose*) elegir
pickpocket el/la carterista
picnic el picnic; **to have a picnic** ir de picnic
picture (*painting*) el cuadro; (*photo*) la foto
pie (*fruit*) la tarta; (*meat*) el pastel de carne
piece el trozo
pig el cerdo
pill la píldora
pillow la almohada
pilot el/la piloto
pin el alfiler
pineapple la piña (*LAm* el ananás)
pink rosa
pipe (*drains*) la tubería
pity What a pity! ¡Qué pena!
pizza la pizza
place el lugar
place of birth el lugar de nacimiento
plain (*yoghurt*) natural
plan (*of town*) el plano
plane (*airplane*) el avión (*pl* aviones)
plaster (*sticking*) la tirita (*LAm* la curita®); (*for broken limb*) la escayola
plastic (*made of*) de plástico
plastic bag la bolsa de plástico
plate el plato
platform el andén (*pl* andenes)

play (*theatre*) la obra
to play (*games*) jugar; (*instrument*) tocar; I play the guitar Toco la guitarra
please por favor
pleased contento; Pleased to meet you! ¡Encantado de conocerle!
plug (*electrical*) el enchufe; (*for sink*) el tapón (*pl* tapones)
to plug in enchufar
plum la ciruela
plumber el fontanero
pm de la tarde; **at 5 pm** a las cinco de la tarde
poached (*egg, fish*) escalfado
pocket el bolsillo
police la policía
policeman el policía
police station la comisaría
policewoman la policía
polish (*for shoes*) el betún
polite cortés (*pl* corteses)
pool la piscina
poor pobre
popular popular
pork el cerdo
porter (*in hotel*) el portero; (*at station*) el mozo
portion (*of food*) la ración (*pl* raciones)
Portugal Portugal
Portuguese portugués, portuguesa; (*language*) el portugués
possible posible
post by post por correo
to post echar al correo
postbox el buzón (*pl* los buzones)
postcard la postal
postcode el código postal
post office la oficina de Correos
pot (*for cooking*) la olla
potato la patata; **baked potato** la patata asada; **boiled potatoes** las patatas hervidas; **fried potatoes** las patatas fritas; **mashed potatoes** el puré de patatas; **roast potatoes** las patatas asadas; **sautéed potatoes** las patatas salteadas
potato salad la ensalada de patatas

pottery la cerámica
pound (*money*) la libra
powder el polvo
powdered en polvo
power (*electricity*) la electricidad
pram el cochecito (de bebé)
prawn la gamba (*LAm* el camarón (*pl* camarones))
to prefer preferir
pregnant embarazada; **I'm pregnant** Estoy embarazada
to prepare preparar
prescription la receta médica
present (*gift*) el regalo
president el presidente
pressure la presión
pretty bonito
price el precio
price list la lista de precios
priest el sacerdote
print (*photo*) la copia
to print imprimir
printer la impresora
printout el listado
private privado
probably probablemente; **He'll probably come tomorrow** Probablemente vendrá mañana.
problem el problema
programme (*TV, radio*) el programa
to promise prometer
to pronounce pronunciar; **How's it pronounced?** ¿Cómo se pronuncia?
public público; **public holiday** la fiesta (oficial)
pudding el postre
to pull tirar
pullover el jersey
pulse el pulso
pump (*for bike*) la bomba; **petrol pump** el surtidor
puncture el pinchazo
purpose **on purpose** a propósito
purse el monedero
to push empujar
pushchair la sillita de paseo
to put (*place*) poner
to put on (*light, cooker, TV, etc*) encender; (*clothes*) ponerse
Pyrenees los Pirineos

Q

quality la calidad
quantity la cantidad
quarter el cuarto; **a quarter of an hour** un cuarto de hora
question la pregunta; **to ask a question** hacer una pregunta
queue la cola
to queue hacer cola
quick rápido
quickly de prisa
quiet (*place*) tranquilo
quilt el edredón (*pl* edredones)
quite (*fairly*) bastante; **It's quite good** Es bastante bueno; **quite expensive** bastante caro; **I'm not quite sure** No estoy del todo seguro; **quite a lot of** bastante

R

racket (*tennis*) la raqueta
radiator (*in car, heater*) el radiador
radio la radio; **car radio** la radio del coche
railway el ferrocarril
railway station la estación de tren (*pl* estaciones)
rain la lluvia
to rain **It's raining** Está lloviendo
raincoat el impermeable
rare (*unusual*) excepcional; (*steak*) poco hecho
raspberry la frambuesa
rat la rata
rate (*price*) la tarifa
rate of exchange el tipo de cambio
rather bastante; **rather expensive** bastante caro; **I'd rather stay in tonight** Preferiría no salir esta noche
raw crudo
razor la maquinilla de afeitar
razor blades las hojas de afeitar
to read leer
ready listo; **I'm nearly ready** Estoy casi listo; **The meal's ready** La comida está preparada
real verdadero

really muy; **They're really expensive** Son muy caros; **It's really good** Es buenísimo
receipt el recibo
reception desk la recepción
receptionist el/la recepcionista
to recharge (*battery*) recargar
recipe la receta
to recognize reconocer
to recommend recomendar
red rojo
refill el recambio
refund el reembolso
region la región (*pl* regiones)
to register (*at hotel*) registrarse
registered **a registered letter** una carta certificada
registration form la hoja de inscripción
relation (*family*) el/la pariente
relationship la relación (*pl* relaciones)
to remain (*stay*) quedarse
to remember acordarse de; **I don't remember** No me acuerdo; **I can't remember his name** No me acuerdo de su nombre
remote control el mando a distancia
rent el alquiler
to rent alquilar
rental el alquiler
to repair reparar
to repeat repetir
to reply contestar
to require necesitar
reservation la reserva
to reserve reservar
reserved reservado
resident el/la residente
rest el resto; **the rest of the money** el resto del dinero
to rest descansar
restaurant el restaurante
restaurant car el coche restaurante
retired jubilado
to return (*to go back*) volver
return ticket el billete de ida y vuelta
retweet el retuit

to retweet retuitear
to reverse dar marcha atrás; **to reverse the charges** llamar a cobro revertido
reverse gear la marcha atrás
rice el arroz
rich (*person*) rico; (*food*) pesado
to ride (*horseback*) montar a caballo; (*on bike*) ir en bicicleta
right (*correct*) correcto; **to be right** tener razón; **You're right** Tienes razón; **That's right** Es verdad; **on/ to the right** a la derecha
ring el anillo
ripe maduro
river el río
road la carretera
roast asado
roll (*bread*) el panecillo
roof el tejado
room (*in house, hotel*) la habitación (*pl* habitaciones); (*space*) sitio; **double room** la habitación doble; **single room** la habitación individual; **family room** la habitación familiar
room number el número de habitación
room service el servicio de habitaciones
rosé wine el vino rosado
row (*line, in theatre*) la fila
rubber (*material*) la goma; (*eraser*) la goma de borrar
rubbish la basura
rucksack la mochila
to run correr
rush hour la hora punta (*LAm* la hora pico)

S

sad triste
saddle (*on bike*) el sillín (*pl* sillines); (*on horse*) la silla de montar
safe seguro; (*for valuables*) la caja fuerte
safety belt el cinturón de seguridad (*pl* cinturones)
safety pin el imperdible
to sail (*sport, leisure*) navegar

sailboard la tabla de windsurf
sailing (*sport*) la vela
sailing boat el velero
salad la ensalada; **green salad** la ensalada verde; **mixed salad** la ensalada mixta; **salad dressing** el aliño
sale(s) las rebajas
sales assistant el dependiente, la dependienta
salesman el vendedor
sales rep el/la representante
saleswoman la vendedora
salmon el salmón
salt la sal
salt water el agua salada
salty salado
same mismo; **Have a good weekend! – The same to you!** ¡Que tengas un buen fin de semana! – ¡Igualmente!
sand la arena
sandals las sandalias
sandwich (*with French bread*) el bocadillo; (*with sliced bread*) el sandwich; **toasted sandwich** el sandwich caliente
sanitary towels las compresas
sardines las sardinas
Saturday el sábado
sauce la salsa
saucepan la cacerola
saucer el platillo
sausage la salchicha
savoury salado
to say decir
scarf (*woollen*) la bufanda; (*headscarf*) el pañuelo
scenery el paisaje
schedule el horario
school el colegio; **at school** en el colegio; **to go to school** ir al colegio; **after school** después de clase; **primary school** la escuela primaria
scissors las tijeras
score (*result*) el resultado; **What's the score?** ¿Cómo van?; **to score a goal** marcar un gol
Scotland Escocia
Scottish escocés, escocesa

screen (*on computer, TV*) la pantalla
screw el tornillo
screwdriver el destornillador
scuba diving el submarinismo
sea el mar
seafood los mariscos
seasick mareado
seaside la playa; **at the seaside** en la playa
season (*of year*) la estación (*pl* estaciones); **high season** la temporada alta; **in season** del tiempo
season ticket el abono
seat (*chair*) la silla; (*in bus, train*) el asiento
seatbelt el cinturón de seguridad (*pl* cinturones)
second segundo; **a second** un segundo
second-class de segunda clase; **to travel second class** viajar en segunda
secretary el secretario, la secretaria
to see ver
self-service el autoservicio
to sell vender; **Do you sell...?** ¿Tienen...?
Sellotape® el celo
to send enviar
senior citizen la persona de la tercera edad
separated (*couple*) separado
separately to pay separately pagar por separado
September septiembre
septic tank el pozo séptico
serious (*accident, problem*) grave
to serve servir
service (*in restaurant*) el servicio; (*in church*) la misa; **Is service included?** ¿Está incluido el servicio?; **service charge** el servicio; **service station** la estación de servicio
to service (*car, washing machine*) revisar
serviette la servilleta
set menu el menú del día

several varios, varias;
 several times varias veces
shade in the shade a la
 sombra
shallow poco profundo
shampoo el champú
to share compartir; **dividir**
to shave afeitarse
shaver la maquinilla de
 afeitar
shaving cream la crema de
 afeitar
she ella
sheet la sábana
sherry el jerez
ship el barco
shirt la camisa
shock absorber el
 amortiguador
shoe el zapato
shoelaces los cordones (de
 los zapatos)
shoe polish el betún
shoe shop la zapatería
shop la tienda
shop assistant el
 dependiente, la dependienta
shopping las compras; **to
 go shopping** (*for pleasure*) ir
 de compras; (*for food*) ir a
 hacer la compra
shopping centre el centro
 comercial
shop window el escaparate
short corto
shorts los pantalones
 cortos
short-sighted miope
shoulder el hombro
show el espectáculo
to show enseñar
shower (*bath*) la ducha;
 (*rain*) el chubasco; **to take
 a shower** ducharse
shower gel el gel de ducha
shrimp el camarón (*pl
 camarones*)
shut cerrado
to shut cerrar
shutters (*outside*) las
 persianas
sick (*ill*) enfermo; **I feel sick**
 tengo ganas de vomitar
side el lado
side dish la guarnición
**sightseeing to go
 sightseeing** hacer turismo
to sign firmar

signature la firma
silk la seda
silver la plata
SIM card la tarjeta SIM
similar to parecido
 a; **They're similar** Son
 parecidos
since desde; puesto que;
 since 1974 desde 1974;
 since you're not Spanish...
 puesto que no es español...
to sing cantar
single (*unmarried*) soltero;
 (*bed, room*) individual
single ticket el billete de ida
sister la hermana
sister-in-law la cuñada
to sit sentarse; **Sit down,
 please** Siéntese, por favor
site (*website*) el sitio
size (*clothes*) la talla; (*shoes*)
 el número
skateboard el monopatín
 (*pl* monopatines)
ski el esquí
to ski esquiar
ski boots las botas de esquí
to skid patinar
skiing el esquí
ski instructor el monitor de
 esquí, la monitora de esquí
ski lift el telesquí
skimmed skimmed milk la
 leche desnatada
skin la piel
ski pass el forfait
ski pole, ski stick el bastón
 de esquí
skirt la falda
ski run, ski piste la pista
 de esquí
to sleep dormir; **to go to
 sleep** dormirse
sleeping bag el saco de
 dormir
sleeping car el coche cama
sleeping pill el somnífero
slice (*of bread*) la rebanada;
 (*of cake*) el trozo; (*of fruit*) la
 rodaja; (*of ham, cheese*) la
 loncha
sliced bread el pan de
 molde
slightly ligeramente
slow lento
slowly despacio
small pequeño; **smaller
 than** más pequeño que

smell el olor; **a bad smell**
 un mal olor; **a nice smell**
 un buen olor
to smile sonreír
to smoke fumar; **I don't
 smoke** No fumo; **Can I
 smoke?** ¿Puedo fumar?
SMS el SMS
snack to have a snack
 picar algo
snow la nieve
to snow nevar; **It's
 snowing** Está nevando
**snowboarding to go
 snowboarding** ir a hacer
 snowboard
snow chains las cadenas
 para la nieve
so (*therefore*) así que; (*in
 comparisons*) tan; **The shop
 was closed so I didn't buy it**
 La tienda estaba cerrada, así
 que no lo compré; **It's not
 so expensive as the other
 one** No es tan caro como el
 otro; **So do I** Y yo también;
 so much tanto; **so many**
 tantos, tantas; **I think so**
 Creo que sí
soap el jabón
socket (*for plug*) el enchufe
socks los calcetines (*LAm*
 las medias)
sofa bed el sofá-cama
soft drink el refresco
software el software
sole (*of foot, shoe*) la suela
some algunos; **Would you
 like some bread?** ¿Quieres
 pan?; **some books** algunos
 libros; **some of them**
 algunos
someone alguien
something algo
sometimes a veces
son el hijo
son-in-law el yerno
song la canción (*pl
 canciones*)
soon pronto; **as soon as
 possible** lo antes posible
sore sore throat el dolor de
 garganta
sorry Sorry! ¡Perdón!; **I'm
 sorry!** ¡Lo siento!
sort el tipo
soup la sopa
sour amargo

south el sur
souvenir el souvenir
space el espacio
Spain España
Spaniard el español, la española
Spanish español, española
spare parts los repuestos
spare tyre la rueda de repuesto
spare wheel la rueda de repuesto
sparkling sparkling water el agua con gas; **sparkling wine** el vino espumoso
to speak hablar; **Do you speak English?** ¿Habla inglés?
speaker (*loudspeaker*) el altavoz (*pl* altavoces)
special especial
speciality la especialidad
speedboat la lancha motora
speed limit la velocidad máxima
speedometer el velocímetro
spell How is it spelt? ¿Cómo se escribe?
to spend (*money*) gastar
spicy picante
spinach las espinacas
spirits el alcohol
spoon la cuchara
sport el deporte
sports centre el polideportivo
sports shop la tienda de deportes
spring (*season*) la primavera
square (*in town*) la plaza
squash (*game*) el squash
squid el calamar
stadium el estadio
stain la mancha
stairs las escaleras
stalls (*theatre*) las butacas
stamp el sello (*LAm* la estampilla)
to stand estar de pie
start el principio; **at the start of the film** al principio de la película; **from the start** desde el principio
to start empezar; (*car*) arrancar; **What time does it start?** ¿A qué hora empieza?; **to start doing** empezar a hacer; **The car**

won't start El coche no arranca
starter (*in meal*) el entrante
station la estación (*pl* estaciones)
stationer's la papelería
stay la estancia; **Enjoy your stay!** ¡Que lo pase bien!
to stay (*remain*) quedarse; **I'm staying at the... hotel** Estoy alojado en el hotel...; **Where are you staying? In a hotel?** ¿Dónde estás? ¿En un hotel?; **to stay the night** pasar la noche; **We stayed in Madrid for a few days** Pasamos unos días en Madrid
steak el filete
to steal robar
steamed al vapor
steering wheel el volante
stepbrother el hermanastro
stepdaughter la hijastra
stepfather el padrastro
stepmother la madrastra
stepsister la hermanastra
stepson el hijastro
stereo el estéreo
sterling las libras esterlinas
steward (*on plane*) el auxiliar de vuelo
stewardess (*on plane*) la azafata
sticking plaster la tirita (*LAm* la curita®)
still still water agua sin gas
sting la picadura
to sting picar
stockings las medias
stomach el estómago; **He's got stomachache** Le duele el estómago
stone la piedra
stop bus stop la parada de autobús
to stop parar; **Do you stop at the station?** ¿Para en la estación de trenes?; **to stop doing** dejar de hacer; **to stop smoking** dejar de fumar
store (*shop*) la tienda
storey el piso
straightaway inmediatamente
straight on todo recto
strange extraño

straw (*for drinking*) la pajita
strawberry la fresa
street la calle
street map el plano de la ciudad
strike la huelga; **to be on strike** estar en huelga
striped a rayas
stroke (*medical*) la trombosis
strong fuerte
stuck It's stuck Está atascado
student el/la estudiante
student discount el descuento para estudiantes
stuffed relleno
stupid tonto
subway (*train*) el metro
suddenly de repente
suede el ante (*LAm* la gamuza)
sugar el azúcar
to suggest sugerir
suit (*men's and women's*) el traje
suitcase la maleta
summer el verano
summer holidays las vacaciones de verano
sun el sol
to sunbathe tomar el sol
sunblock la protección solar
sunburn las quemaduras de sol
suncream el protector solar
Sunday el domingo
sunglasses las gafas de sol (*LAm* los anteojos de sol)
sunny It's sunny Hace sol
sunroof el techo solar
sunscreen el filtro solar
sunshade la sombrilla
sunstroke la insolación
suntan el bronceado
suntan lotion el bronceador
supermarket el supermercado
supplement el suplemento
to surf hacer surf; **to surf the internet** navegar por internet
surfboard la tabla de surf
surname el apellido
surprise la sorpresa; **What a surprise!** ¡Qué sorpresa!
sweater el jersey
sweatshirt la sudadera

sweet (*not savoury*) dulce; (*dessert*) el dulce; (*sweets*) los caramelos

to swim nadar

swimming pool la piscina

swimsuit el bañador

swing (*for children*) el columpio

switch el interruptor

to switch off apagar

to switch on encender

swollen hinchado

T

table la mesa

tablecloth el mantel

table tennis el ping-pong

tablet (*medicine*) la pastilla; (*computer*) la tableta

tailor's la sastrería

to take (*medicine, sugar*) tomar; (*take with you*) llevar; (*exam, subject at school*) hacer; **Do you take sugar?** ¿Tomas azúcar?; **I'll take you to the airport** Te llevo al aeropuerto; **How long does it take?** ¿Cuánto tiempo se tarda?; **It takes about one hour** Se tarda más o menos una hora; **We take credit cards** Aceptamos tarjetas de crédito

take-away (*food*) para llevar

to take off (*plane*) despegar; (*clothes*) quitarse

to take out sacar

to talk hablar; **to talk to** hablar con

tall alto

tank petrol tank el depósito

tap el grifo

tap water el agua corriente

tart la tarta

taste el sabor

to taste probar; **Can I taste it?** ¿Puedo probarlo?

taxi el taxi

taxi driver el/la taxista

taxi rank la parada de taxis

tea el té; **herbal tea** la infusión; **lemon tea** el té con limón; **strong tea** el té cargado

teabag la bolsita de té

to teach enseñar

teacher el profesor, la profesora

team el equipo

teapot la tetera

teaspoon la cucharilla

teenager el/la adolescente

teeth los dientes

telephone el teléfono

to telephone llamar por teléfono

telephone call la llamada telefónica

telephone number el número de teléfono

television la televisión; **on television tonight** en televisión esta noche

to tell decir

temperature la temperatura; **to have a temperature** tener fiebre

tenant el inquilino, la inquilina

tennis el tenis

tennis ball la pelota de tenis

tennis court la pista de tenis

tennis racket la raqueta de tenis

tent la tienda de campaña

tent peg la estaca

terminal (*airport*) la terminal

terrace la terraza

to test (*try out*) probar

to text mandar un mensaje de texto a; **I'll text you** Te mandaré un mensaje

text message el mensaje de texto

than que; **Diana sings better than me** Diana canta mejor que yo; **more than you** más que tú; **more than five** más de cinco

thank you gracias; **Thank you very much** Muchas gracias

that ese, esa; **that one** ése, ésa; **to think that...** creer que...; **What's that?** ¿Qué es eso?

the el; la; los; las

theatre el teatro

their su; **their children** sus hijos; **their car** su coche

them los, las; les; ellos, ellas; **I didn't know them** No los conocía; **I gave them some brochures** Les di unos folletos; **It's for them** Es para ellos; **It's them** Son ellos

there (*over there*) allí; **there is...,there are...** hay...; **there was...** había...; **there'll be...** habrá...

therefore por lo tanto

thermometer el termómetro

these estos, estas; **these ones** éstos, éstas

they ellos, ellas

thick (*not thin*) grueso

thief el ladrón (*pl* ladrones)

thin (*person*) delgado

thing la cosa; **my things** mis cosas

to think pensar; (*to be of the opinion*) creer

thirsty I'm thirsty Tengo sed

this este, esta; **this one** éste, ésta; **What's this?** ¿Qué es esto?

those esos, esas; **those ones** ésos, ésas

throat la garganta

through por; **to go through Guadalajara** pasar por Guadalajara; **a through train** un tren directo; **from May through to September** desde mayo hasta septiembre

Thursday el jueves (*pl* jueves)

ticket (*for bus, train, plane*) el billete; (*entrance fee*) la entrada; **a single ticket** un billete de ida; **a return ticket** un billete de ida y vuelta; **a tourist ticket** un billete turístico; **a book of tickets** un abono

ticket collector el revisor, la revisora

ticket office el despacho de billetes

tide (*sea*) la marea; **low tide** la marea baja; **high tide** la marea alta

tidy arreglado

tie la corbata

tight (*clothes*) ajustado
tights las medias
till (*cash desk*) la caja
till (*until*) hasta; **till 2 o'clock** hasta las 2
time el tiempo; **What time is it?** ¿Qué hora es?; **on time** a la hora; **from time to time** de vez en cuando
timetable el horario
tin (*can*) la lata
tin-opener el abrelatas
tip la propina
tipped (*cigarette*) con filtro
tired cansado
tissues los kleenex®
to a; de; **to London** a Londres; **to the airport** al aeropuerto; **from nine o'clock to half past three** de las nueve a las tres y media; **It's easy to do** Es fácil de hacer; **something to drink** algo de beber
toast la tostada
tobacconist's el estanco
today hoy
toe el dedo del pie
together juntos, juntas
toilet los servicios
toilet paper el papel higiénico
toiletries los artículos de baño
toll (*motorway*) el peaje
tomato el tomate; **tinned tomatoes** los tomates en lata
tomato juice el zumo (*LAm* el jugo de tomate)
tomorrow mañana; **tomorrow morning** mañana por la mañana; **tomorrow afternoon** mañana por la tarde; **tomorrow evening** mañana por la tarde/noche
tongue la lengua
tonic water la tónica
tonight esta noche
too (*also*) también; (*excessively*) demasiado; **My sister came too** Mi hermana también vino; **The water's too hot** El agua está demasiado caliente; **too late** demasiado tarde; **too much** demasiado; **too**

much noise demasiado ruido; **£50? – That's too much** ¿50 libras? – Eso es demasiado; **too many** demasiados, demasiadas
tooth el diente
toothache el dolor de muelas
toothbrush el cepillo de dientes
toothpaste la pasta de dientes
toothpick el palillo
top **the top floor** el último piso
top (*upper part*) la parte de arriba; (*of hill*) la cima; (*shirt*) el top; (*t-shirt*) la camiseta; **on top of...** sobre...
total el total
to touch tocar
tough (*meat*) duro
tour (*trip*) el viaje; (*of museum, etc*) la visita; **guided tour** la visita con guía
tour guide el guía turístico, la guía turística
tourist el/la turista
tourist information office la oficina de turismo
towel la toalla
town la ciudad; **town centre** el centro de la ciudad; **town plan** el plano de la ciudad
toy el juguete
toy shop la juguetería
traffic el tráfico
traffic jam el atasco
traffic lights el semáforo
traffic warden el/la guardia de tráfico
train el tren; **by train** en tren; **the next train** el próximo tren; **the first train** el primer tren; **the last train** el último tren
trainers las zapatillas de deporte
tranquillizer el tranquilizante
to translate traducir
to travel viajar
travel agent's la agencia de viajes
travel guide la guía de viajes

travel insurance el seguro de viaje
travel sickness el mareo
traveller's cheque el cheque de viaje
tray la bandeja
treatment el tratamiento
tree el árbol (*pl* árboles)
trip la excursión (*pl* excursiones)
trolley (*for luggage, shopping*) el carrito
trousers los pantalones
truck el camión (*pl* camiones)
true verdadero
trunk (*luggage*) el baúl (*pl* baúles)
trunks **swimming trunks** el bañador
to try probar
to try on (*clothes*) probarse
t-shirt la camiseta
Tuesday el martes (*pl* martes)
tuna el atún
to turn girar
to turn off (*light, cooker, TV*) apagar; (*tap*) cerrar
to turn on (*light, cooker, TV*) encender; (*tap*) abrir
turquoise (*colour*) turquesa
tweet el tuit
to tweet tuitear
twice dos veces; **twice a week** dos veces por semana
twin **twin room** la habitación con dos camas
twins los mellizos, las mellizas; **identical twins** los gemelos, las gemelas
twisted torcido
tyre el neumático
tyre pressure la presión de los neumáticos

U
ugly feo
ulcer la úlcera
umbrella el paraguas (*pl* paraguas); (*sunshade*) la sombrilla
uncle el tío
uncomfortable incómodo
under debajo de; **children under 10** niños menores de 10 años
undercooked medio crudo

underground (*metro*) el metro

underpants los calzoncillos

to understand entender; **I don't understand** No entiendo; **Do you understand?** ¿Entiende?

underwear la ropa interior

unfortunately
Unfortunately I can't come Lo siento, pero no puedo ir

United Kingdom el Reino Unido

United States los Estados Unidos

university la universidad

unleaded petrol la gasolina sin plomo

unlikely poco probable

to unlock abrir (con llave)

to unpack deshacer las maletas

unpleasant desagradable

up up here aquí arriba; **up there** allí arriba; **What's up?** ¿Qué hay?; **up to 50** hasta 50; **up to now** hasta ahora

upstairs arriba; **the people upstairs** los de arriba

urgent urgente

us nos; nosotros, nosotras; **Can you help us?** ¿Nos ayuda?; **Can you give us some brochures?** ¿Nos da unos folletos?; **Why don't you come with us?** ¿Por qué no vienes con nosotras?; **It's us** Somos nosotros

USA los Estados Unidos

to use usar

useful útil (*pl* útiles)

usual habitual

usually normalmente

V

vacancy (*in hotel*) la habitación libre (*pl* habitaciones)

vacant libre

vacation las vacaciones

vacuum cleaner la aspiradora

valid válido

valuable de valor

value el valor

VAT el IVA

veal la ternera

vegan vegetariano estricto; **I'm vegan** Soy vegetariano estricto

vegetables las verduras

vegetarian vegetariano; **I'm vegetarian** Soy vegetariano

very muy; **very big** muy grande; **not very interesting** no demasiado interesante; **I like it very much** Me gusta muchísimo

vest la camiseta

via por

video el vídeo

video camera la videocámara

video recorder el vídeo

view la vista

village el pueblo

vinegar el vinagre

vineyard la viña

virus el virus

visa el visado

visit la visita

to visit visitar

visiting hours (*hospital*) las horas de visita

visitor el/la visitante

voicemail el buzón de voz

voucher el vale

W

waist la cintura

waiter el camarero

to wait for esperar

waiting room la sala de espera

waitress la camarera

to wake up despertarse

Wales Gales

walk un paseo; **to go for a walk** dar un paseo

to walk andar

walking boots las botas de montaña

walking stick el bastón (*pl* bastones)

wall (*inside*) la pared; (*outside*) el muro

wallet la cartera

to want querer

ward la sala

wardrobe el armario

warehouse el almacén (*pl* almacenes)

warm caliente; **It's warm outside** Hace calor fuera

to warm up (*milk, food*) calentar

to wash lavar

washing machine la lavadora

washing powder el detergente

washing-up bowl el barreño

washing-up liquid el líquido lavavajillas

wasp la avispa

waste bin el cubo de la basura (*LAm* el tarro de la basura)

watch el reloj

to watch mirar

water el agua; **bottled water** el agua mineral; **cold water** el agua fría; **drinking water** el agua potable; **hot/cold water** el agua caliente/fría; **mineral water** el agua mineral; **sparkling water** el agua con gas; **still water** el agua sin gas

water heater el calentador de agua

watermelon la sandía

to waterski hacer esquí acuático

watersports los deportes acuáticos

waves (*on sea*) las olas

way in la entrada

way out la salida

we nosotros, nosotras

weak (*coffee, tea*) poco cargado; (*person*) débil

to wear llevar

weather el tiempo

weather forecast el pronóstico del tiempo

web (*internet*) la Internet

website el sitio web

wedding la boda

wedding present el regalo de boda

Wednesday el miércoles (*pl* miércoles)

week la semana; **last week** la semana pasada; **next week** la semana que viene; **per week** por semana; **this week** esta semana; **during the week** durante la semana

weekday el día laborable

weekend el fin de semana; **next weekend** el próximo fin de semana; **this weekend** este fin de semana

to weigh pesar

Welcome! ¡Bienvenido!

well bien; **He's not well** No se encuentra bien

well done (*steak*) muy hecho

Welsh galés, galesa; (*language*) el galés

west el oeste

wet mojado; (*weather*) lluvioso

wetsuit el traje de bucear

what? ¿qué?

wheel la rueda

wheelchair la silla de ruedas

when? ¿cuándo?

where? ¿dónde?

whether si; **I don't know whether to go or not** No sé si ir o no

which? ¿cuál?; **Which one?** ¿Cuál?; **Which ones?** ¿Cuáles?

while mientras; **while I'm waiting** mientras espero; **in a while** dentro de un rato; **a while ago** hace un momento; **for a while** durante un tiempo

whisky el whisky

white blanco

who? ¿quién?

whole entero; **two whole days** dos días enteros; **the whole afternoon** toda la tarde

wholemeal bread el pan integral

whose? ¿de quién?

why? ¿por qué?

wide ancho

widow la viuda

widower el viudo

wife la mujer

wild (*animal*) salvaje

to win ganar

window la ventana; (*in car, train*) la ventanilla; **shop window** el escaparate

windscreen el parabrisas

windscreen wipers los limpiaparabrisas

to windsurf hacer windsurf

windy **It's windy** Hace viento

wine el vino; **red wine** el vino tinto; **white wine** el vino blanco; **dry wine** el vino seco; **rosé wine** el vino rosado; **sparkling wine** el vino espumoso; **house wine** el vino de la casa; **wine list** la carta de vinos

wing mirror el retrovisor exterior

winter el invierno

with con; **with ice** con hielo; **with milk** con leche; **with me** conmigo; **with you** contigo

without sin

woman la mujer

wonderful maravilloso

wood (*material*) la madera; (*forest*) el bosque

wooden de madera

wool la lana

woollen de lana

word la palabra

work el trabajo; **at work** en el trabajo

to work (*person*) trabajar; (*machine, car*) funcionar; **It doesn't work** No funciona

world el mundo

worried preocupado

worse peor

worth **It's worth 50 euros** Vale cincuenta euros; **It isn't worth going** No vale la pena ir

to wrap (*parcel*) envolver

wrapping paper el papel de envolver

wrist la muñeca

to write escribir; **Please write it down** ¿Me lo escribe?

wrong (*incorrecto*) **You're wrong** Estás equivocado; **What's wrong?** ¿Qué pasa?

X

X-ray la radiografía

Y

yacht el yate

year el año; **this year** este año; **next year** el año que viene; **last year** el año pasado

yearly anual

yellow amarillo

yes sí

yesterday ayer; **yesterday morning** ayer por la mañana; **yesterday evening** ayer por la tarde

yet **not yet** todavía no

yoghurt el yogur; **plain yoghurt** el yogur natural

you (*polite singular*) usted; (*polite plural*) ustedes; (*singular with friends*) tú; (*pl with friends*) vosotros, vosotras

young joven (*pl* jóvenes)

your (*polite singular & plural*) su; (*singular with friends*) tu; (*plural with friends*) vuestro

yours (*polite singular & plural*) suyo; (*singular with friends*) tuyo; (*plural with friends*) vuestro

youth hostel el albergue juvenil

Z

zip la cremallera

zoo el zoo

zoom lens el zoom

zucchini el calabacín (*pl* calabacines)